Haydock · Verschollene Schätze der Welt

Tim Haydock

Verschollene Schätze der Welt

Wahrheit und Fiktion

Pietsch Verlag Stuttgart

Einbandgestaltung: Siegfried Horn

Kartenmaterial: Gavin Ingham Brooke

Copyright© 1986 by Tim Haydock
Die englische Originalausgabe ist erschienen bei Henry Holt and Company, Inc., New York,
unter dem Titel »TREASURE TROVE«.

Ins Deutsche übersetzt von: P-R-R-O Treasure Press
Bearbeitet von: Reinhold Ostler

ISBN 3-613-50106-6

1. Auflage 1989
Copyright© by Pietsch Verlag, Postfach 103 743, 7000 Stuttgart 10
Ein Unternehmen der Paul Pietsch Verlage GmbH & Co.
Sämtliche Rechte der Verbreitung in deutscher Sprache sind vorbehalten.
Druck und Satzmontage: Stuttgarter Druckerei, 7000 Stuttgart 80
Bindung: Großbuchbinderei E. Riethmüller, 7000 Stuttgart 10
Printed in Germany

Inhalt

BEN ALDER

BEESTON CASTLE

RHOSSILI BAY

LUNDY ISLAND

BASING HOUSE

SUPERSTITION MOUNTAIN

MONTVALE

SAN SABA MINE

GUADALUPE DE TAYOPA

COCOS ISLAND

PLAZUELA MONASTERY

TUAMOTU ARCHIPELAGO

FAST CASTLE

RENNES-LE-CHÂTEAU

AGRIHAN

9

In Liebe meiner Mutter

DANK DES AUTORS

Bei einem derartigen Werk sind die Verpflichtungen eines Autors sehr weitreichend, und ich muß mich hier für die hilfreiche Unterstützung vieler, die hier nicht aufgeführt sind, bedanken.

Mein besonderer Dank gilt dem Mitarbeiterstab der Bodleian-Bibliothek, dem der British Library, dabei insbesondere der Mitarbeiterin der Landkartenabteilung, für ihre äußerst großzügige Hilfe. Ebenfalls danke ich Roy Norvill, Christopher Orde-Powlett und Tatiana Kletzky Pradére, die sich bei der Beantwortung meiner vielen Fragen als sehr geduldig und hilfreich erwiesen. Weiterhin gilt mein Dank Peter Stewart, John Howland, Tony Morrison und Mark Howell. John Musell und Mick Turell von der Zeitschrift »The Searcher«, Surrey, und John Bowman von der Ancient British Research Society verdanke ich eine Vielfalt von Fachwissen.

Weiter danke ich Pamela Trill, meiner Schreibkraft; Michèle Woolridge für ihre Hilfe bei Übersetzungen; meinem Bruder Jonathan für seine überaus hilfreichen Vorschläge und Quellenmaterial; Jonas und Joelle Pettersson dafür, daß sie sich so nett um ihren lästigen Hausgast kümmerten; Gavin Ingham Brooke für seine Hilfe bei Übersetzungen und die geniale Koordination des gesamten Landkartenmaterials; Annabel Edwards für ihren unermüdlichen Einsatz bei der Lösung vieler Probleme sowie für das Aufspüren wertvollster Information; Mark Daniel für seine spritzigen, wohldurchdachten Ansichten und unschätzbaren Textverbesserungen; seiner Frau Anne, die uns die notwendige Unterstützung in entscheidenden Momenten gab; Nicholas Robinson für seine unbeschreiblich wertvolle Hilfe; Sally Berner für unerschöpfliche Inspiration, jedoch noch immer keine Rühreier.

All diesen Personen gilt mein tiefster Dank und meine große Wertschätzung.

Dank für Illustrationen

Breslich & Foss danken allen Museen, Kunstgalerien, Photosammlungen, Agenturen und Privatpersonen, die Photographien für dieses Buch zur Verfügung gestellt haben. Unser Dank gilt:

Der Mansell-Sammlung, Seite 13, der Touristik-Kommission, New South Wales, Seite 16-17, der Western Amerikans von Peter Newark, Seite 20, 22, 76, 79, 126, 127, 136, 137, Marion & Tony Morrison South American Pictures, Seite 24, 25, 100-101, 102, 106, John Bowmann, Seite 28, Topham, Seite 31, 48, der J. Allen-Cash-Photosammlung, Seite 41, 46, der National-Porträt-Gallery, London, Seite 93, 70, 120, K. M. Andrew, Seite 52, dem Photo-Center, Berwick, Seite 71, R. Cooper, Lundy Public Relations, Seite 86, Jones Memorial Library, Lynchburg, Va., Seite 89, James Davis Library, Seite 93, Louvre, Paris, Seite 120, Wales Tourist Board, Seite 122.

EINFÜHRUNG

Jeder Autor, der es wagt, sich mit Stätten verborgener Schätze auseinanderzusetzen, läuft unweigerlich Gefahr, mit skeptischen Blicken oder einem ironischen Lächeln bedacht zu werden. Welch besseren Vorwand gibt es, um Lügenmärchen aufzutischen? Geschichten über unentdeckte Schätze sind häufig eine Mischung aus Hören-Sagen, Phantasterei und Wunschdenken. Nichtsdestotrotz gelangen Jahr für Jahr erfolgreiche Entdeckungen in die Schlagzeilen, und spezielle Schatzsucher-Zeitschriften berichten Monat für Monat über neue kleine Funde.

Die Auswahl der in diesem Buch vorgestellten Stätten beruht auf der Tatsache, daß nur sehr wenige Schatzsucher über die notwendigen Geldmittel verfügen bzw. die Lust verspüren, die großen Schiffswracks zu erkunden, wogegen sie jedoch, teilweise dank der Erfindung des Metalldetektors, durchaus in der Lage sind, auf Schätze an Land zu stoßen. Die Erfolgreichsten unter den sog. »Sondengängern« haben ihr ursprüngliches Hobby zu ihrer Hauptbeschäftigung gemacht und können dank sorgfältiger Recherchen und Beharrlichkeit gut davon leben. Der normale Schatzsucher allerdings muß sich gewöhnlich mit Zufallsfunden begnügen, die im Höchstfall ein paar tausend Dollar, Mark oder Pfund einbringen. Die großen Entdeckungen scheinen sich ihm zu entziehen.

Andererseits sind die Bibliotheken der Welt voll von Büchern über verlorene Schätze, deren Schilderungen den Leser glauben lassen, er brauche nur noch seinen Spaten einzupacken. Tatsache jedoch ist, daß es unter der Vielfalt von Sagen und verlockenden Mythen nur wenige Geschichten gibt, bei denen vorhandene Dokumente, historische Gegebenheiten und manchmal vorhergegangene Suchexpeditionen Hinweise darauf geben, daß eine Weitersuche für den Einzelnen oder eine Gruppe Aussicht auf Erfolg bieten könnte. Die hier erzählten Geschichten können und werden den Leser nicht ohne weiteres Zutun direkt zu unermeßlichem Reichtum führen. Sollte jemand das angenommen haben, kann ich ihn nur darauf hinweisen, daß ich sozusagen selbst einen Spaten besitze.

Dieses Buch soll als Ausgangspunkt dienen und basiert auf historischen Nachforschungen nach sorgfältiger Prüfung umfangreichen Materials. Einige der Episoden handeln von den berühmtesten Schatzgeschichten der Welt, wie Rennes-le-Chateau, Cocos Island und Montvale. Über diese Geschichten wurde bereits endlos berichtet, und doch scheint jede, aus verschiedenen Gründen, genügend Hinweise auf einen verlorenen – und in den ersten beiden Fällen teilweise wiedergefundenen – Schatz an einer ganz bestimmten Stelle zu liefern, was mich veranlaßte, diese Geschichte in mein Buch aufzunehmen. Andere Erzählungen, wie die über Agrihan und Rhossili Bay, beruhen auf eher magerem Quellenmaterial, genügen aber den Kriterien einer historisch fundierten Basis und eines geographisch möglichen Ortes. Jede einzelne Episode stellt wiederum ein Puzzle dar, und in den meisten Fällen sagt dem Leser sein gesunder Menschenverstand, daß er die einzelnen

Teile zusammenfügen muß, bevor er zur eigentlichen Schatzsuche aufbrechen kann.

Ein sehr interessanter Ansatz bei der Suche nach möglichen Fundorten liegt im Auspendeln von Landkarten. Das Lokalisieren von Wasseradern und Bodenschätzen mit Hilfe der Wünschelrute hat sich inzwischen als bewährte Methode erwiesen, aber auch Landkarten wurden bereits erfolgreich ausgependelt. Ein bekannter Pendelexperte, John Bowmann, hat einige der in diesem Buch enthaltenen Landkarten mit dem Pendel überprüft und mehrere Orte vorgeschlagen, darunter ganz klar Rhossili und Agrihan, das er unter all den Inseln der Marianen eindeutig lokalisierte.

Der Inhalt dieses Buches befaßt sich nicht näher mit den praktischen Einzelheiten der Handhabung von Metalldetektoren, der Durchführung geologischer Untersuchungen oder anderer Fertigkeiten, die zur Bergung von Gegenständen aus dem Boden erforderlich sind. Diese Details wurden bereits zur Genüge in anderen Büchern beschrieben. Von großer Wichtigkeit ist allerdings, daß dem Leser klar wird, welche Sorgfalt und Aufmerksamkeit er aufzuwenden hat, um nicht mit dem Gesetz in Konflikt zu geraten. Fast alle Länder haben ihre archäologischen Stätten unter gesetzlichen Schutz gestellt und strenge Gesetze in bezug auf Schatzsuche und Schatzbergung erlassen. In der englischen Gesetzgebung gelten Gegenstände aus Gold oder Silber dann als Schatzfunde, wenn die zuständige Behörde die Meinung vertritt, daß der ursprüngliche Besitzer diese Gegenstände mit der Absicht versteckt hat, sie zu einem späteren Zeitpunkt zurückzuholen. In vielen Ländern, Schottland eingeschlossen, werden historische Funde jeglicher Beschaffenheit durch die Gesetzgebung abgedeckt.

Daher müssen Gold- und Silberfunde in England, Wales und Nordirland gemeldet werden. In der Praxis kommt diese Regelung dem Finder zugute, dem der volle Marktpreis des Fundes erstattet wird, falls es sich um einen Schatzfund im rechtlichen Sinne handelt, und ein Museum oder die Krone beschließen, den Schatz zu behalten. In vielen Fällen jedoch wird der Schatz dem Finder zurückgegeben, der von da an als der rechtmäßige Besitzer gilt. Wird andererseits der Fund nicht gemeldet, kann der Finder keinerlei Besitzansprüche anmelden und muß, im Falle einer Entdeckung, mit einer empfindlichen Strafe rechnen. Nicht gemeldete Funde, ob sie nun offiziell als Schatzfunde gelten oder nicht, werden auf jeden Fall konfisziert. Hierbei gilt die Tatsache als erwähnenswert, daß seit der Gründung des Treasure Trove Review Committee (Anm. d. Übers.: Dachverband der Schatzsucher) im Jahre 1977 mehr als 600000 Pfund Sterling an Finder von Schatzfunden ausbezahlt wurden.

In den Vereinigten Staaten sind die Gesetze in bezug auf Schatzsuche nicht bundesweit geregelt, sondern variieren von Bundesstaat zu Bundesstaat. Daher ist es empfehlenswert, sich nach den jeweiligen Bestimmungen zu erkundigen. Im großen und ganzen gelten jedoch dieselben Maßstäbe wie bei Fundsachen, wobei die Ansprüche des Finders auf den Schatz vor allen anderen Vorrang haben, mit Ausnahme des ursprünglichen Besitzers und seiner Erben.

Im Vergleich dazu mögen die englischen Gesetze, die die Schatzsuche regeln, sehr streng erscheinen, da sie den einzelnen Schatzsucher in seiner Bewegungsfreiheit einschränken. In Wirklichkeit jedoch sind sowohl die englischen wie auch die amerikanischen Gesetze relativ gerecht.

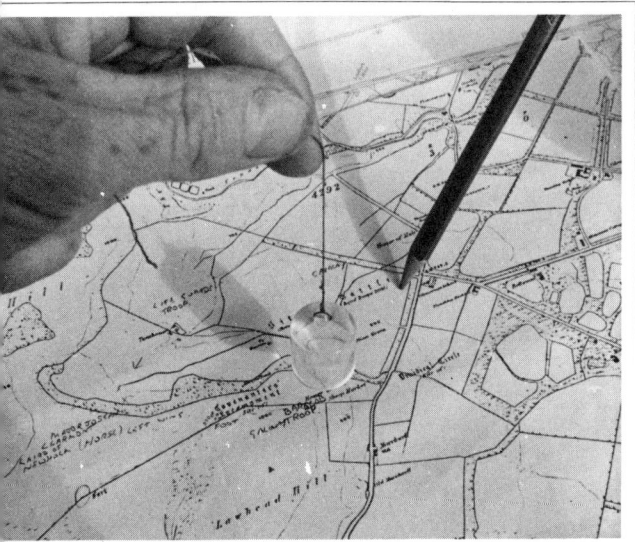

John Bowmann beim Auspendeln einer Landkarte

In einem kleinen Land existiert kaum herrenloser Grund, der willkürlich betreten und umgegraben werden kann. Es ist ebensowenig legal, Gegenstände aus der Erde eines Grundstücks auszugraben, wie es verboten ist, auf der Erde liegende Objekte zu entfernen. Daher sollte grundsätzlich die Erlaubnis eingeholt werden, bevor irgendwo die Suche begonnen wird.

Der National Council for Metal Detecting (Anm. d. Übers.: Verband der Sondengänger) in Großbritannien hat durchaus vernünftige und praktikable Verhaltensregeln für Sondengänger veröffentlicht, die auch allen, die in anderen Ländern mit anderen Methoden nach Schätzen suchen, zu empfehlen sind. Die wichtigsten Auszüge lauten:

1. Betreten Sie kein Grundstück unbefugt. Holen Sie die Erlaubnis ein, bevor Sie sich auf fremden Besitz begeben.
2. Respektieren Sie die Gepflogenheiten auf dem Land. Lassen Sie beim Überqueren von Feldern keine Gatter offen stehen, beschädigen Sie keine Feldfrüchte und erschrecken Sie keine Tiere.
3. Hinterlassen Sie kein Chaos. Es ist sehr einfach, eine Münze oder einen anderen kleinen Gegenstand, der sich nur wenige Zentimeter in der Erde befindet, zu bergen, ohne ein riesiges Loch zu hinterlassen. Verwenden Sie eine Kelle mit einer scharfen Kante oder ein Messer, schneiden Sie Rasenstücke so aus, daß Sie sie sozusagen aufklappen können. Entfernen Sie den Gegenstand und legen Sie danach das Rasenstück sorgfältig zurück. Selbst Sie werden Schwierigkeiten haben, die Stelle wiederzufinden.
4. Tun Sie etwas für die Umwelt – und sich selbst. Flaschenverschlüsse, Silberpapier und Konservenbüchsen werden nicht weggeworfen. Es könnte sein, daß Sie nächstes Jahr bei Ihren Ausgrabungen wieder darauf stoßen. Erweisen Sie sich und der Allgemeinheit einen Dienst, indem Sie alte und verrostete Gegenstände in die nächste Mülltonne befördern.
5. Sollten Sie auf scharfe Muniton oder andere lebensgefährliche Objekte, wie beispielsweise Blindgänger oder nicht entschärfte Minen stoßen, berühren Sie sie auf keinen Fall. Markieren Sie die Stelle sorgfältig und informieren Sie die örtlich Polizeistelle und den Eigentümer des Grundstücks.
6. Melden Sie alle ungewöhnlichen historischen Funde dem Eigentümer des Grundstücks.
7. Machen Sie sich mit dem Gesetz bezüglich archäologischer Stätten vertraut. Vergessen Sie nicht, daß die Verwendung von Metalldetektoren auf markiertem Gelände untersagt ist, es sei denn, Sie sind im Besitz einer von der zuständigen Behörde ausgestellten Erlaubnis. Informieren Sie sich über die Gepflogenheiten bei der Schatzsuche.

Die Punkte 6 und 7 der Verhaltensregeln sprechen den wohl umstrittensten Aspekt der Schatzsuche an – den Interessenskonflikt mit der Archäologie. Im Laufe der Jahre blicken die Archäologen immer argwöhnischer auf Schatzsucher, insbesondere Sondengänger. Zu diesem Problem hat viel das gelegentliche Plündern bedeutender archäologischer Stätten beigetragen, hauptsächlich jedoch das Unvermögen vieler Schatzsucher, zu begreifen, daß Jahre mühseliger Forschungsarbeit binnen weniger Minuten zerstörte werden können, wenn ein Gegenstand auch nur um wenige Zentimeter verschoben wurde, ganz davon zu schweigen, daß er völlig entfernt würde.

Potentielle Schatzsucher sollten begreifen, daß sie mindestens so viel, wenn nicht sogar mehr, von der Archäologie zu lernen haben, als dies umgekehrt der Fall ist. Als Wissenschaft hat die Archäologie in den letzten Jahrzehnten unbeschreiblich viel zu unserem Verständnis der Vergangenheit beigetragen und unser Wissen in bezug auf das Wie und Wo zukünftiger Funde beträchtlich erweitert. Als Zweig der Geschichtsforschung bietet uns die Archäologie fundierte und detaillierte Hinweise auf die Vergangenheit, und wenngleich der Schatzsucher sich damit nicht zufrieden gibt, ist es doch der einzige Ausgangspunkt dafür, unsere Hoffnungen mit Erfolg zu krönen.

GESCHICHTEN ÜBER DIE GROSSEN SCHÄTZE DER WELT

Wahrheit und Fiktion

Die Schatzsuche genießt wie das Wetten einen schlechten Ruf. Ungeachtet der Tatsache, daß ein Großteil der Wirtschaft auf Schatzsuche und Wetten beruht – was sonst sind Investitionen an der Börse oder Öl- und Bodenspekulationen? – ist der Schatzsucher in den Augen der anderen oft nichts weiter als ein besessener Träumer, der professionelle Spieler und Bösewicht, während ein Börsenmakler als bodenständige und seriöse Person gilt. Keine der beiden Beschreibungen trifft zu. Natürlich gibt es ebenso viele verrückte Schatzsucher und rücksichtslose Spekulanten wie es langweilige Geschäftsleute gibt. Doch diese machen nur selten Geschichte.

Das Suchen nach Schätzen beinhaltet wie das professionelle Wetten sehr viel harte Arbeit, eine Portion Glück und ein vernünftiges Maß an Investitionen. Doch ähnlich dem Wetten birgt es große Gefahren. Viele der in diesem Buch erwähnten Helden und Gauner wurden Opfer ihrer Besessenheit. Wie beim zwanghaften Spielen wird aus einer anfänglich harmlosen Lust am Gewinn oftmals Selbstzweck. Die Jagd nach dem Schatz beginnt mehr zu zählen als der Schatz an sich. Diese Besessenheit hat Familien und Freundschaften zerstört, aus Wohlhabenden Bettler und, nur sehr selten, aus Bettlern Reiche gemacht. Es gibt sehr viele verborgene Schätze auf der Welt, doch wer sich mit einem Metalldetektor beispielsweise in den Superstition Mountains befindet, begreift sehr schnell, wie groß die Welt ist, wenn er jeden Quadratmeter einzeln absuchen muß.

So, wie es erfolgreiche Spieler gibt, gibt es auch erfolgreiche Schatzsucher. Für beide gelten dieselben Grundsätze.

Erstens: Der »geborene« Schatzsucher sollte ebenso wie der »geborene« Spieler auf keinen Fall tun, was ihm die Natur in die Wiege gelegt hat. Übersteigerter Enthusiasmus, Leichtgläubigkeit und die rücksichtslose Bereitschaft, alles auf eine Karte zu setzen, sind keine empfehlenswerten Eigenschaften. Wer von Natur aus Risiken eingeht, sollte sich besser nicht in einer vom Zufall regierten Welt bewegen. Der Profispieler bereitet sich intensiv vor und folgt dabei einem altbewährten militärischen Grundsatz, nach dem »mit Erkundung und Aufklärung verbrachte Zeit selten vergeudet ist.« Erst nachdem er sämtliche Risikofaktoren auf ein Minimum beschränkt hat, widmet er sich dem Spiel. Ein professioneller Spieler kennt seine Erfolgsaussichten so genau wie ein Börsenmakler. Auch der Schatzsucher sollte sich so verhalten.

Zweitens: Der Schatzsucher muß wissen, wann er aufzuhören hat. Dieses Buch ist voll von Geschichten über Schatzsucher, die diesen Zeitpunkt verpaßt haben. Man sollte sich von Anfang an zeitliche und finanzielle Grenzen setzen, ob nun der Schatz gefunden wird oder nicht.

Drittens: Der Schatzsucher investiert nur so viel, wie er sich leisten kann. Es hat keinen Sinn, für die Suche nach einem Schatz ein Vermögen auszugeben und Jahre seines Lebens zu opfern. Das hieße geradezu, die Katastrophe herauszufordern. Kaiser Nero ließ sich durch die Worte eines Träumers aus Karthago dazu verlocken, im Jahre 65 vor Christus eine riesige Expedition nach Afrika auszurüsten, um nach dem angeblich in einer tiefen Höhle versteckten »Gold der Dido« zu suchen. Nero war fast bankrott, als die Expedition loszog, doch die Vorstellung, grenzenlosen Reichtum zu erwerben, veranlaßte ihn dazu, seine Schatzkammern zu leeren, um eine von Anfang an zum Scheitern verurteilte Suche zu finanzieren. Reginald Cruise-Wilkins verbrachte 29 Jahre auf Mahé, einer Insel der Seychellen, wo er versuchte, einige vage Kritzeleien auf den Felsen am Bel-Ombre-Strand mit dem legendären Schatzcode zweier Piraten, Le Vasseur und Nageon de l'Estang, in Zusammenhang zu bringen. Dabei war nicht einmal sicher, ob die Piraten jemals auf der Insel waren und ihre angeblicher Reichtum nicht einfach ein Mythos war. Nach jedem Mißerfolg suchte – und fand – er neue mögliche Erklärungen, und arbeitete somit rückwärts – vom Beweis zur Hypothese.

Dies erläutert ein weiteres Prinzip, an das sich erfolgreiche Spieler und Schatzsucher halten. Sie

Im Jahre 1948 kam Reginald Cruise-Wilkins nach Mahé, einer Insel der Seychellen, um sich von einem Malariaanfall zu erholen. Nach einem Zusammentreffen mit einem Norweger, der im Besitz eines Kryptogramms war, suchte er bis an sein Lebensende vergeblich nach einem Piratenschatz.

halten sich immer an ihre Karten, d. h., sie erhöhen niemals ihre Einsätze aus der Frustation heraus, eine Zeitlang nichts gewonnen zu haben. Die Karten sind Anhaltspunkte, und nur diese allein können den Schatzsucher führen und weitere Spekulationen rechtfertigen. Sind die Karten schlecht, gibt er auf. Sind sie gut, macht er weiter.

Die Überlieferung ist gleichzeitig der beste Freund und schlimmste Feind eines jeden Schatzsuchers. Es ist nun einmal typisch für Schatzgeschichten, daß sie immer übertrieben und verzerrt wiedergegeben werden. Es gibt eine Reihe bemerkenswerter Überlieferungen, die so alt sind, daß an ihren Inhalt niemand mehr glaubte. Sorgfältige Recherchen ergaben jedoch, daß sie alle zumindest ein Körnchen Wahrheit enthalten. Eine alte keltische Ballade führte um 1680 zwei Iren zu einem Schatz. Sie hörten einen Harfenspieler in der Nähe von Ballyshannon die folgende Ballade singen:

> In earth beside the loud cascade
> The son of Sora's king was laid,
> And on each finger placed a ring.
> Of gold by mandate of the king.

> Ein Grab, dort wo das Wasser fällt,
> wurd' Soras Königs Sohn bestellt.
> Und weil der König es so wollt',
> trug er an jedem Finger Gold.

Sie nahmen an, daß es sich bei dem Wasserfall um »Salmon's Leap« bei Ballyshannon handelte und suchten die Gegend ab. Dabei fanden sie zwei Goldplatten aus dem achten oder neunten Jahrhundert. Eine dieser Platten befindet sich heute im Besitz des Ashmolean Museum in Oxford.

Geld mag vielleicht die Wurzel allen Übels sein, doch ebenso kann man behaupten, daß im Übel der Ursprung eines jeden Schatzes liegt. Der Schatzsucher bewegt sich nicht in gehobener Gesellschaft.

Überall lauern Verrat, Unterdrückung, Plünderei und Mord, Tod, Angst und Verbrechen: Aus diesen Gründen wird der Erde übergeben, was sonst das Los der Lebenden erleichtern würde. Seit die Menschheit damit begonnen hat, ihre Toten zu begraben, scheint sie bestrebt zu sein, die Verstorbenen durch wertvolle Grabbeigaben zu ehren, zu schützen oder ihre Reise ins Reich der Schatten zu beschleunigen.

Die Schätze der Grabmäler

Die Grabmäler der Pharaonen, von Tutanchamun und von Nofretete, der außergewöhnlichen Mount Li, Begräbnisstätte des Kaisers Chin Shih Huang-ti, bewacht von 6000 lebensgroßen Terracotta-Figuren und einhundert von Pferden gezogenen Streitwagen, die aus massiver Jade gefertigte Rüstung von Prinz Lin Sheng und seiner Frau Tou Wan, der atemberaubende Reichtum des Schiffsgrabes bei Sutton Hoo – all diese Stätten sind bekannt. Doch viele Tausend weniger berühmter Könige, Kaiser, Adlige und Bürgerliche wurden ebenso mit ihren Schätzen begraben und ruhen bisher noch ungestört.

Dieser uralte Brauch ist bis heute nicht ausgestorben. Und ebensowenig ausgestorben ist leider auch das weit verbreitete Verbrechen der Grabschändung. Unter Ramses IX. (1142–1123 v. Chr.) entstand eine Reihe von Papyrustexten, die sich auf die Verfolgung von Grabschändern bezogen. Thrakische, etruskische und chinesische Gräber wurden oft unmittelbar, nachdem sie verschlossen waren, geplündert. Im alten Griechenland räumten Tymborychoi die Gräber von frisch beerdigten Patriziern aus. In Italien gibt es heutzutage professionelle Tomboroli, bei denen es sich häufig um Männer mit immensem Geschick und beachtenswertem geschichtlichem und archäologischen Wissen handelt. Gelegentlich werden sie erwischt und bestraft. Im großen und ganzen jedoch floriert ihr Geschäft, denn was kann ein Museumsdirektor oder Sammler schon tun, wenn ihm ein seltenes und wertvollen Stück angeboten wird, das offensichtlich aus einem Grabraub stammt, ihm aber die Beweise dafür fehlen? Weigert er sich, zu kaufen, kann er davon ausgehen, daß diese Kostbarkeit verloren geht oder gar eingeschmolzen wird. Kauft er, macht er sich an einem Vergehen mitschuldig.

Alarich – König der Westgoten

Die ethische Linie zwischen Archäologie und Grabschändung zu ziehen ist manchmal schwierig, aber es gibt einige legendäre, bisher unentdeckte Grabstätten, die so alt sind, daß sich die Suche nach ihnen selbst vor den schärfsten Gegnern rechtfertigen läßt. Das Grab von Alarich, dem König der Westgoten, gehört zu diesen Stätten. Nach der Plünderung von Rom führte er seine Truppen, beladen mit Beute, südwärts in Richtung Sizilien und Afrika. Im Jahre 410 starb er, noch nicht einmal fünfunddreißig, bei Cosenza in Kalabrien.

Der Legende nach fand er seine letzte Ruhe im Flußbett des Busento. Kalabrische Gefangene mußten den Flußlauf vorübergehend umleiten. Nachdem Alarich, auf dem Rücken seines Lieblingspferdes und umgeben von riesigen Schätzen aus der Beute, begraben worden war, wurde der

Alarich, König der Westgoten (hier dargestellt auf einem romantisierten Kupferstich aus dem 19. Jahrhundert) starb unerwartet im Jahre 410 n. Chr. nach der Plünderung von Rom. Er wurde im Flußbett des Busento, umgeben von Schätzen, begraben.

ursprüngliche Flußlauf wieder hergestellt und die Gefangenen, die diese Arbeit verrichtet hatten, enthauptet. Und so sitzt, der Legende nach, Alarich mit 25 Tonnen Gold und 150 Tonnen Silber auf dem Grund des Busento.

Es ist wohl kaum anzunehmen, daß die Westgoten einen solch gewaltigen Schatz zurückgelassen hätten. Derartige Übertreibungen sind in Schatzgeschichten gang und gäbe. Es ist jedoch durchaus anzunehmen, daß die Legende auf Tatsachen beruht, daß Alarich mit großen Ehren und beträchtlichen Reichtümern ausgestattet wurde und sogar, daß seine Truppen zu solchen Maßnahmen gegriffen haben, um sein Grab für immer zu schützen.

Die italienische Regierung vergibt nur ungern Konzessionen an Schatzsucher, dennoch haben viele nach dem Schatz gesucht. Im Jahre 1965 wurde in der Nähe von Cosenza eine Stelle entdeckt, wo der Flußlauf tatsächlich vor vielen Jahrhunderten umgeleitet worden war.

Dschingis-Khan

Die Suche nach dem Grab von Dschingis-Khan, einem anderen großen Kriegsherrn, gestaltet sich weit schwieriger. Der große Mongolenführer starb bei einem Reitunfall am 18. oder 19. August 1227. Er war weit über sechzig. Angeblich begleitete ein riesiger Leichenzug den Toten auf seiner letzten Reise von Ning Hsia, der Hauptstadt von Tanguten, zu seiner Begräbnisstätte. Alle Augenzeugen dieser Prozession wurden ermordet, zum einen, um die Götter zu besänftigen, aber vor allem, um die Nachricht von seinem Tode so langer hinauszuzögern, bis sich seine Söhne die Nachfolge gesichert hatten.

In bezug auf die Begräbnisstätte weichen die Überlieferungen voneinander ab, nicht aber, was den Ablauf der Bestattung angeht. Der Khan wurde in einen Sarg aus Silber gebettet, der auf den achtundsiebzig Kronen der von ihm besiegten Herrscher ruhte. Seine Waffen, ein lebensgroßer Jadetiger, ein Löwe, ein Pferd und das Bibelmanuskript eines englischen Mönchs wurden neben

ihn gelegt. Diese schon fast rührenden Grabbeigaben könnten durchaus der Realität entsprechen. Sie klingen nicht so übertrieben wie die Schätze in Alarichs Grab. Irgendwie stimmen diese Votivgaben überein mit der Vorstellung von einem hingebungsvollen, unbarmherzigen und sachlichen Feldherrn.

Manche behaupten, er sei unweit der Stelle, an der sich der tödliche Unfall ereignete unter einem mächtigen Baum auf dem Gipfel des Burkan Kaldun in der Nähe von Tangut begraben worden. Zehntausende von Reitern seien über das Grab geritten, um alle Spuren zu vernichten. Bald wuchsen junge Schößlinge heran und mit der Zeit wurde das Grab von einem undurchdringlichen Wald bedeckt. Bejun-Boldok, das Gebiet, wo der Berg stehen soll, ist bekannt, aber niemand weiß, welcher Gipfel der Burkan Kaldun ist.

Die zweite Legende besagt, daß der Leichnam zurück nach Ordos, in den Südosten der Inneren Mongolei, gebracht wurde. Jeweils acht identische Zelte, die identische Särge und Andenken enthielten, wurden in den Kentei-Bergen, im Altai, auf dem Burkan Kaldun und in Ordos aufgestellt, um etwaige Grabräuber zu verwirren. In den kleineren Zelten befanden sich die Andenken, im Hauptzelt stand der Silbersarg. Drei dieser Orte können nicht mehr genau lokalisiert werden, doch die acht weißen Zelte in Ordos, auch bezeichnet als »Palast des Dschingis-Khan«, waren angeblich bis zum Ausbruch des Zweiten Weltkrieges bekannt. Mongolische Familien in Ordos verehren Dschingis-Khan noch immer, und einige von ihnen schmücken sich sogar noch mit Titeln wie »Aufseher über Pferd und Waffen«, die aus der Zeit des mächtigen Mongolenreiches stammen.

Aus Angst versteckte Schätze

Das häufigste Motiv für das Verstecken von Reichtum ist Angst, die gewöhnlich durch soziale Umwälzungen wie Krieg, Revolution und Exil entsteht. Viele der in England gefundenen Wikinger-, Sachsen-, Kelten- und Römerschätze wur-

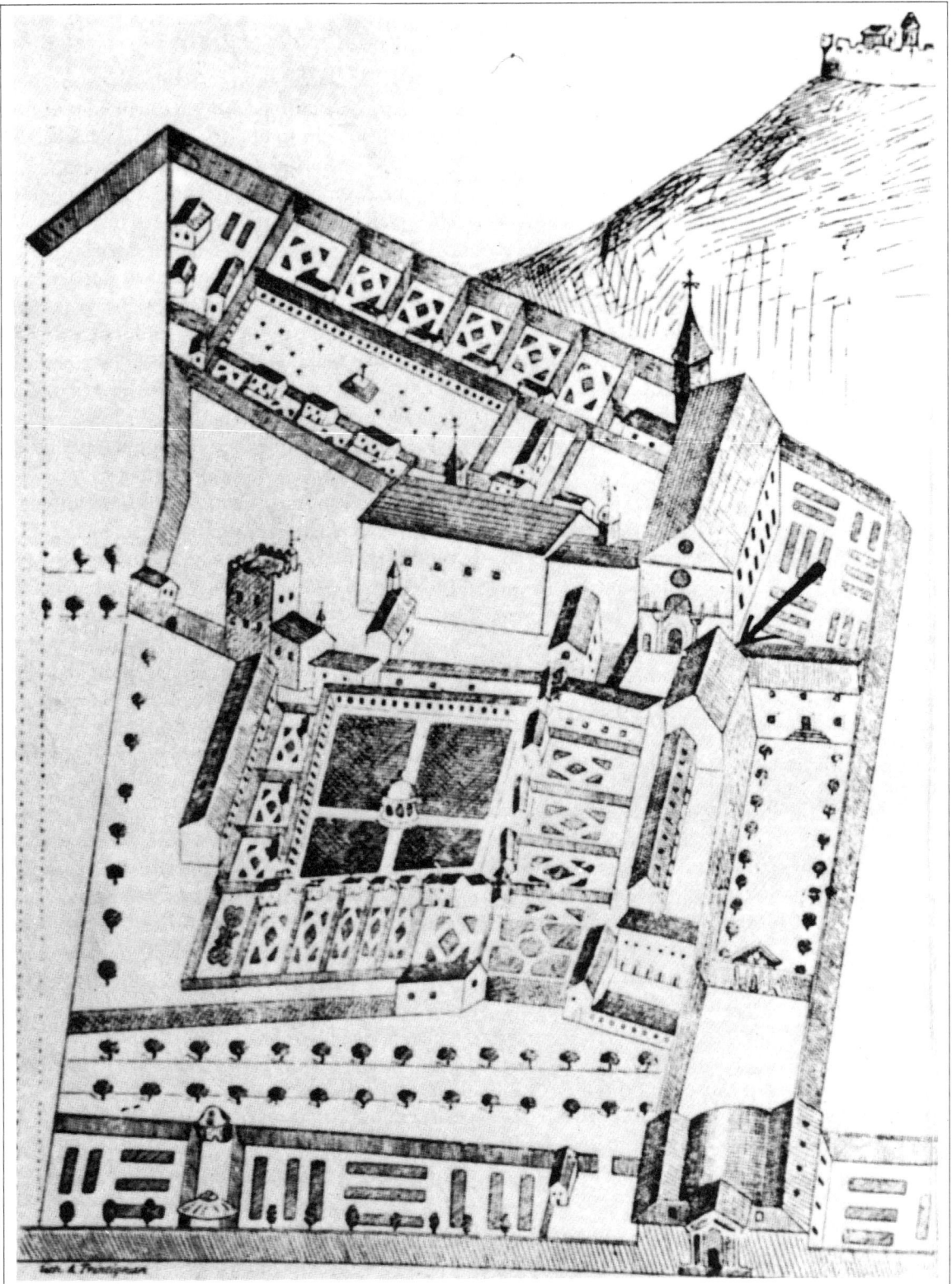

Angeblich wurde während der Französischen Revolution im Karthäuser-Kloster bei Villeneuve-lés-Avignon ein Schatz versteckt. Der Pfeil zeigt auf den möglichen Eingang zu den unterirdischen Gängen.

den beispielsweise versteckt, als einfallende Truppen nahten. Einige dieser Schätze sind gewaltig und repräsentieren das ganze Vermögen von Gemeinden, Adligen oder Wucherern. Andere bestehen nur aus einigen Münzen oder Schmuckstücken, die hastig in einem Garten oder Hof vergraben wurden.

Die Französische Revolution, die erst vor relativ kurzer Zeit stattfand, hat mit ihren Schrecken zur Entstehung unzähliger Geschichten beigetragen. Einige mögen vielleicht von mißgünstigen Revolutionären erfunden worden sein, aber viele sind mit Sicherheit wahr. Madame Dubarry beispielsweise, die ehemalige Mätresse König Ludwigs XV., besaß eine große Anzahl von Juwelen und anderen Kostbarkeiten, die ihr der königliche Liebhaber verehrt hatte. Obwohl sie sich nach dem Tod des Königs auf ihren Besitz bei Sceaux zurückgezogen hatte, waren ihre enge Beziehung zum Hof und ihre Versuche, den alten Freunden zu helfen, ausreichend für eine Verurteilung. Kurz vor ihrer Festnahme vergrub sie Geld und Juwelen in und außerhalb ihres Schlosses. Am 7. Dezember 1793 stieg sie auf die Guillotine. Nur einige ihrer Kostbarkeiten wurden gefunden. Einhalb Millionen Livres d'or wurden ebenfalls zu dieser Zeit irgendwo im Château de Bourdeilles in der Dordogne vergraben. Bei Villeneuve-lés-Avignon, der früheren Sommerresidenz des Gegenpapstes auf dem der Stadt gegenüberliegenden Rhôneufers, versteckten die Karthäusermönche – deren Reichtum tatsächlich bedeutend gewesen sein muß – ihre Kirchenschätze, Reliquienschreine und Geld an mehreren Stellen, die in irgendeiner Weise durch die Grenzsteine markiert sind. Das Kloster ist heute eine Ruine, doch im Jahre 1957 erhielt der Kurator einige Hinweise, die ihn dazu veranlaßten, die Vertäfelung von einer Innenwand abzunehmen. Er fand einen in Stein gemeißelten Plan, der Symbole und Zahlen enthielt, die bisher noch nicht ausreichend entschlüsselt werden konnten.

Angst veranlaßte auch Generalmajor Edward Braddock im Jahre 1775, die Kiste mit dem Sold für seine Truppen zu verstecken. Braddock kommandierte britische Streitkräfte gegen die französischen und indianischen Rebellen bei Fort Duquesne (heute Pittsburgh). Während des langen Marsches von Fort Cumberland machte er für eine Nacht Rast bei Frederick in Maryland. Aus Angst, daß die Soldkiste seinen Truppen hinderlich sein könnte oder in feindliche Hände fallen würde, beschloß er, die Kiste zu verstecken, bevor er weiter westwärts zog. Mit einem getreuen Kavalleristen stieg er auf den Hügel hinter der Stadt und vergrub die Kiste mit dem Geld. Einige Tage später erlitt seine Armee am Fluß Monongahela eine schwere Niederlage. Braddock kam dabei ums Leben. Der Sold für 1200 Männer liegt irgendwo auf diesem Hügel, der heute den Namen Braddock Heights trägt, vergraben.

Eine ähnliche Geschichte betrifft die Lord-Howe-Insel in Tasmanien. Die Brigg George legte dort im Jahre 1830 an, um ihre Trinkwasservorräte aufzufüllen. Das Schiff wurde von Kapitän Rattenburry befehligt. Die George hatte in diesem Jahr bereits eine erfolgreiche Walfangexpediton hinter sich. Rattenbury und seine Mannschaft hatten den Tran in Sydney erfolgreich gegen Bargeld verkauft und waren auf der Suche nach weiteren Walen nordwärts gesegelt. Mit an Bord führten sie 5000 Sovereigns (Anm. d. Übers.: 20-Schilling-Münzen).

Während Rattenbury auf die Rückkehr des Bootes mit den Trinkwasservorräten wartete, stieg starker Nebel auf, und die George wurde von einem Felsen, der nun ihren Namen trägt, stark beschädigt. Rattenbury war ein sehr erfahrener Seemann, und es gelang ihm, das Schiff an den Strand zu bringen, wo etwas Ladung und das Geld entladen wurden. Die Gestrandeten wußten nicht, daß die Insel unbewohnt war. Aus Angst vor wilden Eingeborenen vergrub Rattenbury die Sovereigns und blieb zusammen mit den anderen nah am Strand.

Als sie wenig später von der Elizabeth und der Nelson gerettet wurden, erwähnte Rattenbury das Geld mit keinem Wort. Vielleicht befürchtete er, daß die Retter einen Teil des Geldes für die Bergungsaktion beanspruchen würden. Möglicherweise wollten er und seine Mannschaft zu einem späteren Zeitpunkt auf die Insel zurückkehren,

Die Lord-Howe-Insel vor der ostaustralischen Küste in der Tasmansee wurde im Jahre 1830 von der Brigg George unter dem Kommando von Kapitän Rattenbury angelaufen. Ein Felsen schlug das Schiff leck, worauf der Kapitän einen Teil der Schiffsladung einschließlich 5000 Sovereigns entladen ließ. Das Geld wurde aus Sicherheitsgründen vergraben. Als Rattenbury und seine Mannschaft wenig später gerettet wurden, erwähnten sie mit keinem Wort das Geld. 1831 kehrte Rattenbury auf die Insel zurück, doch ein inzwischen erfolgter Erdrutsch machte eine Bergung des Geldes unmöglich.

um das Geld unter sich aufzuteilen.

Rattenbury kehrte im Jahre 1831 auf die Insel zurück. Der Legende nach hatte er das Geld am Fuße des Mount Gower vergraben. Bei seiner Ankunft mußte er feststellen, daß die Insel von einem gewaltigen Erdrutsch heimgesucht worden war. Die Kiste mit dem Geld war unter Tonnen von Felsen und Erde begraben. Die Landschaft hatte sich so stark verändert, daß es ihm unmöglich war, die genaue Stelle ausfindig zu machen. Spätere Nachforschungen haben die wesentlichen Fakten dieser Geschichte bestätigt, doch die Sovereigns sind bis heute nicht gefunden worden, es sei denn, Rattenbury kehrte anschließend noch einmal allein auf die Insel zurück.

König Lobengulas Ochsenwagen

König Lobengula vom Matabele-Stamm führte im Jahre 1893 Krieg gegen Mashonaland. Truppen der »British South Africa Company« besiegten ihn schließlich am 1. November desselben Jahres am Fluß Sambesi, nordöstlich seiner Residenz Bulawayo. Sein Palast wurde eingenommen, doch Lobengula gelang es angeblich, mit zehn Ochsenwagen, beladen mit Gold, Silber und ungeschliffenen Diamanten, zu flüchten.

Er und eine kleine Truppe von Kriegern deponierten diesen Schatz in einem ausgehöhlten Felsen in einem einsamen Tal, das angeblich »einige Tagesmärsche« vom Ort der letzten Schlacht entfernt war. Nachdem die Gruppe wieder zur Truppe gestoßen war, ordnete Lobengula die Exekution seiner Helfer an. Nur sein Sekretär, John Jacobs, überlebte. Ihm verdanken wir auch diese Schatzgeschichte. Lobengula starb im Jahre 1894. 1943 wurde sein Grab in Südrhodesien entdeckt. Viele Expeditionen haben sich auf die Suche nach dem Matabele-Schatz gemacht. An einigen davon nahm John Jacobs teil, doch keine hatte bisher Erfolg.

Diese Geschichte besitzt viele der dubiosen Charakteristikas, an die sich Schatzsucher sehr schnell gewöhnen: die einzige zweifelhafte Quelle; die unglaubliche Größe des Schatzes; die Un-

genauigkeit der Ortsangaben. Es gibt viele Gründe, aus denen Jacobs es für angebracht gehalten haben mag, eine Schatzgeschichte zu erfinden. Vielleicht hat er Lobengula im Stich gelassen und wollte sich danach rechtfertigen; vielleicht wollte er sich in der Gefangenschaft durch die Bedeutung schützen, die ihm als einzigem überlebenden Mitwisser um die Lage eines solch gewaltigen Schatzes unweigerlich zukam.

Doch zeigt sich an dieser Geschichte auch Positives. Aus welchen Gründen auch immer Jacobs übertrieben haben mag, er mußte sich im klaren darüber sein, daß ihm niemand seine Geschichte abnehmen würde, gäbe es nicht berechtigte Grün-

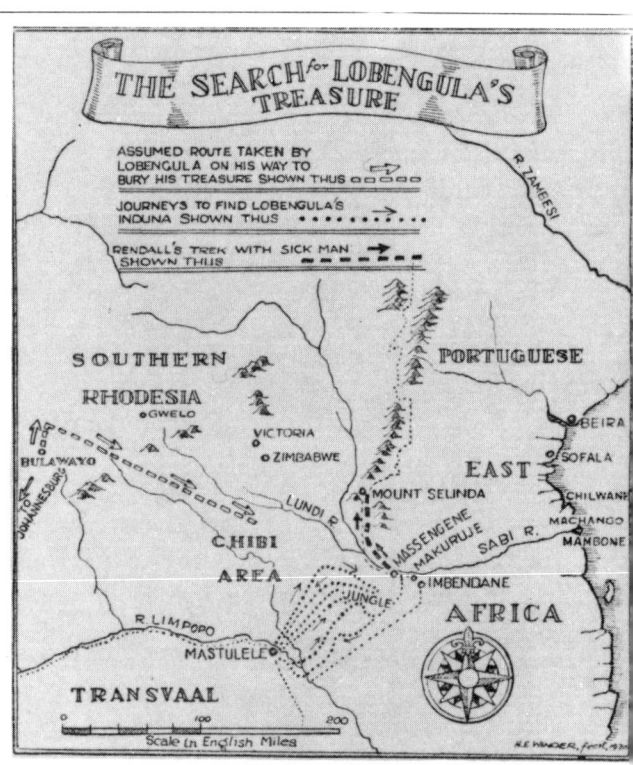

Karte einer der vielen Expeditionen, die nach dem Schatz von Lobengula suchten. Lloyd Ellis, einer der leidenschaftlichsten Schatzsucher, verbrachte viele Jahre damit, einen »Induna« bzw. Krieger von Lobengula aufzuspüren, der überlebt hatte und das Geheimnis kannte. Als er ihm schließlich gegenüberstand, betrachtete ihn der Mann nur mit einem ausdruckslosen Grinsen: er hatte den Verstand verloren, und Ellis' Suche war vergeblich gewesen.

de anzunehmen, daß Lobengula tatsächlich den Stammesschatz in Gold und Diamanten verwaltete. Nach dem bekannten Prinzip »kein Rauch ohne Feuer« bin ich zu glauben geneigt, daß der an Mineralien reiche Matabele-Stamm einen solchen Schatz besessen haben muß, daß Lobengula wahrscheinlich die Kontrolle darüber gehabt hat, und schließlich, daß nach dem Tod von Lobengula, ein Jahr später, der Schatz spurlos verschwunden war. Möglicherweise hat Jacobs sein Wissen aus zweiter oder dritter Hand bezogen, aber immerhin bestand die Möglichkeit, sich derartige Informationen zu beschaffen. Gehen wir ganz vorsichtig von diesen Gegebenheiten aus, stellen wir Jacobs Quellen in Frage, und wir stehen einem Schatz gegenüber, der vielleicht etwas kleiner, aber nicht weniger interessant ist.

Schätze der Neuzeit

Es warten noch immer große Schätze der Neuzeit auf ihre Entdeckung, die hauptsächlich infolge sozialer Umwälzungen verlorengingen. Bestimmt liegen noch viele zaristische Schätze genau an den Orten, wo sie während der Wirren und der Panik der bolschewistischen Revolution in Rußland hastig vergraben wurden. Und ebenso gewiß sind noch viele religiöse Kostbarkeiten in den Bergen von Tibet versteckt. Die Vertreibung von Millionen Menschen im Zweiten Weltkrieg führte dazu, daß unzählige Wertsachen gestohlen, geplündert und in ganz Europa versteckt wurden. Der größte Schatz aus dem Zweiten Weltkrieg, vielleicht mit Ausnahme einer riesigen, aus Plünderungen stammenden Gemäldesammlung, die jetzt angeblich in Tanger versteckt ist, soll jedoch aus echtem Nazivermögen bestehen, das irgendwo auf einer Insel im Mittelmeer verborgen liegt.

Rommels Gold, Silber und Diamanten

Feldmarschall Erwin Rommel hatte von seinem »Führer« Anweisungen erhalten, die an eine Partie »Risiko« erinnern. Er sollte durch Ägypten stoßen, den Mittleren Osten anektieren, durch Indien marschieren und die Verbindung zu den verbündeten japanischen Truppen herstellen.

Rommel war ein guter General und praktisch veranlagter Mann. Er wies die von Hitler vorgesehenen Reichsmark zurück. Er wollte die Garantie, während seines Feldzugs zu jeder Zeit und ohne jegliche Verzögerung Treibstoff für seine Truppen kaufen zu können, und bestand aus diesen Gründen darauf, mit Gold, Silber und Edelsteinen ausgestattet zu werden.

Nach der Niederlage bei El Alamein zog sich Rommel – die Alliierten dicht auf den Fersen – aus Ägypten nach Tunesien und von dort nach Sizilien zurück. Als das Dritte Reich zu bröckeln begann, schickte Hitler seinen besten General an die Westfront.

Italien hatte gerade kapituliert. Rommel konnte nunmehr die ihm anvertrauten Reichtümer weder in Sizilien noch in Sardinien zurücklassen. Aus diesem Grund ordnete er an, daß der Schatz in einem U-Boot nach Korsika, das sich noch in der Hand der Achsenmächte befand, transportiert und dort so lange versteckt werden sollte, bis die Regierung den Schatz bergen könne. Im April 1943 sollen deutsche Marineoffiziere ein Vermögen an Edelmetallen und Diamanten irgendwo im Maquis, in den Bergen oder in Buchten versteckt haben. Sie landeten bei Nacht an der Ostküste. Mehr wissen wir nicht. Die Seeleute gingen wieder an Bord, doch das U-Boot wurde von einer amerikanischen B 44 verfolgt, die es schließlich zerstörte. Rommel selbst wurde, wie allgemein bekannt ist, wenige Monate später umgebracht.

Diese Geschichte besticht durch ihre Glaubwürdigkeit. Sie wurde nach dem Krieg immer wieder erzählt, und die Korsen hegen keinen Zweifel an ihrem Wahrheitsgehalt. Sollte jemals ein wahrhaft riesiger Schatz an Land gefunden werden, wird das auf Umstände wie die obengenannten zurückzuführen sein. Die Versenkung des U-Boots ist eine bewiesene Tatsache. Rommel muß über beachtliche Mittel verfügt haben, und es ist bekannt, daß er sich während seiner Feldzüge nur ungern auf Papiergeld verließ, um Gunst und Unterstützung zu erkaufen. Es wurden schon viele Suchaktionen unternommen, und selbst wenn der Schatz tatsächlich dort liegt, ist das Gebiet so umfangreich, daß noch Jahrhunderte bis zu seiner Entdeckung verstreichen können. Im Jahre 1961 gründete ein Taucher im Golf von Valinco an der südöstlichen Spitze der Insel eine Tauchschule. »Es gab keine Schüler, aber es wurde sehr viel getaucht«, sagte John Lucarotti, ein Schriftsteller, der in Ajaccio lebt. »Alle waren neugierig«. Eines Tages wurde der Gründer der Tauchschule tot aufgefunden – durchbohrt von seiner eigenen Harpune. Dies ist einer der Fälle, in denen Schatzsucher eines gewaltsamen Todes starben. Die Einheimischen sind der Meinung, daß Rommels Schatz noch immer von jemandem bewacht wird.

Schätze aufgrund von Verbrechen

Der dritte wesentliche Beweggrund, Reichtum zu verbergen, sind Verbrechen und Angst vor der Entdeckung. Hier sollte sich der Schatzsucher vor allem vor der zweifelhaften Romantik in acht nehmen. Piraterie, ob in »politischer« oder eigener Sache, ist so bezaubernd wie das Ziehen und Zanken einer Meute von Schakalen um den Kadaver eines Löwen. Gelegentlich machten Piraten große Beute. Viel häufiger jedoch, meist nach erheblichem Blutvergießen, bestand ihre Beute lediglich aus ein paar Waffen, ein paar Frauen, die ihnen zu Diensten zu sein hatten, einigen Gefangenen, die als Sklaven verkauft werden konnten, ein wenig Geld, Juwelen und anderen Habseligkeiten, die bald durchgebracht waren. Piraten lebten ein gefährliches Leben und gaben Geld aus, »als gäbe es kein Morgen«. Einige wenige kluge Korsaren und Piraten haben möglicherweise ihre Schätze in Hinblick auf einen angenehmen Lebensabend gehortet, doch das meiste Piratengold landete nicht in Kisten auf einsamen Inseln, sondern in den Bordellen von Port Royal und Tahiti oder auf dem Meeresgrund.

Entgegen der volkstümlichen Meinung wären auch die Regierungen und Eigner von Handelsschiffen nicht generell töricht. Da sie sich der Existenz von Piraten bewußt waren, schickten sie ihre mit Gold und Silber beladenen Schiffe immer gut bemannt und voll bewaffnet auf See. Wie der Terrorismus heutzutage war die Piraterie deshalb ein sehr kapitalaufwendiges Geschäft. Piratenschiffe mußten schnell, modern, extrem gut bewaffnet und ausgerüstet sein und über eine vollständige Mannschaft verfügen. Nur wenige Ladungen übersteigen den Wert des Schiffes, das sie trägt. Bei vorsichtiger Schätzung muß daher mindestens die Hälfte der Piratenbeute wieder reinvestiert werden. Danach muß der Besatzung ihr Anteil ausbezahlt werden. Wenn man den möglichen Verdienst in Verhältnis zu Kosten und Risiko stellt, ist die Piraterie ein wahrhaft schlechtes Geschäft.

Die Geschichte von Captain Kidd

Als klassisches Beispiel für die Art und Weise, in der das Ansehen eines Piraten und seines Schatzes durch den Volksglauben erhöht wird, gilt die Geschichte von Captain Kidd.

William Kidd war ein britischer Marineoffizier, der sich im Einsatz gegen die Franzosen in der Karibik verdient gemacht hatte. Im Jahre 1695 erhielt er von König William III. den Auftrag, Piraten aufzuspüren und deren Beute zu beschlagnahmen. Er wurde selbst zum Piraten. Anscheinend hatte er gehofft, ein schnelles Vermögen zu erwerben und dabei unerkannt zu bleiben. Er war schockiert und bestürzt, als er plötzlich geächtet war.

Das wertvollste Schiff, das Kidd erbeutete, war die *Quedagh Merchant*, die Ladung im Wert von ca. £ 60 000 mit sich führte. Waren im Wert von £ 10 000 wurden verkauft – vermutlich mit hohen Verlusten – und der Erlös an die Besatzung verteilt. Kidd ließ die *Quedagh Merchant* in Anguilla, nachdem er erfahren hatte, daß er gesucht wurde. Auf Haiti verkaufte er weitere Stücke der Ladung, um ein neues Schiff, die *San Antonio*, zu erwerben. Er deponierte noch einen Teil der Beute bei John Gardiner auf Long Island, bevor er sich auf den Weg zu John Bellamont, dem Gouverneur von Neu-England machte, um seine Unschuld zu beteuern. Bellamont ließ in prompt in Ketten legen, beschlagnahmte Waren im Wert von £ 14 000 und die *San Antonio* und verfrachtete Kidd zurück nach Wapping Old Stairs, wo er am 23. Mai 1707 hingerichtet wurde.

Am Vorabend seiner Exekution unternahm Kidd einen letzten Versuch, den schrecklichen Tag aufzuschieben. Er schrieb an Robert Harley, den Sprecher des britischen Unterhauses. »Ich habe auf den Westindischen Inseln Waren und Schätze im Wert von £ 100 000 deponiert«. Harley ist nicht auf diese absurde Behauptung eingegangen, doch Schatzsucher, die oft von sich glauben, es besser zu wissen, als der Mann vor Ort, lassen diese kluge Skepsis leider missen. Die Suche nach dem zweifelhaften »Schatz von Captain Kidd« hat Millionen Pfund verschlungen und viele Leben in Gefahr gebracht.

Piratenschätze

Damit soll nicht behauptet werden, es gäbe keine vergrabenen Piratenschätze. Viele Piraten hatten bei ihren Versuchen, Kontrolle über die Handelsrouten zu gewinnen, die Billigung und finanzielle Unterstützung ihrer Regierungen. Durch den damit verbundenen geringen Kostenaufwand konnten sie beträchtliche Gewinne verbuchen und haben es sicherlich manchmal vorgezogen, einen Teil ihrer Beute zu vergraben, anstatt ihn mit ihren Auftraggebern zu teilen.

Auch einige kluge Piraten, die auf sich allein gestellt waren, haben ihre geringen Anteile an der Beute möglicherweise irgendwo versteckt. Schließlich gab es keine Banken und keine Möglichkeiten, Geld an die Familien zu überweisen. Wenn sie ihr Vermögen mit sich herumtrugen, mußten sie immer befürchten, von anderen Mitgliedern der Besatzung bestohlen zu werden. Diese kleinen Verstecke werden viel häufiger gefunden als die großen legendären Schätze.

Wonach wir also Ausschau halten sollten, sind nicht die romantischen Figuren, die berüchtigten Schurken, die in Groschenromanen, Melodramen

und Filmen verherrlicht werden und deren Namen man automatisch mit Schätzen in Verbindung bringt (häufig erwarben sie ihren Ruhm, indem sie fälschlicherweise behaupteten, Reichtümer verborgen zu haben). Wir sollten uns eher darauf konzentrieren, welche Umstände einen Piratenkapitän dazu veranlassen konnten, seine Beute zu verstecken.

Im allgemeinen bin ich der Meinung, daß zu unseren besten Kandidaten einerseits die Piraten gehören, die bereits vermögend sind oder gut subventioniert werden und es sich somit leisten können, ihre Gelder zu »horten«, und andererseits diejenigen, denen unmittelbar die Gefangennahme droht und die somit einen guten Grund haben, ihr Vermögen zu verstecken. Ich weiß, das letztere hört sich etwas merkwürdig an. Man möchte meinen, daß jeder Dieb seinen Reichtum gerne behält, aber die großen Piratenkapitäne wußten, daß unweigerlich der Henker auf sie wartete, wenn sie gefaßt wurden. Es hätte wenig Sinn gehabt, sich im Laufe eines ungewissen Nomadenlebens von seinen Schätzen zu trennen, es sei denn, der Pirat hätte Grund zu der Annahme gehabt, daß er oder seine Nachkommen in der Lage sein würden, den Schatz später zu bergen. Nur wenige Piraten hatten legitime Nachkommen.

Die großen Schätze stammen eher aus einzelnen, gut dokumentierten Verbrechen. Wenn ein Pirat seine angesammelten Besitztümer an Bord seines Schiffes hortet, wird er dies aller Wahrscheinlichkeit nach auf Dauer tun. Handelt es sich nach Lage der Dinge um einen irregulären Piraten – einen Opportunisten, der ein Verbrechen begangen hat und wieder in ein geordnetes Leben zurückkehren möchte oder seine Entdeckung fürchten muß, da er sich im Besitz der Beute befindet –, dann wird er dazu tendieren, die Wertsachen zu verstecken.

Piraten waren im wahrsten Sinne des Wortes Terroristen. Terror war die gewaltigste Waffe in ihrem Arsenal. Deswegen hatten sie gar kein Interesse daran, den wilden und übertriebenen Geschichten, die sich die sensationslüsterne Öffentlichkeit erzählte, entgegenzutreten. Wahrschein-

Die verklärte Darstellung von Piraten und vergrabenen Schätzen, die durch ein Bild wie dieses noch bekräftigt wird, verbirgt nur allzu oft die Tatsache, daß die meisten Piraten nichts weiter als blutrünstige Diebe und Mörder waren.

lich haben sie diese Geschichten sogar gefördert. Edward Teach, auch als »Blackbeard« bekannte, flocht sich rauchende Zündschnüre in die Haare und den Bart. Über Lolonois wird berichtet, daß er einem seiner Opfer das Herz aus der Brust gerissen und es anschließend verspeist habe, pour encourager les autres. Die Geschichten von Brutalität und Reichtum verbreiten sich schnell und werden immer unglaubwürdiger, je weiter sie in die Folklore übergehen. Das soll nun aber wiederum nicht bedeuten, daß sie nicht doch ein Körnchen Wahrheit enthalten.

Mugnoz, Wanda und der Aruba-Schatz

Die Geschichte von Domingo Mugnoz ist ein reizendes Beispiel für dieses Genre und entspricht im Grunde einer wahren Begebenheit. Außerdem ist sie psychologisch durchaus plausibel.

Mugnoz war um 1819 Pfarrer von Sagraro, einem Bezirk der Stadt Quito in Kolumbien. Zu seinen Gemeindemitgliedern zählte auch eine blonde Russin namens Wanda (einer anderen Quelle zufolge war es eine Spanierin namens Rosita). Diese lebte nicht weit von Quito entfernt auf einer Hazienda, unglücklich verheiratet mit einem gewissen Pedro de Cires, den sie in den Vereinigten Staaten kennengelernt hatte. Wanda hatte einen französischen Liebhaber namens Maurel. Ihr Ehemann wußte von dem Verhältnis und tolerierte es. Mugnoz sah sich dazu veran-

Diese Szene aus dem 18. Jahrhundert, die die Hinrichtung eines Piraten am Galgen neben der Themse zeigt, erinnert an die erbarmungslose Realität eines Seeräuber-Daseins. Die Geschichte von Captain Kidd ist ein bemerkenswertes Beispiel dafür.

laßt, diesem skandalösen Treiben ein Ende zu bereiten. Eines Nachts warf er Maurel aus dem eigenen Haus und brachte die halbnackte Wanda zu ihrem Ehemann zurück. Kurz danach zwangen Rebellen die Spanier, Quito zu räumen. De Cires floh zusammen mit Wanda, dem halb gelähmten schwarzen Diener Congo und Bruder Mugnoz. Er mietete ein Haus am Fluß Guayra in Caracas und begann, mit den Indianern Handel zu treiben. Mugnoz war inzwischen Wandas Liebhaber geworden.

Eines Nachts wurde de Cires erstochen aufgefunden. Mugnoz und Congo wurden verhaftet und des Mordes angeklagt. Sie wurden anläßlich einer Generalamnestie begnadigt, als Bolivars Truppen unter dem Kommando von General Paez Caracas einnahmen.

Mugnoz verließ das Gefängnis zusammen mit Congo und einigen Gefolgsleuten. Es scheint, daß die Prinzipien des Priesters mit der Zeit abgebröckelt waren. Der Vorgang, den wir hier beobachten können, ist durchaus einleuchtend. Ein gewissenhafter, schuldbeladener Mann, der dank Wandas Verführungskünsten bereits verdammt war, beschließt nun, sich völlig der Verdammnis preiszugeben. Er holte sich Wanda zurück und verschwand mit seinem ganzen Pöbel.

Am 4. August 1822, fast zwei Jahre, nachdem Mugnoz das Gefängnis verlassen hatte, erschien in den Zeitungen von Jamaica eine schreckliche Geschichte über einen Fall von Piraterie. Die *Blessing*, eine Schaluppe auf dem Rückweg von Kuba nach Orabessa, war von einem großen Schoner mit Namen *Emmanuel*, der unter einer schwarzen Flagge segelte, gekapert worden. Als Kapitän Smith von der *Blessing* außer seiner Ladung keinerlei Lösegeld bieten konnte, wurde er mit verbundenen Augen über eine Schiffsplanke ins Wasser getrieben. Er wurde erschossen, als er versuchte, zum Schiff zurückzuschwimmen. Sein vierzehnjähriger Sohn war entsetzt, und »da der grausame Piratenkapitän das Weinen und die Schreie des Kindes satt hatte, schlug er dem Jungen die Muskete auf den Kopf, packte ihn an den Beinen und war ihn über Bord.«

Dieser Piratenkapitän setzte anschließend das Schiff in Brand und zwang seine Gefangenen, mit einem Krug Wasser und einer Tagesration Zwieback in ein großes Beiboot zu steigen. Er hatte keinerlei Grund zu der Annahme, daß sie überleben würden, doch ein Schoner las sie am Nachmittag des selben Tages auf und legte am 18. Juli in Port Morant an. Der Erste Maat erstattete Admiral Ferguson, dem kommandierenden Marineoffizier, Bericht über diese Ereignisse und gab dabei auch eine kurze Beschreibung des Piratenkapitäns. Zu dieser Zeit wußte noch niemand seinen Namen. Doch bald sollte ihn die ganze Küste kennen: Mugnoz.

Während der nächsten drei Jahre versetzte Mugnoz die Südkaribik in Angst und Schrecken, indem er Handelsschiffe kaperte und dabei manchmal sogar die ganze Besatzung niedermetzelte. Diese Auswüchse der Gewalt passen wiederum in das Bild eines durch moralische Schuldkomplexe völlig zerstörten Mannes.

Die gesamte Beute wurde zu einem der beiden von Mugnoz angelegten Stützpunkte geschafft — einer in den Bergen im Norden Kubas, der andere auf der Insel Aruba, wenige Meilen vor Kap San Roman an der Nordküste Venezuelas.

Aruba ist 17 Meilen lang, und an seiner Südspitze erhebt sich ein steiler Berg, der Cerrito Colorado, der Rote Berg. Der einzige Ankerplatz liegt in einer nahegelegenen Bucht, die nur durch eine enge und gefährliche Passage zu erreichen ist. Hier, in einer Höhle oder einem Netzwerk von Höhlen hoch oben auf dem Berg, errichtete sich Mugnoz seine Zitadelle.

Immer wieder hörte man von rituellen Gefangenen-Verbrennungen durch Mugnoz und einem hinkenden Schwarzen. Und immer wieder hörte man auch von Wanda, die ganz offensichtlich verrückt oder geistig zurückgeblieben und zweifelsohne in sexueller Hinsicht unersättlich war. Berichten zufolge bestand ihre Kleidung höchstens aus einem kurzen Kleidchen, häufiger jedoch trug sie außer erbeuteten Ringen und Armbändern nichts auf dem Leib. Ein Spanier namens Diaz, einer der Gefolgsmänner von Mugnoz, berichtete, als er von der *New York* vor Puerto Rico gefangengenommen wurde, von quasi-religiösen

Ritualen, die Mugnoz in seinen drei »Kapellen« – eine an Bord der *Emanuel* und jeweils eine auf seinen Stützpunkten – abhielt. Bei diesen Messen schien Congo der Hauptfolterknecht und Wanda zumindest eine der Opfergaben zu sein. Auf dem Höhepunkt der Zeremonie überreichte Mugnoz sie seinen Bandenmitgliedern.

Im Jahre 1825 löste sich die Bande auf. Die Beute wurde verteilt, und Mugnoz und Wanda zogen sich nach Aruba zurück. Congo wurde gefangengenommen und legte ein Geständnis ab. Er bestätigte die Angaben über Mugnoz, wobei er noch hinzufügte, daß der Schatz auf dem Cerrito Colorado vergraben worden sei. Admiral Padilla von der Küstenpolizei landete auf Aruba und ließ dreißig Männer den Berg absuchen. Sie fanden Reste eines Schiffssegels, eine lange, an einem Pfahl befestigte Kette mit Handfesseln und eine Reihe von Werkzeugen. Und sie entdeckten eine unterirdische Kapelle mit einem blumenge-schmückten Altar, auf dem verschiedenes religiö-ses Brimborium verstreut lag.

So lautet die Geschichte des Aruba-Schatzes. Es ist auch eine schöne und bunte Geschichte, nur wurde sie im Laufe der Zeit immer weiter ausge-schmückt. Es ist möglich, ja sogar wahrschein-lich, daß ein abtrünniger Priester, berauscht von einer geistig verwirrten Frau, zum Piraten wurde, gotteslästerlichen Orgien frönte und am Ende spurlos verschwand. Es ist sogar möglich, daß er große Reichtümer anhäufte, doch die einzige Quelle in Bezug auf den Verbleib dieses Schatzes ist der zwielichtige Congo. Sollte ich jedoch zu-fällig an Aruba vorbeifahren, würde ich trotz der inzwischen sehr verzerrten Geschichte mit einem Metalldetektor an Land gehen.

Die Legende von El Dorado

Es gibt eine Art von Schätzen, die nicht auf menschlicher Angst oder Tod beruhen, nämlich Opfergaben, und daraus entstand auch die Legen-de von Eldorado.

Im Jahre 1519 brachen die Conquistadores un-ter Cortez über Mexiko herein. Sie fanden in den Städten der Mayas und Azteken große Mengen an religiösen Kunstobjekten und Schmuck aus rei-nem Gold. Selbst gewöhnliche Leute trugen Goldschmuck. Sie beobachteten mit Befremden, wie Objekte aus Gold in tiefe Seen geworfen wurden, und zogen prompt die falschen Schlüsse daraus. Sie nahmen an, daß sich im Landesinne-ren Goldminen befanden und folterten viele In-dianer, um den Ort herauszufinden. In ihren Briefen nach Hause berichteten sie von Bergen, Quellen und Städten aus Gold, und, angelockt von diesem Märchen, überschwemmten immer mehr Siedler das Land. Die Legende blieb erhal-ten, auch lange, nachdem die Spanier aus Südame-rika vertrieben worden waren. Viele Hunderte von Schatzsuchern haben auf der Suche nach die-sen Reichtümern ihr Leben vergeudet – und nicht selten verloren.

Die mexikanischen Indianer waren großteils neolithisch – ihre Schwerter beispielsweise waren aus Obsidian und nicht aus Metall gefertigt. Die Gold- und Silbergegenstände, die die Spanier so in Aufruhr versetzten, waren im Laufe von Jahr-hunderten angesammelt worden. Sie stammten nicht aus Goldminen, sondern waren aus Gold-klumpen gehämmert und geformt worden, die in Flüssen gefunden wurden oder aus Erzen an oder knapp unter der Oberfläche stammten.

Zweifelsohne gab es in Mexiko enorme Boden-schätze, die, wie wenig später die Jesuiten bewie-sen, abgebaut werden konnten, doch die Indianer hatten keine Bergwerke unterhalten. Die spani-sches Soldaten jedoch folgerten, daß das Gold, wenn nicht aus Bergwerken, dann eben von einer besonderen zentralen Stelle stammen müsse. Bru-tal und habgierig fielen sie über das Aztekenreich herein und zogen anschließend, ohne etwas zu finden, mordend, vergewaltigend, plündernd und folternd weiter nach Peru. Hätten sie sich die Mühe gemacht, die Ärmel hochzukrempeln und zu graben, wären sie sicherlich entscheidend rei-cher geworden und eine großartige Zivilisation wäre uns erhalten geblieben.

Das relativ unbekümmerte Verhältnis der In-dianer zu ihrem Gold beruhte nicht auf ver-schwenderischem Reichtum, sondern auf einer anderen sozialen und wirtschaftlichen Struktur, die den Spaniern gänzlich fremd war. Die Wirtschaft basierte auf Tauschhandel. Gold galt als heilig oder dekorativ. Es liegt in der Natur der Sache, daß heilige und dekorative Objekte weitgehend mit anderen geteilt werden.

Was das Werfen von wertvollen Gegenständen in Flüssen und Seen betrifft, so findet sich dieser Brauch in fast allen indianischen Kulturen Süd- und Mittelamerikas. Die meisten der alten Indianersiedlungen wurden neben tiefen Seen errichtet. Diese lebensspendenden Seen hatten ihre eigenen Gottheiten, die versöhnlich gestimmt werden mußten, um die Seen vor dem Austrocknen zu schützen. Viele junge Männer und Frauen wurden den Seegöttern geopfert und viele wertvolle Gegenstände während dieser Zeremonien ins Wasser geworfen.

Auch dies interpretierten die Spanier falsch, und als sie die Legende von El Dorado (der vergoldete Mann) hörten, wurde aus ihm bald der goldene Mann – König eines Landes aus Gold.

Der Ursprung dieser Legende geht auf das Krönungszeremoniell der Chibcha-Indianer in Kolumbien zurück. Dieser Stamm verehrte den Gott des Guatavita-Sees, einer der fünf heiligen Seen in der Ostkordilleren. Der neue König wurde entkleidet, mit »klebriger Erde« bedeckt und anschließend so mit Goldstaub besprenkelt, daß er buchstäblich von Kopf bis Fuß vergoldet war. Dann stand er unbeweglich auf einem Floß, während ihm seine Untertanen Gold und andere Schätze zu Füßen legten. Seine vier wichtigsten Untertanen gesellten sich zu ihm auf das Floß, und zusammen steuerten sie auf die Mitte des Sees zu, wo der Monarch und seine Minister alle Op-

Der Guatavita-See, hoch in den Anden, war früher eine geheiligte Stätte für den Chibcha-Stamm in Kolumbien. Bei den Krönungsfeierlichkeiten wurde der neue König von Kopf bis Fuß mit Goldstaub bepudert und dann auf einem Floß auf die Mitte des Sees geschickt. Von dort aus warfen er und vier Begleiter wertvolle Opfergaben in das Wasser. Daraus entstand die Legende von El Dorado, dem goldenen Mann.

Unter den Opfergaben der Chibcha war auch diese wunderbare Darstellung des neuen Königs und seiner Begleiter auf dem Floß.

fergaben ins Wasser warfen.

Die Legende wurde erzählt, wiedererzählt und mit der Zeit immer übertriebener dargestellt. Die Spanier erreichten den Guatavita im Jahre 1539, fanden aber weder goldene Straßen noch Gebäude vor und zogen weiter. Sie erhoben Anspruch auf das gesamte Gebiet zwischen den Anden und dem Orinoco und nannten es die Provinz El Dorado.

Schon viele große Expeditionen haben sich auf die Suche nach diesem magischen Land gemacht. Quesada suchte vier Jahre und verlor zwischen 1568 und 1572 934 Soldaten. Berrio unternahm zwischen 1584 und 1591 drei Expeditionsreisen, bevor er von Sir Walter Raleigh gefangengenommen wurde. Diesen kostete die Suche nach dem legendären Königreich eine glänzende Karriere, das gesamte Vermögen und am Ende das Leben.

Im Jahre 1578 senkte ein Weinhändler namens Antonio Sepulveda den Wasserspiegel des Guatavita-Sees, indem er eine riesige Kerbe in den Uferrand schlagen ließ. Aus der etwa zwanzig Meter dicken Schlammschicht, die danach zum Vorschein kam, holte er sich Hunderte geschmiedeter Goldfiguren, einen mit Goldplatten und Ornamenten versehenen Stab und einen »hühnereigroßen« Smaragd. Angeblich hatte er 8000 Männer für diese Arbeit engagiert. Nachdem die Regierung ihren Anteil am Fund erhalten hatte, war Sepulveda bankrott.

Viele sind in seine Fußstapfen getreten. Im Jahre 1898 versuchte eine »Gesellschaft zur Erforschung der Lagune von Guatavita« vergeblich, den See abzulassen. Später, zwischen 1905 und 1909 gelang es einer britischen Firma, Contractors Ltd., den See trockenzulegen, allerdings war der Schlamm in der Mitte des Sees bereits hart, bevor man ihn untersuchen konnte. Auch diese Firma ging bankrott, obwohl sie viel Gold gefunden hatte.

Im Jahre 1965 zeigte die kolumbianische Regierung endlich etwas Vernunft und stellte den See im Interesse von Natur und Kultur unter staatlichen Schutz. Jetzt wird das Wasser nie mehr abgelassen werden.

In der Legende von El Dorado zeigt sich nahezu alles, vor dem ein Schatzsucher sich hüten sollte: Übertreibungen, die Neigung, sich auf das zu konzentrieren, was man gerne finden möchte, statt auf das, was möglicherweise zu finden ist, Besessenheit, übersteigerte Investitionen, Habgier, Träumerei und ausgesprochene Ignoranz.

Wie auch die anderen Geschichten beweisen, wird Schatzsuche niemals eine exakte Wissenschaft sein. Nichtsdestotrotz hat bei der Schatzsuche jeder die Möglichkeit, seinen gesunden Menschenverstand und seine Lernfähigkeit bis an die Grenzen unter Beweis zu stellen. Die detaillierten Berichte über verschwundene große Schätze im Hauptteil des Buches bieten die Gelegenheit dazu.

AGRIHAN, MARIANEN, NORDPAZIFIK

Südamerikanische Piratenbeute

Diese von Grausamkeit, Diebstahl und Blutvergießen geprägte Geschichte beginnt im Jahre 1826 ausgerechnet in einer Kirche in Lima inmitten geistlicher Musik, duftendem Weihrauch und gedämpftem Licht. Unter den Kirchgängern waren an diesem Morgen ein schottischer Abenteurer mit dem ungewöhnlichen Namen Roberton und eine junge Schönheit namens Teresa Mendez. Roberton hatte die Frau mit großem Interesse betrachtet und zog nach dem Gottesdienst Erkundigungen über sie ein, wobei er erfuhr, daß sie erst einundzwanzig und die wohlhabende Witwe eines spanischen Kapitäns war. Zwangsläufig hatte sie viele Verehrer, doch nur wohlhabende Männer in hohen Stellungen und von edler Herkunft fanden ihre Beachtung

Roberton war beeindruckt und begann, um sie zu werben. Als er ihr seine Liebe offenbarte, lachte sie ihn aus. Allen anderen außer ihm war klar, daß er keine der Eigenschaften besaß, die sie verlangte. Wahrscheinlich nur spaßeshalber versprach sie ihm die Ehe, vorausgesetzt, er könne die notwendigen Mittel aufbringen, um ihr den Stil zu bieten, der ihren Erwartungen entsprach.

Roberton suchte verzweifelt nach einer Lösung. Und er zerbrach sich noch immer den Kopf, als er ein Treffen von Marineoffizieren in Callao besuchte, an dem auch Gabriel Lafond de Lurcy, Autor von Voyages Autour du Monde und primäre Quelle für diese Geschichte, teilnahm. Robertons Dilemma war allgemein bekannt, und ein gewisser Leutnant Vieyra bemerkte lachend, daß alle Probleme gelöst wären, könnte er nur die *Peruano*, ein zu dieser Zeit im Hafen ankerndes englisches Schiff, übernehmen. Die *Peruano* war Ziel solcher Bemerkungen, seitdem sie angelegt hatte und man wußte, daß sie an Bord Kriegsgelder in Höhe von 2000000 Goldpiaster mit sich führte.

Laut Lafond lächelte Roberton nur höflich und ging nicht weiter auf das Thema ein, aber noch in derselben Nacht scharte er einige Banditen um sich, in der Mehrzahl britische Seeleute von seiner eigenen Fregatte, und griff das schwach verteidigte Schiff an. Im Morgengrauen war er längst auf und davon und segelte vor einer kräftigen Brise in südwestlicher Richtung. Als die restlichen Besatzungsmitglieder von ihrem Landurlaub zurückkehrten und kein Schiff mehr vorfanden, schlugen sie Alarm, doch Robertons Vorsprung war zu gewaltig.

Auf den ersten Blick klingt Robertons impulsive und unglaubwürdige Tat wie all die anderen abenteuerlichen Berichte, von denen es in der damaligen turbulenten Zeit, als sich Südamerika gegen seine spanischen Unterdrücker aufzulehnen begann, geradezu wimmelte. Da der Volksglaube dazu tendiert, gemeine, armselige Erpresser zu verklärten Geächteten oder brutale, selbstsüchtigen Terroristen zu berühmten Piratenkapitänen zu erheben, müssen wir zu Recht viele dieser Geschichten mit einer gewissen Skepsis betrachten. Robertons Existenz wie auch die Tatsache, daß er ein berufsmäßiger Seemann und rücksichtsloser Abenteurer war, steht jedoch außer Zweifel. Zum Glück wissen wir genug über seine

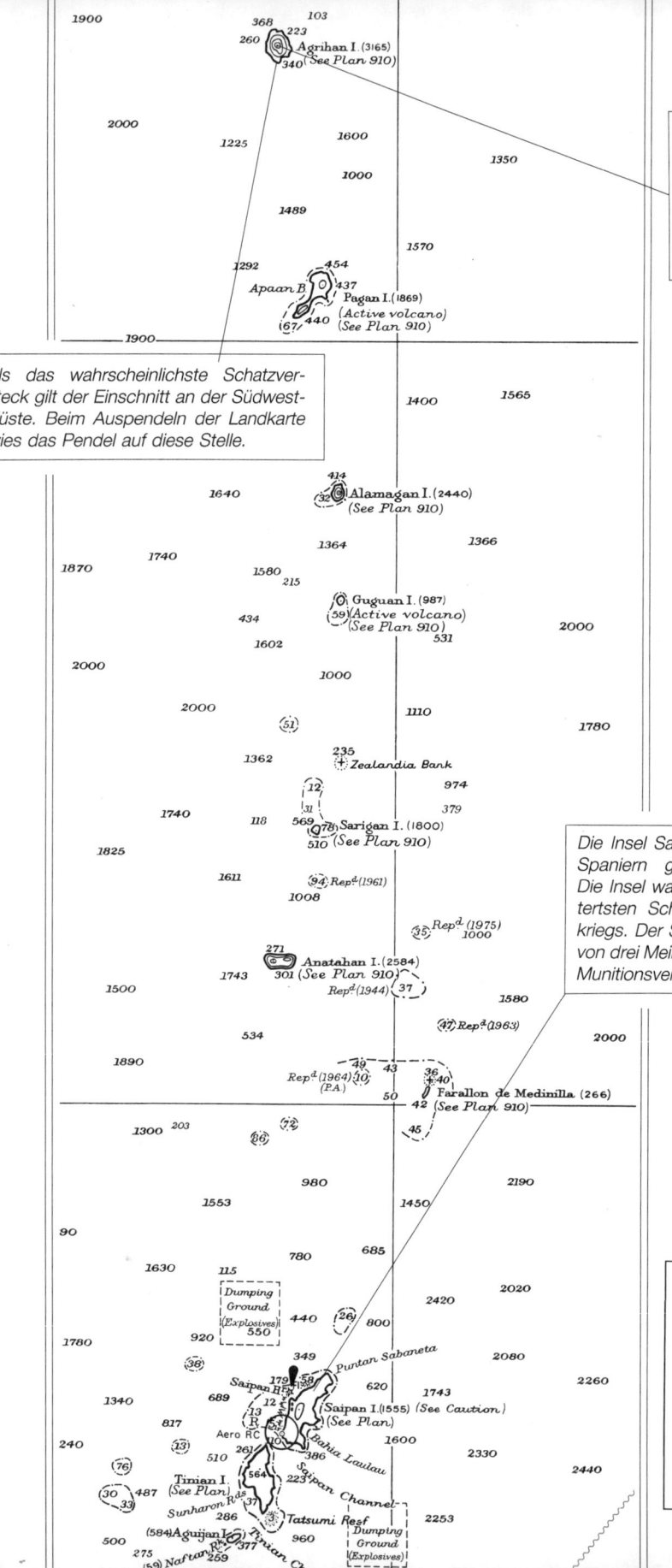

Die Insel Agrihan, früher auch Grigan oder Agrigan genannt, liegt im Norden der Marianen bei 18° 46'N 145° 40'O. Man vermutet, daß Roberton und seine Komplizen im Jahre 1826 Truhen mit Kriegsgeldern in Höhe von 2000000 Goldpiastern auf der Insel versteckt haben.

Als das wahrscheinlichste Schatzversteck gilt der Einschnitt an der Südwest-Küste. Beim Auspendeln der Landkarte wies das Pendel auf diese Stelle.

Die Insel Saipan, wo Roberton von den Spaniern gefangengenommen wurde. Die Insel war Schauplatz einer der erbittertsten Schlachten des Zweiten Weltkriegs. Der Schiffsverkehr ist im Umkreis von drei Meilen untersagt, da in Inselnähe Munitionsversenkungsgebiete liegen.

Der nördliche Teil der Marianen, reproduziert von Seekarten der Britischen Admiralität mit Genehmigung des Leiters des Stationery Office und des hydrographischen Amtes der Marine. Alle Tiefenangaben in Faden, Höhenangaben in Fuß. Der Maßstab beträgt ungefähr 1:2000000.

Laufbahn und seinen Charakter, um erkennen zu könen, daß dieser spontane Akt von Piraterie vollkommen seinem Wesen entsprach.

Roberton – Söldner und Pirat

In demselben Krieg, den William Thompson – ein andere Schotte, der mit großen Reichtümern aus Lima nach Cocos Island segelte – als Augenzeuge miterlebte, entdeckte man Roberton auf der Seite der Chilenen, die, letztlich erfolgreich, versuchten, sich von der spanischen Herrschaft zu befreien. Roberton, der aus einer Glasgower Seefahrer-Familie stammte, war ein unbedeutender britischer Marineoffizier gewesen. Im Jahre 1817 wurde er Oberleutnant auf dem chilenischen Kriegsschiff *Galvarino*, anfangs unter dem Kommando von Kapitän Guise, danach unter Kapitän Stary.

Im Jahre 1820 segelte Leutnant Gabriel Lafond als erster Offizier auf der *Mentor*, einem amerikanischen Handelsschiff, von San-Blas nach Guayaquil.

Das Schiff war neutral, doch sein Kommandant, Kapitän Gardiner, machte sich in bezug auf die Moral der chilenischen Rebellen keine allzugroßen Illusionen. Lafond erhielt Anweisung, wachsam zu bleiben.

Die *Mentor* war jedoch schwer beladen und schwerfällig. Die *Galvarino* dagegen war schnell, gut bewaffnet und leicht zu manövrieren. Roberton kam an Bord, um festzustellen, wer und was sich auf der *Mentor* befand und welche weiteren Schritte er zu unternehmen hatte. Die beiden Ersten Offiziere, Roberton und Lafond, der Schotte und der Franzose, standen sich, Tausende von Meilen von Ihrer jeweiligen Heimat entfernt, an Deck der *Mentor* gegenüber.

Gabriel Lafond, auf dieser Darstellung im Gespräch mit Eingeborenen in Manila, war ein abenteuerlustiger junger Franzose, der bei seinen interessanten Reisen mehrmals den schottischen Piraten Roberton traf. Fasziniert von diesem Mann, trug Lafond die Fakten des außergewöhnlichen Lebens zusammen und beschrieb sie später in seinem Buch Voyages autour du monde, das um 1840 herausgegeben wurde.

Lafonds erster Eindruck von Roberton war der eines häßlichen Mannes mittlerer Größe mit rotbraunem Haar, einem gerötetem Gesicht und grausamen stahlblauen Augen. Er gab knappe und herrische Befehle. Während der Kapitän ein eher einnehmendes Wesen hatte, war sich Lafond völlig im klaren darüber, daß Roberton der eigentliche Kommandant war, und schrieb später:

Robertson (sic) était brave jusqu'á l'exces, son caractère fougueux et passioné le rendait souvent farouche et cruel. Il avait la taille moyenne, les cheveux rouges, le regard fauve, et quoique ses traits n'eussent pas précisément de la laideur, son aspect était repoussant.

Robertson (sic) war überaus anmaßend, und sein ungestümes und hitziges Wesen machte ihn oft brutal und grausam. Er war von mittlerer Größe, mit roten Haaren, einem wilden Blick, und obwohl man ihn nicht direkt häßlich nennen konnte, so bot er doch einen abstoßenden Anblick.

Er fügte außerdem hinzu, Roberton habe das Grinsen einer Hyäne.

Unter völliger Mißachtung der internationalen Gesetze wollte Roberton einen Offizier und die Hälfte der Besatzungsmitglieder der *Mentor* gewaltsam auf die *Galvarino* schaffen, doch Nebel und das Herannahen eines amerikanischen Kriegsschiffes vereitelten seinen Plan, und er mußte unverrichteter Dinge davonsegeln.

Zwei Jahre später tauchte Roberton wieder auf, diesmal auf der Jagd nach einem Banditen namens Benavides, der aus der chilenischen Küstenstadt Arauco ins Landesinnere geflohen war. In Arauco faßte Roberton Pacheco, einen Freund Benavides, und ließ ihn so lange auspeitschen, bis dieser Infomationen preisgab. Kurz danach überraschte er Benavides und seine Männer und nahm außer Benavides und dessen Stellvertreter namens Martelin alle gefangen. Roberton ließ alle sechzig oder siebzig Gefangenen auf einer Lichtung aufhängen. Die Legende, mag sie nun auf Wahrheit beruhen oder nur die Scheu vor diesem Mann wiederspiegeln, besagt, daß er, plötzlich von der Idee ergriffen, aus gehängten Körpern einen Kreis zu bilden, die Leichen einiger Spanier, die bei dem ursprünglichen Angriff getötet worden waren, dazuhängen ließ.

Intermezzo auf Mocha

Kurz nach diesem Vorfall nahm Roberton seinen Abschied von der Marine und zog sich auf eine kleine, fruchtbare und unbewohnte Insel namens Mocha zurück, die fünfundsiebzig Meilen südlich der Bucht von Concepcion in Chile lag. Anscheinend hat er dort eine kleine Siedlung gegründet. Neben zwei ihm ergebenen Frauen und einem schwarzen Diener nahm er einige andere Kolonisten, wahrscheinlich ehemalige Kameraden, mit sich auf die Insel. Wir müssen uns in bezug auf seine wahren Absichten auf Gerüchte verlassen. Es kursiert die Geschichte, daß Benavides seine Beute auf Mocha vergraben habe und einer der von Roberton gehängten Banditen unter der Folter Hinweise auf die Lage des Verstecks gegeben habe. Wie dem auch sei, die meisten von Robertons Kameraden – darunter auch sein Bruder – ertranken, als ein Walfänger auf der Rückfahrt von Valdivia unterging, und bald darauf verließ Roberton Mocha und meldete sich freiwillig zur peruanischen Marine. Berichten zufolge kaperte er vor Arica die unter französischer Flagge segelnde *Vigie* und entkam nur knapp der *Quintanilla*, einer spanischen Fregatte unter dem Kommando von Benavides ehemaligen Stellvertreter Martelin. Roberton zeichnet sich bei der Belagerung von Lima aus, wird eingekerkert, kann entfliehen und kehrt wieder zur Marine zurück.

Und dann trifft dieser für seine Skrupellosigkeit bekannte, erfolgreiche, wagemutige und eigenartig verschlossene Mann auf Teresa Mendez, und ihre gedankenlose spöttische Bemerkung proviziert ihn zu einem Akt der Piraterie, dieses eine Mal jedoch auf eigene Rechnung.

Der Schatz der *Peruano*

Die *Peruano* segelte nach Tahiti. Unmittelbare Verfolger waren weit zurückgeblieben, aber Roberton wußte nur zu gut, daß er innerhalb kurzer Zeit zum Ziel einer ernsthaften und organisierten Jagd werden würde. Er drängte seinen lärmenden Haufen von Besatzung, mit dem Feiern auf Tahiti aufzuhören und zu einem weniger belebten Ort zu segeln. Es gab Widerstand, doch Robertons Helfershelfer, zwei Iren, die wir nur als George und William kennen, trieben die Mannschaft zusammen und brachten sie teils durch gewaltsame Drohungen, teils mit Hilfe der Reize von fünfzehn mit an Bord genommenen tahitischen Mädchen noch einmal dazu, die Segel zu setzen.

Roberton brauchte Männer, die ihm zu entkommen halfen, doch offenbar hatte er keineswegs die Absicht, seinen Schatz mit irgendeinem anderen Menschen als Teresa zu teilen. Auf einer verlassenen Insel, die er anlief, um seine Trinkwasservorräte aufzufüllen, setzte er acht seiner Leute mit der Behauptung aus, daß sie sich gegen ihn verschworen hätten. Danach segelte er nach Nordwesten, in Richtung des Marianen-Archipels, und nachdem er verschiedene Inseln dieser Gruppe auf ihre Eignung geprüft hatte, ankerte er in einer Bucht des auf den französischen Seekarten als Grigan oder Agrigan bezeichneten und heutigen Agrihan.

Was nun zuallererst erfolgte, war ein regelrechtes Abschlachten sämtlicher Frauen an Bord, das größtenteils von William, einem guten Schützen, übernommen wurde. Obschon mehrere Frauen sich zunächst schwimmend an Land retten konnten, überlebte letztendlich keine von ihnen. Die sieben verbliebenen Männer schafften nun die mit Goldmünzen gefüllten Kisten auf die Insel und vergruben sie auf einer Lichtung, die sie in der Nähe des Strandes am Fuße einer Klippe für diesen Zweck vorbereitet hatten. Sie fällten und kennzeichneten einige Bäume an dieser Stelle und hinterließen Markierungen auf Felsen und Bäumen zwischen Lichtung und Strand, um den Ort bei ihrer Rückkehr wiederfinden zu können.

Sie gingen wieder an Bord, und Roberton bereitete die letzte Phase seines Plans vor, in der George und William sich als willige, um nicht zu sagen, eifrige Helfer erwiesen. Der Plan war, das Schiff mitsamt der unter Deck eingeschlossenen Mannschaft kurz vor Erreichen des Festlandes zu versenken. In der Nähe der hawaiianischen Inseln versiegelten sie die Luken, entfernten die Pumpenhähne und ruderten in einem Rettungsboot an Land. Sie landeten auf der Insel Oahu und gaben sich als Schiffbrüchige aus. Sie hatten 20 000 Pia-

Eine Ansicht von Saipan mit der für die Marianen typischen Landschaft. Hier ergriffen die Spanier Roberton, der auf dem Weg nach Agrihan war, um seine Schätze zu bergen.

ster aus dem Schatz für sich zurückbehalten.

Während sie ihren Erfolg feierten und das für Hawaii traditionelle Willkommensfest genossen, ahnten sie allerdings noch nicht, daß ihr Versuch, das Schiff zu versenken mißlungen war. Es trieb, tief im Wasser liegend, aber noch schwimmend, einige Wochen dahin, bis es von einem Walfänger entdeckt wurde. Dessen Mannschaft fand an Bord des Schiffes die Leichen dreier verhungerter Besatzungsmitglieder und einen vierten Mann, der dem Tode nahe war. Er wurde auf den Walfänger gebracht, doch es dauerte ein ganzes Jahr, bis er – ebenfalls auf Oahu – an Land gehen konnte. Im Jahr 1828 erzählte er Lafond seine Geschichte.

George verschwand bald darauf in Rio de Janeiro, vermutlich hatten ihn seine Mitverschwörer umgebracht. Von nun an waren Roberton und William unzertrennlich, aber jeder befürchtete, der andere würde ihm zuvorkommen oder ihm ein Messer in den Rücken stechen. Im Jahre 1827 waren sie in Hobart, Tasmanien, wo sie einen alten Seemann namens Thomson dazu überredeten, mit seinem Schoner die lange Reise zurück nach Agrihan anzutreten. Sie zogen mit einer kleinen Besatzung los, und dem neugierigen Thomson gelang es, William in betrunkenem Zustand den wirklichen Grund der Reise zu entlocken. Der Namen der Insel, auf der der Schatz vergraben war, kannte William nicht. Er wußte lediglich, daß sie nördlich von Saipan und Trinian lag, die ebenfalls zur Inselgruppe der Marianen gehörten.

William war das nächste Opfer. Sein letzter Schrei riß Thomson aus dem Schlaf. Über die Identität des Mörders mußte nicht lange gerätselt werden. Von nun an war Thomson doppelt wachsam, doch Roberton ließ sich von niemanden seinen Plan durchkreuzen und warf den alten Mann über Bord.

Thomson weigerte sich zu sterben. Er wurde mehr tot als lebendig von einem spanischen Schiff aufgenommen, das Roberton nach Saipan verfolgte, wo er, nachdem er sein Schiff verlassen und sich in Küstennähe versteckt hatte, von den Spaniern gefangengenommen und in Ketten gelegt wurde. Thomson, der diese Gewässer kannte, war aufgrund der von William erhaltenen Beschreibung sicher, daß es sich bei der Schatzinsel nur um Agrihan handeln konnte. Die Spanier brachten Roberton dorthin. Er verriet nichts, ging ziellos umher, versuchte, seinen Häschern zu entkommen und wurde zurück zum Schiff geschleppt. Dort wurde er so lange ausgepeitscht, bis er versprach, die Spanier zu dem Schatz zu führen. Roberton hatte nur noch einen Trumpf, den er ausspielen konnte. Er konnte nichts mehr gewinnen, aber er hatte auch nicht die Absicht, den anderen das Spiel zu überlassen. Als sie ihn in einem Beiboot an die Küste ruderten, warf er sich ins Wasser und wurde von den Ketten in die Tiefe gezogen.

Das Geheimnis von Agrihan

Nach dem Tod von Roberton beauftragte Medinilla, der spanische Gouverneur der Marianen, sechshundert Eingeborene mit der Suche nach den Schatzkisten. Es wurden Tonnen von Sand und Erde bewegt, aber nichts gefunden. Es mag unglaublich erscheinen, daß es einer derartig großen Truppe nicht gelang, den Schatz auf einer kleinen Pazifikinsel zu finden, doch wenn wir die praktischen Probleme berücksichtigen, die die Suche auf einer fruchtbaren, unbewohnten Insel mit sich bringt, scheint es eher wahrscheinlich, daß der Schatz noch dort liegt. Agrihan weist eine Länge von sechs Meilen und eine Breite von dreieinhalb Meilen auf und ist von Klippen aus Kalkstein umgeben. Wenn Roberton tatsächlich, wie Lafond berichtet, das gestohlene Gold irgendwo in einem Einschnitt vergraben und sorgfältig alle Spuren verwischt hat, kann man durchaus verstehen, daß ein riesiger Suchtrupp, nur mit Spaten und Pickel ausgerüstet, mit leeren Händen zurückkam.

Guam, die südlichste Insel der Marianen, ist seit Kriegsende amerikanischer Militärstützpunkt und der am nächsten an Agrihan gelegene Punkt mit regelmäßigem Flugverkehr.

WEITERE MASSNAHMEN

Agrihan liegt auf 18° 46′N 145° 40′O, und besitzt den höchsten Berg der Marianen mit einer Höhe von 965 m. Die nächste Insel mit regelmäßigem Flugverkehr ist Guam, zugleich die südlichste Insel der Gruppe und seit dem Ende des Zweiten Weltkriegs amerikanischer Militärstützpunkt.

Der Einschnitt an der Süd-West-Küste gilt als die wahrscheinlichste Stätte des Verstecks. Nichtsdestotrotz müßten alle Meeresarme der Insel gründlich mit Hilfe von exakten Allmetall-Detektoren mit einer Eindringtiefe von mehreren Fuß abgesucht werden. Für diese Vorgehensweise sprechen die Größe des Schatzes, die Wahrscheinlichkeit, daß kaum Störungen durch andere Ob-

jekte auftreten werden, und die Möglichkeit, das Gebiet der Suche auf einzelne Zonen zu beschränken. Die Marianen sind US-Territorium, und daher müssen bei der Schatzsuche die amerikanischen Gesetze berücksichtigt werden.

Voyages Autour du Monde von Gabriel Lafond (de Lucy) ist eine Originalquelle für diese Schatzgeschichte. Weitere Informationen über Medinillas (spanischer Gouverneur der Marianen im Jahre 1827/28) Suche nach dem Schatz, wie auch jegliche weitere Einzelheiten in bezug auf das spanische Schiff, das Roberton auf Saipan gefangennahm und nach Agrihan brachte, wären von großem Vorteil.

BASING HOUSE, BASINGSTOKE, HAMPSHIRE (ENGLAND)
Katholische Schätze aus dem Bürgerkrieg

Die Möglichkeit, daß sich unter den Ruinen von Basing House ein großer Schatz verbirgt, ergibt sich aus lokalen Erzählungen und aus der Familienüberlieferung; allerdings weichen Legende, Geschichte und Archäologie in manchen Punkten derart voneinander ab, daß die volle Geschichte der Belagerung und Zerstörung dieses prächtigen weltlichen Palastes wohl für immer unentdeckt bleiben wird.

Trotzdem ist die uns überlieferte Version an sich schon bemerkenswert, da sie den furchtbaren Untergang einer der letzten Hochburgen der Royalisten im Englischen Bürgerkrieg und den Zusammenbruch einer Garnison, die der längsten Belagerung in der Geschichte Englands standhielt, beschreibt.

Die Belagerung von Basing House

Basing Castle, Sitz und Schloß des Marquis von Winchester, steht auf einer Anhöhe, ist kreisförmig angelegt, mit einem Schutzwall aus Backsteinen umgeben und umringt von Erde und einem tiefen, jedoch trockenen Graben. Das hohe Pförtnerhaus hat vier nach Norden blickende Ecktürme, zu seiner Rechten steht ohne Grabenumfassung ein stattliches Gebäude mit zwei schönen Innenhöfen... der Landsitz, erbaut und gelegen, als wäre er für die königliche Familie bestimmt, hat ein eigenes Motto, Aymez Loyalte (Liebet Loyalität). Hierher (die Rebellion hatte Häuser der Gesellschaft unsicher werden lassen) zog sich der Marquis zurück, anfangs in der Hoffnung, in dieser integeren und abgeschiedenen Umgebung seine Ruhe bewahren zu können.

Als diese Worte um Weihnachten 1644 niedergeschrieben wurden, war der Bürgerkrieg in sein drittes Jahr getreten, und sollte der standhafte Katholik und Fünfte Marquis von Winchester, John Powlett, jemals irgendwelche Hoffnungen gehegt haben, sich von der Woge der Ereignisse fernhalten zu können, so hatten sich diese inzwischen längst zerschlagen.

Von Juni bis November 1644 stand das Haus – »das großartigste Haus aller Untertanen in England, ja, größer als die meisten... königlichen Paläste« – unter fast dauernder Belagerung. Im September, als die Garnison kurz vor der Kapitulation stand, eilte Oberst Henry Gage mit 650 Mann Unterstützung aus dem Royalistenstützpunkt bei Oxford zu Hilfe und stieß von hinten durch die belagernde Armee, die um ein Vielfaches stärker als seine eigene Truppe war. Bevor es dem Feind gelang, sich neu zu formieren, hatte der Oberst bereits zwölf Fässer mit Schießpulver, Lebensmitteln und anderen Vorräten abgeliefert, bei Überfällen in Basingstoke noch mehr Vorräte erbeutet und sich im Nebel davongemacht.

Im Oktober rückte die Armee des Königs mit 10 000 Soldaten bis auf sieben Meilen an das Haus heran, zog sich dann jedoch ebenso plötzlich, wie sie aufgetaucht war, zurück, als die Parlamenttruppen um Basingstoke auf 19 000 Mann anwuchsen. Am 21. Oktober gewann der König die zweite Schlacht von Newbury – einer der wenigen Triumphe, die die Royalisten in diesem Jahr erzielen konnten –, war jedoch nicht mehr in der Lage, nach Basing zurückzukehren. Im Novem-

Diese Kopie einer verlorengegangenen Zeichnung zeigt das Neue Haus von Basing zur Zeit der Belagerung von Osten aus.

ber kam der frisch zum Ritter geschlagene Gage erneut nach Basing und mußte feststellen, daß die Belagerungstruppe, nachdem sie auf gerade noch 700 Mann geschrumpft war, abgezogen war.

Doch für Basing House sollte es trotzdem kein glückliches Ende geben. Es beherrschte die Straße nach Salisbury, es war die östlichste Royalistengarnison westlich von London, und es war zu einem Symbol für royalistischen und papistischen Widerstand geworden – man glaubte tatsächlich, daß der Marquis mit seinem Diamantring auf jedes Fenster seines Hauses »Aymez Loaylte« geritzt hatte.

Als die Feindseligkeiten zeitweise nachließen, war Lord Edward Powlett, ein konvertierter Protestant und Bruder des Marquis, zum Anführer einer Gruppe von Unzufriedenen geworden, die

geplant hatten, Basing House den Belagerern zu übergeben. Als dieses Komplott offenbar wurde, begnadigte man Lord Edward; allerdings wurde er dazu gezwungen, die Rolle des Henkers an seinen Mitverschwörern und allen folgenden Verbrechern zu übernehmen. Nach dem Fall von Basing war in der Gefangenenliste auch ein trauriger Eintrag über »Edward Pawlet, den Henker« zu finden. Die Aufdeckung der Verschwörung führte dazu, daß alle anderen protestantischen Soldaten wie auch der fähige Oberst Royden den Palast verlassen mußten. Sie wurden durch unerfahrene, katholische Männer aus der Landbevölkerung ersetzt, laut Beschreibung »die meisten nicht älter als 18, manche jünger als 12.« Dies war der Anfang vom Ende.

Nach einer Unterbrechung von neun Monaten

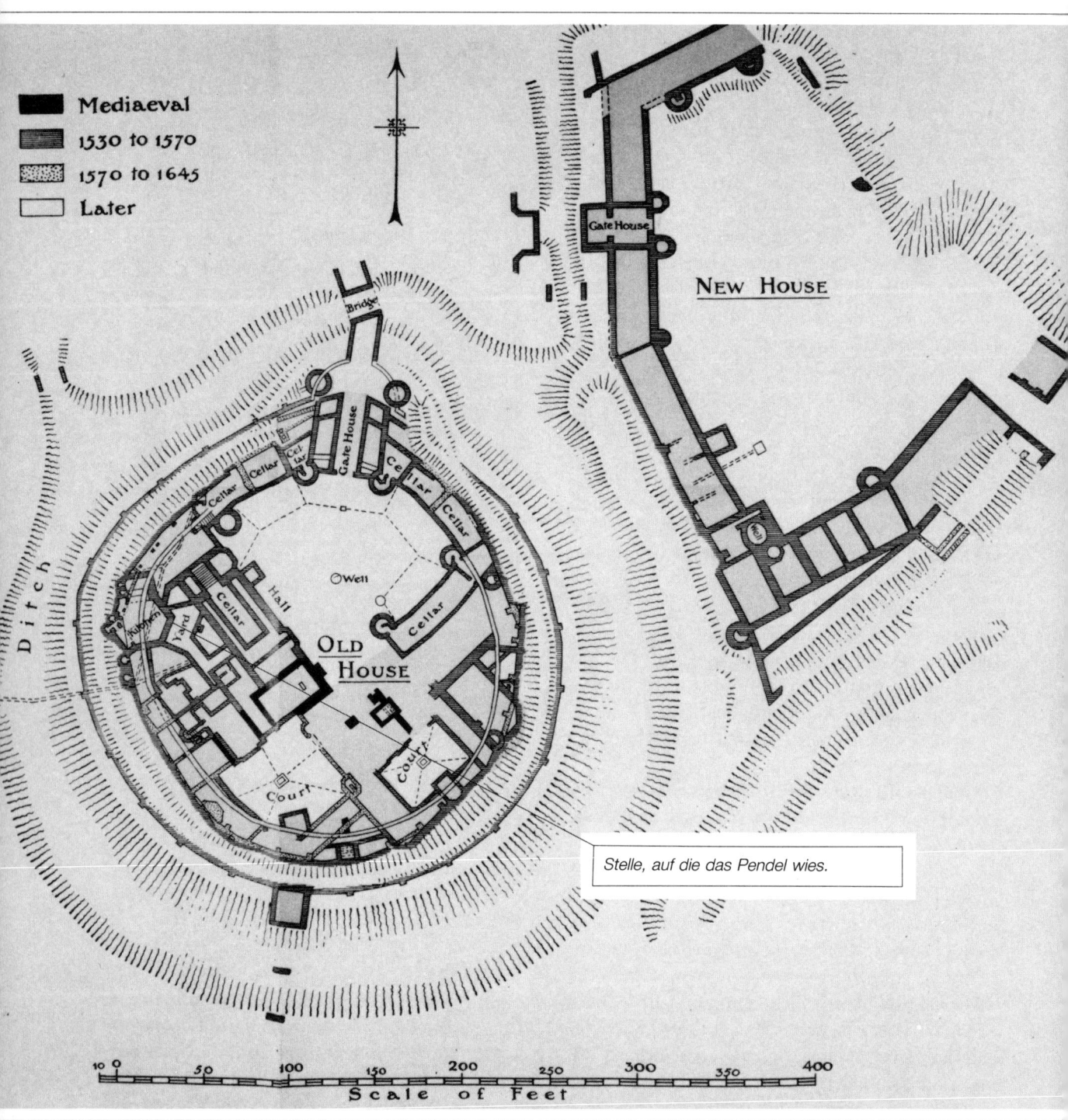

Der einzig bekannte Plan von Basing House, der im Jahre 1909 von Sir Charles Peers, dem Vorsitzenden der Gesellschaft für alte Stätten auf der Grundlage von Ausgrabungen angefertigt wurde, die William Orde-Powlett, der vierte Baron Bolton, Ende des 19. Jahrhunderts hatte vornehmen lassen.

kehrten die Roundheads unter Führung von Oberst Dalbere am 20. August zurück. Dalbere hielt Basing ständig unter Beschuß. Im September berichtete das Exact Journal: »Oberst Dabere brachte eine Geschützbatterie in nächster Nähe von Basing House in Stellung. Er setzte ihnen hart zu, zerstörte einen der Türme; er forderte Männer und noch mehr große Kanonen... vielleicht kommt sogar Generalleutnant Cromwell selbst oder schickt ihm Hilfe.« Am 4. Oktober wurde berichtet, daß »Oberst Dalbere eine gewaltige Bresche in die feindlichen Linien schlagen konnte, und, sollte die Verstärkung, wie versprochen, eintreffen und somit Basing House umzingelt werden können, wird er zum Sturm ansetzen.«

Im Laufe der nächsten Woche schickte Cromwell, der in der Zwischenzeit Winchester eigenommen hatte, Verstärkung. Am 11. Oktober traf er selbst mit weiteren Truppen ein, so daß nun eine 6000–7000 Mann starke Armee einem mageren Häufchen von 300 Verteidigern, bestehend aus »Priestern, Geistlichen, Frauen, Kranken, Verwundeten und hilflosen Männern«, gegenüberstand. Es ist kaum verwunderlich, daß die wiederum aus Oxford zu Hilfe geschickten Royalisten – der tapfere Gage war bereits tot – angesichts der gegnerischen Übermacht beschlossen, wieder umzukehren.

Cromwell forderte die Garnison am Tage seiner Ankunft zur Aufgabe auf. Er erwartete nicht, daß sie seiner Forderung Folge leisten würde, und hatte offensichtlich auch nicht die Absicht, ihr eine weitere Chance zu gönnen. Es galt, nicht nur ein »Nest von Papisten«, sondern vor allem den Mythos über den Widerstand von Basing House für immer auszurotten.

Als das Ende schließlich kam, ging alles Schlag auf Schlag. Am Abend des 13. Oktober hatten die Kanonen zwei breite Breschen geschlagen, die eine in die dem Dorf zugekehrte, die andere in die zum Park hinliegende Seite des Hauses. Der entscheidende Sturmangriff erfolgte am folgenden Morgen:

Am Dienstagmorgen gegen 4 Uhr begann unsere Armee, das an Basing House angrenzende Neue Haus zu

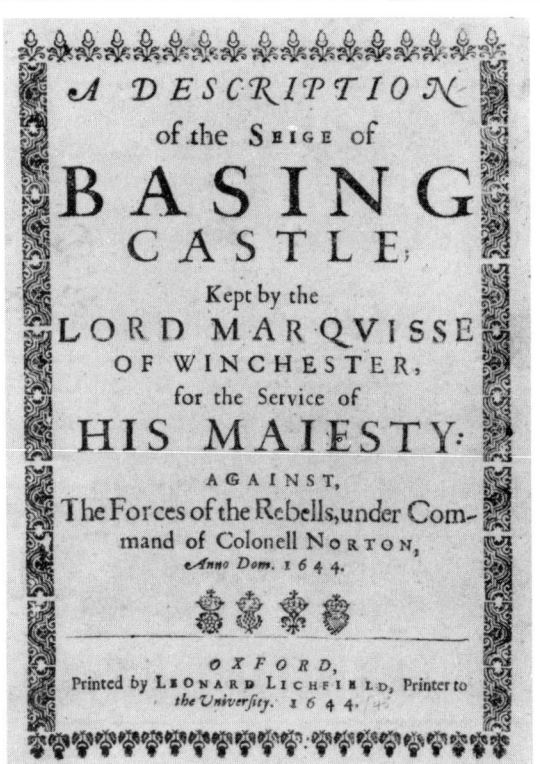

Titelseite der royalistischen Druckschrift, die kurz, nachdem die parlamentarischen Truppen ihre fünfmonatige Belagerung im November 1644 beendet hatten und bevor sie im August 1645 wieder zurückkehrten, veröffentlicht wurde.

stürmen, das sie nach einem heißen Gefecht einnahm... Die im alten Haus hängten trotzdem vier schwarze Fahnen des Widerstands aus dem Fenster und setzten eine Brücke, die unsere Männer passieren mußten, in Brand... letztendlich siegte der Mut unserer Männer, und sie drangen auch in das alte Haus ein, wobei sie riefen: »Angreifen, angreifen wir haben es.« Dies geschah um sieben Uhr desselben Morgens.

Was nun folgte, war ein blutiges Nachspiel. Es wurden nur knapp hundert Gefangene gemacht. Der Marquis wurde lebend gefaßt, wie auch der Kupferstecher Wenceslaus Hollar und der berühmte Architekt Inigo Jones, der sich, seiner Kleider beraubt, in eine Decke hüllen mußte. Die Plünderung des Hauses hielt den ganzen Tag an. Bis das im Dachstuhl des neuen Hauses ausgebrochene Feuer entdeckt wurde, hatten die Sieger

Beute mit einem heutigen Wert von schätzungsweise £ 200000, einschließlich der Schatztruhe
und der Juwelen des Marquis im Wert von
£ 50000, an sich gerissen. Schließlich wurde das
in Flammen stehende Haus von den Soldaten und
den vom Schauspiel angelockten Bauern buchstäblich auseinandergenommen. Ungefähr eine
Woche später »wurde vom Unterhaus angeord-
net, daß Basing House dem Erdboden gleichzu-
machen sei und daß jeder aus der Landbevölkerung, der dabei mitwirken werde, für seine Mühe
die Ziegel erhalten solle.« Bei der Ausführung
dieses Befehls wurde der Ort derart verwüstet,
daß es, in Ermangelung von Bauzeichnungen, bis
heute nicht möglich war, einen der großartigsten
Paläste Englands zu rekonstruieren.

Der Reichtum der katholischen Familien

Was hat diese traurige und gleichermaßen großartige Geschichte mit vergrabenen Schätzen zu tun?
Basing, das vielleicht reichste Haus im Königreich, wurde erobert, ausgeplündert und gänzlich zerstört. Die Legende von einem verborgenen Schatz geht auf die Familie des Fünften Marquis zurück und sollte näher betrachtet werden.

Die Geschichte lautet folgendermaßen: Bevor
die endgültige Belagerung im August 1645 begann, brachten viele katholischen Familien aus
Hampshire, Berkshire und Wiltshire ihre Fami-
lienschätze nach Basing, der bedeutendsten Ka-
tholikenfestung im Süden. Sie hatten sich dem
Konflikt zwischen König und Parlament größtenteils ferngehalten, doch als Cromwell in finanzielle Nöte geriet und seinen Truppen den Sold nicht
mehr ausbezahlen konnte, begann er, sich an die
Katholiken zu wenden, um somit auf einfache
Weise die Staatskasse aufbessern zu können.

Als die Katholikenschätze in Basing eintrafen,
wurden sie in einem der vielen unterirdischen
Räume oder Gänge gelagert und, als das Dach
zusammenbrach, für immer begraben.

Ausgrabungen in den Ruinen von Basing House

Schon seit dem Jahre 1825 haben verschiedene
Lords Bolton, Nachkommen des Fünften Marquis, periodisch Ausgrabungsarbeiten in den Ruinen durchgeführt. Um die Jahrhundertwende
nahm der Vierte Baron Bolton unter Aufsicht von
Sir Charles Peers an verschiedenen Stellen der
Stätte Ausgrabungen vor. Unterstützt wurde er
dabei von einem Dorfbewohner, einem alten
Mann. Dieser behauptete, daß sein Urgroßvater
an den Kämpfen zu Zeiten der Belagerung aktiv
teilgenommen habe, und erzählte folgende Legenden:

1. Der Schatz wurde zu einem goldenen und
   zwei silbernen Kälbern eingeschmolzen.
2. Das Gold wurde unter dem »Jusan«- oder
   »Zusan«-Baum vergraben.
3. Es gab einen 2,75 m großen Riesen, der während der Belagerung auf Seiten von Basing
   House kämpfte.

Als Christopher Orde-Powlett, Nachkomme des
Vierten Barons, die von seinem Urgroßvater be-
gonnenen Arbeiten Ende 1950 wieder aufnehmen
ließ, fand die archäologische Gruppe, die auf
seine Einladung hin die Ausgrabungen durch-
führte, seltsamerweise in der Nähe eines der
Schutzwälle das Skelett eines 2,20 m großen Mannes. All dies scheint zu einem der Zeit der Belagerung stammenden Bericht zu passen, wonach
»unter denen, die, vor unseren Augen ermordet
am Boden lagen, auch einer ihrer Offiziere war,
der, da so riesengroß, gemessen wurde: und von
seinem großen Zeh bis zum Scheitel 2,75 m lang
war, gemessen an einem Gentleman normaler
Größe, der damals zugegen war.«

Außerdem erhärten zeitgenössische und gegen-
wärtige Berichte die Annahme, daß die Funda-
mente von Basing House von unterirdischen Pas-
sagen, Tunnels und Kellern durchsetzt waren und
sind. Bei den von Christopher Orde-Powlett in-
itiierten Ausgrabungen wurde gleich anfangs ein
unterirdischer Raum entdeckt, und Berichte aus
der Zeit der Belagerung besagen folgendes:

John Powlett, Fünfter Marquis von Winchester, war vom Ausbruch des Bürgerkriegs bis zum Ende der Belagerung Besitzer von Basing House. Er mußte erleben, wie sein König hingerichtet und seine Religion von der eigenen Familie verschmäht wurde. Er starb im Jahre 1674, und der Dichter Dryden ehrte ihn mit einer Grabinschrift wie folgt:

Er, der in gottlosen Zeiten nicht verzagte,
auch in den Wirren gut und gerecht zu sein wagte,
dessen Waffen auch und mehr noch dessen Leiden
den Wert der Sach', für die er kämpfte,
wohl beeiden,
ruht hier, belohnt von einem himmlischen Fürsten
wofür sein irdischer ihn ließ verdürsten.

Basing House, dargestellt auf einem Kupferstich von Wenceslaus Hollar, der am Ende der Belagerung zu den Gefangenen gehörte. Zur Linken sehen wir das Alte, zur Rechten das Neue Haus. »Der Turm, der halb zertrümmert ist«, ist links im Vordergrund zu sehen.

Es wurden insgesamt nicht einmal hundert Gefangene gemacht, diejenigen, die sich in Löchern versteckt hielten, nicht mitgerechnet, der Rest hatte keine Unterkunft...

Mercurius Civicus, 14. Oktober 1645

Als wir am Dienstag abend zum Haus ritten, hörten wir im Gewölbe Flüchtende nach Unterkunft schreien, doch unsere Männer konnten nicht zu ihnen kommen und sie nicht zu uns.

Hugh Peters

Hugh Peters, ein puritanischer Prediger der Höllenfeuer-Lehre, berichtete außerdem, es gebe einige Gewölbe, die tief unter der Erde ihren »papistischen Priestern Schutz bieten.« Als das Haus eingenommen wurde, wurden sechs katholische Priester auf der Stelle getötet, vier weiteren anschließend ein schreckliches Gerichtstribunal bereitet. Ob irgendeinem von ihnen die Flucht gelang, ist nicht bekannt.

Zusätzlich zu den unterirdischen Räumen gab es einige Tunnels, die größtenteils, wenn nicht sogar ausschließlich als Wasserläufe oder Abflußrinnen dienten. Der Verlauf eines dieser Tunnels ist heute bekannt. Der Tunnelausgang liegt ca. 70 m von Tudor Garden entfernt gegenüber der großen Zehntscheuer. Außerdem sind zwei Tunnelausgänge bekannt, einer eine halbe Meile, der andere eine Meile vom Haus entfernt, allerdings weiß man nicht, wo, wenn überhaupt, die Eingänge dazu im Haus liegen.

Die von Moss erzählte Geschichte über den Riesen ist durch Tatsachen belegt, doch es gibt

Die 700 Goldmünzen, die von Arbeitern gefunden wurden, als um 1790 der Basingstoke-Kanal durch die Ruinen geführt wurde, lieferten jedoch einen handfesteren Beweis für das Vorhandensein eines Schatzes.

Neuere archäologische Untersuchungen der Stätte

Nach den Ausgrabungen des Vierten Baron Bolton wurden die Arbeiten für einige Jahre eingestellt, bis Christopher Orde-Powlett sie in Zusammenarbeit mit den archäologischen Gesellschaften von Aldermaston und Reading Ende der 50er Jahre wieder aufnahm. Obwohl die Nachforschungen unter Verwendung einer der ersten Metalldetektoren mit Metallunterscheidung und unter Einsatz einer mechanischen Wünschelruten-Konstruktion zum Aufspüren von Tunnels betrieben wurden und auch der Brunnen einer genauen Untersuchung unterzogen wurde, erbrachte die Suche keinen Schatz. Die Ausgrabungsarbeiten an diesem Ort sind jedoch eine zwar langsame und mühselige, aber auch lohnende Sache. Von der Römerzeit bis zum 14. Oktober 1645 war Basing ständig bewohnt, und die Überreste des Hauses bergen Schätze, die für unser Wissen um die Geschichte und das Erbe Großbritanniens von großer Wichtigkeit sind.

keinerlei Beweise für die Legende von den Kälbern und dem »Jusan-Baum«. Die Kälber scheinen purer Mythos zu sein und entspringen aller Wahrscheinlichkeit nach den Predigten von Hugh Peters, der sich über die Götzenverehrung durch die papistischen Insassen von Basing House ausließ. Der »Jusan-Baum« könnte hingegen auf eine Verballhornung der Bezeichnung für einen Teil des Hauses zurückzuführen sein. Unzählige Lösungen sind bereits vorgeschlagen worden, darunter auch »Jesux Entrée« (Eingang zum Spielsaal) und »Jews' Sanctuary« (Judenzuflucht). Da wir jedoch über die meisten Teile des Hauses keinerlei Informationen besitzen, ist es leider sehr unwahrscheinlich, daß dieses Rätsel jemals gelöst werden wird.

WEITERE SCHRITTE

Seit dem Jahre 1975 ist die Stätte in Besitz des Hampshire County Council und Gegenstand umfangreicher archäologischer Ausgrabungen. Aus diesem Grund ist es ausdrücklich untersagt, auf eigene Faust nach dem Schatz von Basing zu forschen. Das wäre auch nicht nur sinnlos, sondern zudem noch illegal, da die Ruinen ein historisches Monument zweiten Grades und gesetzlich geschützt sind. Weiterhin käme angesichts der Fülle von verschiedenen Materialien als Suchme-

Im Jahre 1965 stiegen Froschmänner der Royal Engineers in den 30 m tiefen Brunnen, fanden jedoch nichts. Zweiter von links auf der Abbildung ist Christopher Orde-Powlett, der frühere Besitzer der Stätte.

thode nur langsames und sorgfältiges Graben in Frage. Zum Glück bietet die Bezirksverwaltung von Hampshire jedem, der daran interessiert ist, an der Entdeckung bzw. Wiederentdeckung von Basing's Vergangenheit teilzuhaben, die Möglichkeit, sich in den Sommermonaten als freiwilliger Helfer bei den Ausgrabungsarbeiten zu betätigen.

Weiteres Beweismaterial, enthalten in den Aufzeichnungen des Vierten Baron Bolton über seine Ausgrabungen, ist derzeit nicht zugänglich. Ungefähr eine Woche vor seinem Tod im Jahre 1922 verlieh er sie an eine ornithologische Gesellschaft, wahrscheinlich aus der Umgebung. Die Notizen sind seitdem nicht zurückgegeben worden. Sollten sie möglicherweise noch existieren, könnten sie von großer Hilfe sein.

BEESTON CASTLE, CHESHIRE (ENGLAND)

Der »White Hart«-Schatz von König Richard II.

Das Wesentliche an der Geschichte kennen wir von Shakespeare. Richard II., der Kindkönig, nun erwachsen und durch die Beteuerungen der unzähligen Schmeichler von der Unantastbarkeit seiner Macht überzeugt, zwang im Verlauf seiner sog. »Zweiten Tyrannei« dem Volk extrem hohe Steuern auf, beschlagnahmte die Ländereien seiner Vettern aus der

Beeston Castle unweit Chester. Viele glauben, daß Richard II. hier im Jahre 1398 ein riesiges Vermögen hinterließ. Die Suche konzentriert sich auf den Brunnen, in den der gesamte Schatz geworfen worden sein soll.

49

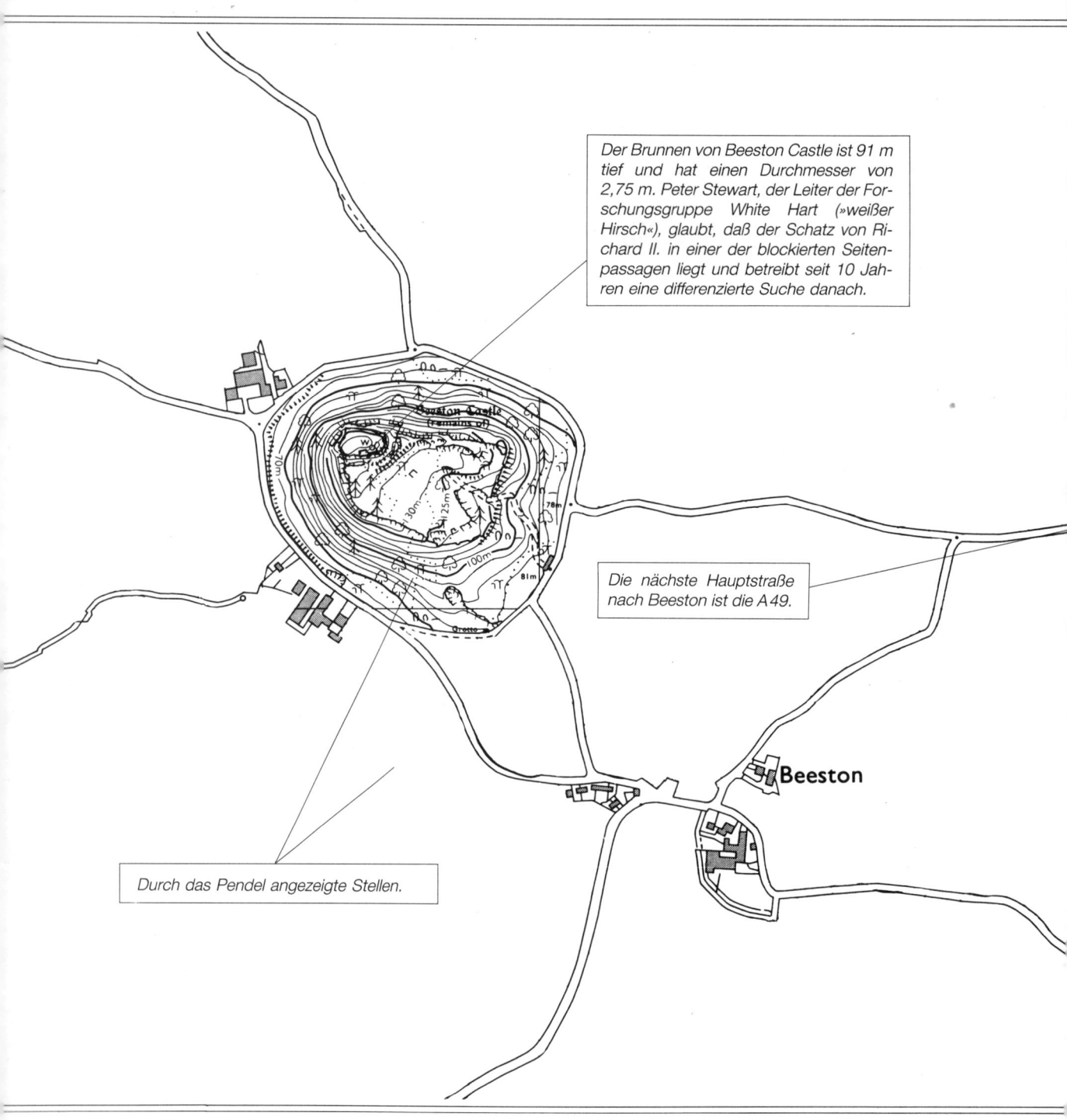

Der Brunnen von Beeston Castle ist 91 m tief und hat einen Durchmesser von 2,75 m. Peter Stewart, der Leiter der Forschungsgruppe White Hart (»weißer Hirsch«), glaubt, daß der Schatz von Richard II. in einer der blockierten Seitenpassagen liegt und betreibt seit 10 Jahren eine differenzierte Suche danach.

Die nächste Hauptstraße nach Beeston ist die A 49.

Durch das Pendel angezeigte Stellen.

Beeston

Beeston Castle, Cheshire, reproduziert von der Landkarte des Landesvermessungsamtes (Blatt SJ 55 NW). Beeston liegt ungefähr 10 Meilen südwestlich von Chester. Maßstab 1 : 10 000.

Richard II., einer der unerklärlichsten und faszinie-rendsten mittelalterlichen Monarchen Englands.

Lancaster-Linie, und mußte, von seinem Feldzug aus Irland zurückgekehrt, erleben, daß sein Land nun von Henry Bolingbroke, dem Lancaster-Erben, beherrscht wurde.

In den Monaten vor seiner Einschiffung nach Irland benötigte Richard dringend Bargeld und beschaffte es sich auf rücksichtslose Art und Weise. Er erzwang Anleihen von seinen reichsten Untertanen mittels »Pfandbriefen«, nach denen sie ihm zu einem festgesetzten Datum Gelder zur Verfügung zu stellen hatten. Er kreierte »Ablässe« für all diejenigen, die ihn beleidigt oder kritisiert hatten, und belegte die 17 Grafschaften, die noch zu begnadigen waren, mit einer hohen, variablen Steuer, der sog. »Plesaunce«. Ein letzter Akt seiner illegalen Raffgier war die Konfiszierung des riesigen Vermögens von »Harry von Hereford, Lancashire und Derby« anläßlich des Todes von John of Gaunt. Zu diesem Zeitpunkt mußte er bereits gewußt haben, daß seine Krone in Gefahr war. Es scheint fast so, als habe es ihn von nun an nicht mehr gestört. Seiner Extravaganz und Eitelkeit hat es keinen Abbruch getan. Bei seiner widerrechtlichen Machtergreifung fan-

den Mitglieder der kirchlichen Untersuchungskommission unzählige juwelenbestickte Roben, die an sich schon ein Vermögen darstellten. Eine kaum getragene Robe war allein schon auf 3000 Mark geschätzt. Eine Mark entsprach zur damaligen Zeit 8 Unzen hochkarätigen Goldes. Die Schatztruhen waren allerdings leer. Richard's Reichtum bestand nun aus seinen riesigen Privatvermögen, das er, wie jeder mittelalterliche König, der um seine Macht fürchten mußte, immer mit sich führte.

Jean Creton

Cheshire war das Zentrum der Unterstützung für Richard. Er hatte sogar sein Parlament von London nach Shrewsbury verlegt. Laut Jean Creton, einem französischem, Richard ergebenen Ritter aus dem Gefolge des Earls von Salisbury, hatte der König im Jahre 1398 Gold im Werte von 100 000 Mark Sterling und andere Kostbarkeiten ebenfalls im Wert von 100 000 Mark in einem Schloß in Cheshire deponiert. Man kann durchaus davon ausgehen, daß es sich bei diesem Schloß um Beeston Castle handelt, eine hoch auf einem Hügel in der Nähe von Taporley gelegene Festung, die von 100 persönlich ausgewählten Bogenschützen bewacht war. Einer zeitgenössischen Quelle zufolge machte diese enorme Summe nur ein Sechstel von Richards Gesamtvermögen aus.

Wir wissen, daß Richard sein restliches Vermögen mit nach Irland nahm: »Thesaurum quoque coronas et reliquias aliaque jocalia regni quoque divitias et antiquo dimissas in archivis regni pro honore regni secum abstulit in Hiberniam profecturus sine consensu… regni sui« (»Mit sich führte er seinen Schatz, seine Kronen, seine wertvollen Gegenstände… als er sich ohne Einwilligung seines Königreiches auf die Reise nach Irland begab«.) Dies wird auch durch den dreiundzwanzigsten Artikel der späteren Anklageschrift bestätigt. Da er bei seiner Rückkehr aus Irland das Volk in Waffen fand, ließ er sein königliches Gepäck, sein Tafelgold und religiöse Pretiosen bei Haverfordwest an der walisischen Küste zurück.

Die Garnison in Beeston hatte sich inzwischen kampflos den Truppen von Bolingbroke ergeben.

Peter Stewart, ein Schatzsucher wie er im Buche steht, versucht seit einem Vierteljahrhundert, das Beeston-Problem zu lösen. »Die Legende«, sagt er, »betont, daß der Schatz in Kriegszeiten in den Brunnen geworfen wurde.« Dies könnte sich natürlich auf einen späteren Krieg beziehen, doch nachdem es keine schriftlichen Beweise dafür gibt, daß der Schatz nach diesem Datum in Beeston gesehen wurde, können wir zu Recht annehmen, daß die Bogenschützen das Privatvermögen ihres Königs versteckten, bevor sie sich den Lancaster-Truppen ergaben. Stewart tendiert zu dieser Meinung, daß der Brunnen das wahrscheinlichste Versteck ist, daß aber der Schatz wahrscheinlich in einem der Seitengänge, die vom Hauptschacht abzweigen, versteckt liegt. Der Brunnen wurde im Jahre 1842 ausgeräumt, ohne daß dabei jedoch die Seitengänge genauer untersucht wurden.

Die White Hart-Forschungsgruppe

Der Brunnen von Beeston Castle ist 91 m tief und hat einen Durchmesser von 2,75 m. Einige der Seitengänge sind im Jahre 1935 untersucht worden. Stewart erforschte sie erstmals im Jahre 1976 als Leiter der Forschungsgruppe »White Hart«. Die Gruppe benannte sich nach dem persönlichen Emblem von Richard von Bordeaux, der Abzeichen mit der Abbildung eines weißen Hirsches (White Hart) an seine Anhänger verteilt hatte.

Der Brunnenschacht ist bis auf die letzten 30 m – ab dort führt er durch Felsgestein – mit dem für das Mittelalter typischen Mauerwerk angelegt. Mit Hilfe von Infrarotgeräten durchgeführte Untersuchungen ergaben keine Aushöhlungen hinter diesem Mauerwerk. Mit einem Cäsium-Magnetometer konnten allerdings im Jahre 1978 gewisse Unregelmäßigkeiten festgestellt werden. Diesen wird immer noch nachgegangen. Zur Lokalisierung von Aushöhlungen wurden auch Ultraschallgeräte mit niedriger Frequenz verwendet.

Diese Suche ist in ihrer Art wohl einzigartig und, nach Stewarts Worten, »hat sie zur völligen Neubeurteilung einiger geophysikalischer Standarttechniken und deren Interpretation geführt.«

Im Jahre 1984 erforschte sein Team einen in der Tiefe von ca. 60 m vom Schacht abzweigenden Durchgang. Es fand seinen Weg durch herabgestürzte Felsbrocken blockiert. Zur Zeit, als dieses Buch geschrieben wurde, plante Stewart den Einsatz von »hochwertiger technischer Ausrüstung, um damit Abweichungen im Magnetfeld des Bodens feststellen zu können.« Sollte sich der Schatz tatsächlich im Brunnen befinden, verfügten die Männer, die ihn versteckten, über Tapferkeit und Einfallsreichtum.

WEITERE SCHRITTE

Beeston Castle gehört zu den Peckforton-Ländereien und steht unter dem Schutz der Umweltbehörde, bei der auch die Erlaubnis eingeholt werden muß, um an der Stätte Ausgrabungen durchführen zu können. Es ist jedoch sehr unwahrscheinlich, daß eine Genehmigung erteilt wird, da die umfassende Erforschung von Beeston Castle durch Peter Stewart unter der Aufsicht des erfahrenen Archäologen Dr. C. A. Ralegh Radfort stattfindet. Kaum eine andere Person hat größere Chancen, den Schatz zu finden, als Peter Stewart. Er ist nicht nur Doktor der Naturwissenschaften und Inhaber weiterer wissenschaftlichen Titel, sondern auch Leiter der Entwicklungsabteilung bei Rolls Royce. Nichtsdestotrotz besteht die Möglichkeit, durch historische Recherchen weitere Einzelheiten über den Schatz zu erfahren. Das Manuskript von Jean Creton befindet sich in der Harleian-Sammlung des Britischen Museums. Obwohl die Entdeckung weiterer zeitgenössischer Berichte sehr unwahrscheinlich ist, könnten durch Nachforschungen vor Ort vielleicht zusätzliche Einzelheiten über die Untersuchung des Brunnens im 19. Jahrhundert und andere Erkundungen der Stätte in Erfahrung gebracht werden.

Ein Mitglied der Forschungsgruppe White Hart steigt in den Brunnen von Beeston Castle hinunter. Unter Verwendung von Infrarot- und Ultraschallgeräten werden die Wände des Brunnens nach Hohlräumen abgesucht. Diese wohldurchdachte Suche ist in ihrer Art wohl einzigartig.

BEN ALDER BEI LOCH ERICHT, INVERNESS (SCHOTTLAND)

Jakobitische Louis d'or

Der Todesstoß, den die Schlacht von Culloden der Jakobiner- Bewegung versetzt hatte, wurde für die Anhänger von Bonnie Prinz Charlie durch die Grausamkeit der englischen Soldaten nochmal so schlimm. Der englische Befehlshaber Cumberland erwarb sich den Beinamen »Schlächter« zu Recht, als er zwei Tage nach der Schlacht eine Gruppe von Soldaten mit dem Befehl aussandte, alle schottischen Verwundeten auf dem Schlachtfeld zu töten. Unter den vielen unmenschlichen Taten und der erbarmungslosen Jagd nach den führenden, der Schlacht entkommenen Jakobitern (darunter auch der Prinz) übersieht man leicht die komplizierten

Mit Louis d'or gefüllte Fässer wurden zur Unterstützung des Jakobiter-Aufstandes im Mai 1746 von einem vor der Küste ankernden französischen Schiff nach Loch Arkaig gebracht. Das Gold wurde an zwei einander gegenüberliegenden Stellen am See vergraben.

Schachzüge bestimmter Jakobiter um ein letztes Geheimnis, das sie in unendliche Schwierigkeiten stürzen sollte.

Die Ankunft der französischen Schiffe

Anfang Mai des Jahres 1746, knapp drei Wochen nach der Schlacht von Culloden, erreichten zwei Schiffe aus Nantes Loch Nan Uamh im Arisaig-Sund an der Westküste Schottlands und gingen bei Borrodale vor Anker. Sie brachten, in Unkenntnis der entschiedenen Schlacht, verspäteten Nachschub für die Rebellion, darunter »1500 vollständige Ausrüstungen, beachtliche Mengen von Munition und mehrere hundert Fässer Brandy,« doch das wichtigste Mitbringsel bestand aus 35 000 Louisdor (französische Hauptgoldmünze). Die schottischen Hochländer machten sich mit Freuden über diese Vorräte her, »mit dem Brandy beginnend, der sich innerhalb weniger Stunden in Nichts aufgelöst hatte«. Nur das Geld entging ihrer Aufmerksamkeit. Es wurde in sechs Fässern an Land gebracht und eilig von einigen Offizieren in einem Wald versteckt. Einem Iren und einem Mann aus Lancashire, beide Gefolgsleute des Prinzen, gelang es, die Fässer ausfindig zu machen und eines davon zu entfernen. Sie entnahmen ihm einen Beutel mit ungefähr 700 Louisdor, gestanden den Diebstahl allerdings anschließend einem Geistlichen namens Harrison, wodurch das fehlende Faß abzüglich des einen Beutels zurückgegeben werden konnte. Die französischen Schiffe, die bereits drei englische Kreuzer abgewehrt hatten, mußten sich nach vergeblichen Versuchen, die inzwischen sinnlosen Geschenke zurückzuholen, zurückziehen.

Ungefähr zu diesem Zeitpunkt kamen dem Sekretär des Prinzen, John Murray, die Nachrichten über die Ankunft des Goldes und die Flucht des Prinzen auf die Western Isles zu Ohren. Murray erholte sich in der Gesellschaft eines anderes Gefolgsmannes, Cameron von Lochiel, in einem Wald nahe Loch Arkaig, von seinen Verwundungen. Er eilte nach Arisaig, um das Geld zu übernehmen, und betrachtete es als seine un-

Cameron von Lochiel, der Besitzer von Achnacarry House. Er verließ Schottland im Jahre 1746 zusammen mit seinem Prinzen und kehrte nicht mehr zurück.

mittelbare Aufgabe, sich um die Verwundeten und die Witwen Gefallener zu kümmern, denen er als Unterstützung insgesamt 500 Louisdor zukommen ließ. Anschließend ließ er das Geld durch Dr. Archibald Cameron, den Bruder von Lochiel, nach Loch Arkaig transportieren und kehrte, getrennt von den anderen, auch selbst dorthin zurück.

Der neue Aufstand

Am 8. Mai desselben Jahres fanden sich in Callich oder Calleach, an der Küste von Arkaig, viele der Jakobitenführer, die überlebt hatten, zu einem Treffen ein. Cameron von Lochiel, aus der Geschichte als der »sanfte« Lochiel bekannt, führte, noch immer von seinen Wunden gezeichnet, den Vorsitz. Unter den Anwesenden waren neben Murray auch das unerschrockenen Schlitzohr Lord Lovat, Major Kennedy, der hervorragende und loyale französische Offizier und Onkel von

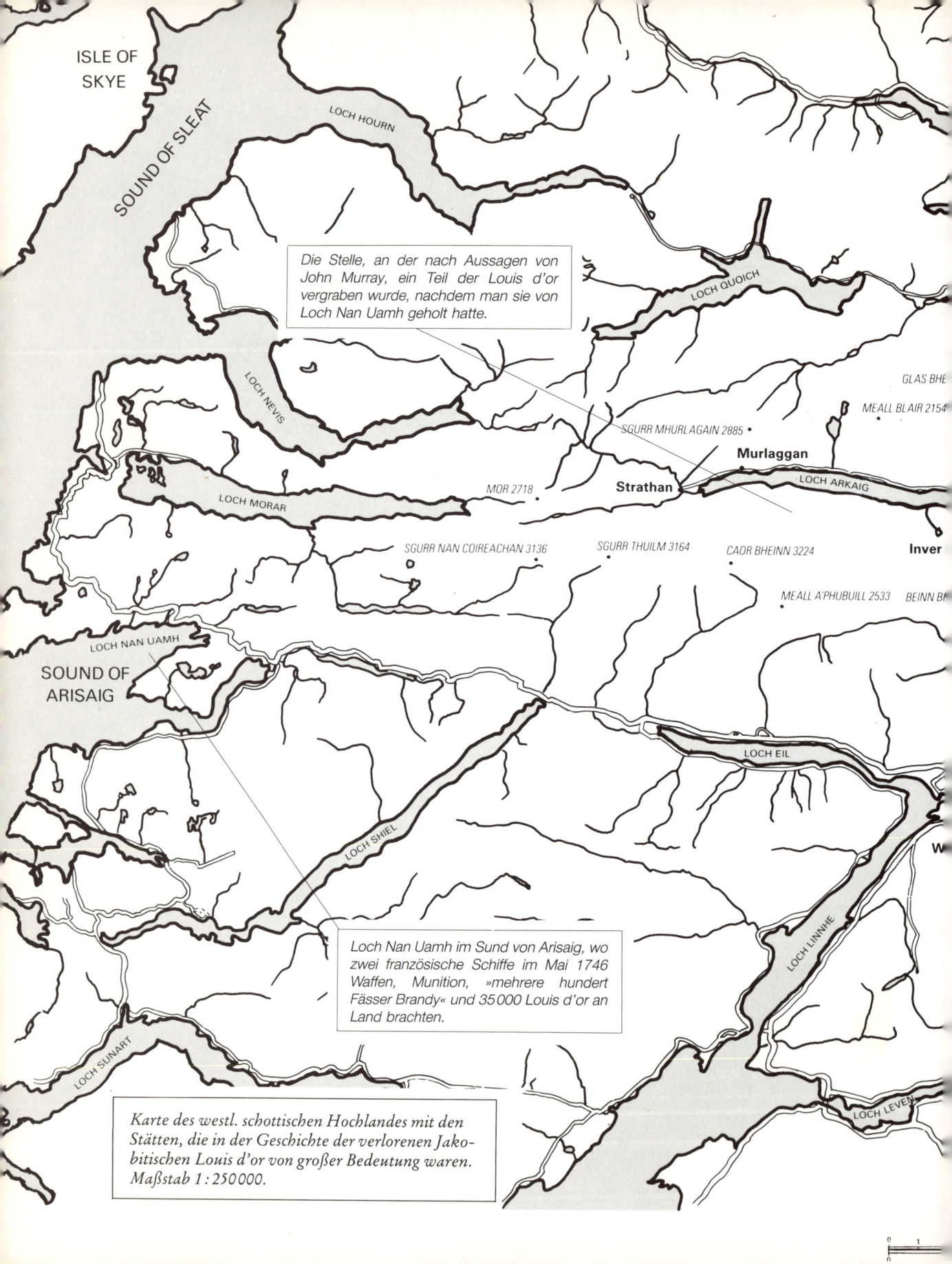

ISLE OF
SKYE

SOUND OF SLEAT

LOCH HOURN

LOCH QUOICH

Die Stelle, an der nach Aussagen von
John Murray, ein Teil der Louis d'or
vergraben wurde, nachdem man sie von
Loch Nan Uamh geholt hatte.

GLAS BHE

MEALL BLAIR 2154

LOCH NEVIS

SGURR MHURLAGAIN 2885 •

Murlaggan

LOCH MORAR

MOR 2718

Strathan

LOCH ARKAIG

SGURR NAN COIREACHAN 3136

SGURR THUILM 3164

CAOR BHEINN 3224

Inver

MEALL A'PHUBUILL 2533

BEINN B

LOCH NAN UAMH

SOUND OF
ARISAIG

LOCH EIL

LOCH SHIEL

W

LOCH LINNHE

Loch Nan Uamh im Sund von Arisaig, wo
zwei französische Schiffe im Mai 1746
Waffen, Munition, »mehrere hundert
Fässer Brandy« und 35000 Louis d'or an
Land brachten.

LOCH SUNART

LOCH LEVEN

Karte des westl. schottischen Hochlandes mit den
Stätten, die in der Geschichte der verlorenen Jako-
bitischen Louis d'or von großer Bedeutung waren.
Maßstab 1 : 250000.

0   1

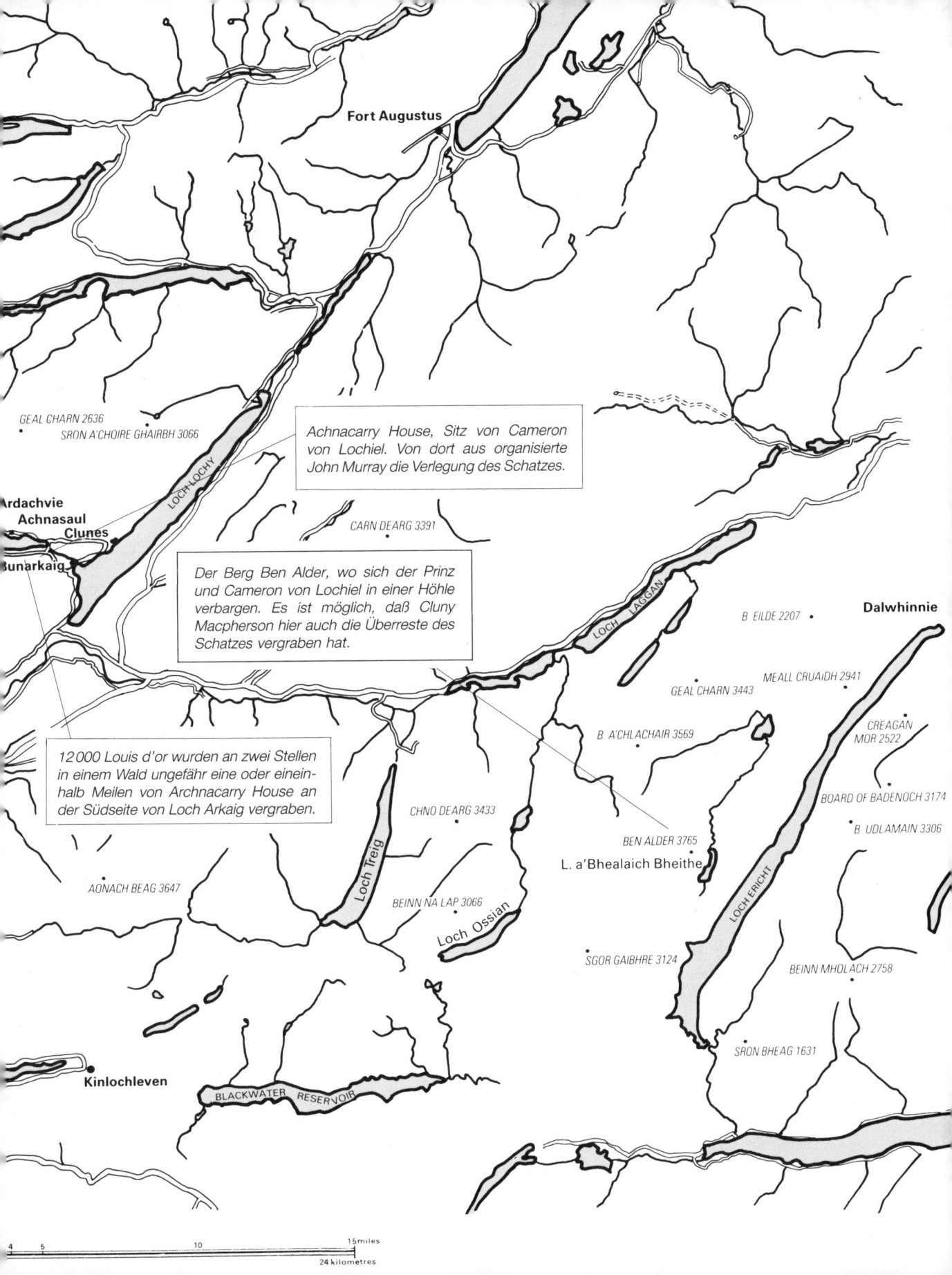

Fort Augustus

GEAL CHARN 2636
SRON A'CHOIRE GHAIRBH 3066

Ardachvie
Achnasaul
Clunes
Bunarkaig

LOCH LOCHY

CARN DEARG 3391

Achnacarry House, Sitz von Cameron von Lochiel. Von dort aus organisierte John Murray die Verlegung des Schatzes.

Der Berg Ben Alder, wo sich der Prinz und Cameron von Lochiel in einer Höhle verbargen. Es ist möglich, daß Cluny Macpherson hier auch die Überreste des Schatzes vergraben hat.

LOCH LAGGAN

B. EILDE 2207

Dalwhinnie

GEAL CHARN 3443

MEALL CRUAIDH 2941

CREAGAN MOR 2522

B. A'CHLACHAIR 3569

BOARD OF BADENOCH 3174

B. UDLAMAIN 3306

12 000 Louis d'or wurden an zwei Stellen in einem Wald ungefähr eine oder einein- halb Meilen von Archnacarry House an der Südseite von Loch Arkaig vergraben.

CHNO DEARG 3433

BEN ALDER 3765

L. a'Bhealaich Bheithe

LOCH ERICHT

Loch Treig

AONACH BEAG 3647

BEINN NA LAP 3066

Loch Ossian

SGOR GAIBHRE 3124

BEINN MHOLACH 2758

SRON BHEAG 1631

Kinlochleven

BLACKWATER RESERVOIR

4   5   10   15 miles

24 kilometres

Lochiel, der spätere Verräter Barisdale und der dichterisch begabte Soldat John Roy Stewart.

Ermutigt durch die Ankunft der französischen Schiffe, entschlossen sie sich zu einem zweiten Aufstand. Dieser sollte zehn Tage später (das Datum wurde später um eine Woche verschoben) mit einer Zusammenkunft der loyalen Clans in Glenmely, drei Meilen von Lochiels Haus, beginnen. Die Kommandeure erhielten 600 Louisdor für ihre künftigen Ausgaben und weitere 1500 Louisdor zur Deckung verschiedener Rückstände.

Irgendwann in der Woche vor dem inzwischen verschobenen Aufstand, wahrscheinlich um den 20. Mai, wurden 15 000 Louisdor in drei einzelnen Paketen mit je 5000 Louisdor vergraben. Jedes Paket enthielt fünf Beutel. Eine Version, die aus Murrays später angefertigtem Finanzbericht zu entnehmen ist, besagt folgendes: »Ein Paket wurde unter einem Felsen in einem Flüßchen, die beiden anderen Pakete nicht weit davon im Boden versteckt. Sir Stewart Threpland, Mr. Alexander McLeod yo of Neuck, Major Kennedy und Dr. Cameron haben die Löcher gegraben und das Geld deponiert.« An einer anderen Stelle sagt er, daß es »an drei Stellen ungefähr eineinhalb Meilen vom Loch am Westende der Südseite des Sees« vergraben wurde. Dies war nahe der Spitze des Lochs, gegenüber von Callich.

Das restliche Geld trugen sie bei sich, einschließlich der leeren Fässer, die nun mit Steinen gefüllt waren, um die andern Clans durch das Vertrauen Murrays in die Camerons nicht zu kränken. Einen Teil der Zeit verbrachte Murray in Achnacarry House, dem Sitz von Lochiel, und von dort gab er auch am letzten Abend seines Aufenthalts Anweisung, weitere 12 000 Louisdor zu vergraben, wobei er ungefähr 5000 Louisdor für seinen persönlichen Gebrauch zurückbehielt. Das französische Gold war aus anderen Quellen um £ 3000 aufgestockt worden, obwohl Murray schon einige Tausend Pfund ausbezahlt hatte. Damals entsprach ein Louisdor einem Pfund Sterling. Diese Louisdor trugen Dr. Cameron und Alexander McLeod auf ihren Schultern weg und vergruben sie an zwei Stellen in einem Wald »un-

Charles Edward Stewart, der junge Thronfolger. Das französische Gold, das er in Schottland zurückgelassen hatte, führte zu Mißtrauen und Unehrlichkeit unter den Clans.

gefähr eine Meile von Lochiel's Haus entfernt, am Fuße von Loch Arkike«. An einer anderen Stelle sagt Murray, daß sich die Orte »ungefähr eineinhalb Meilen von Lochiel's Haus, auf der Südseite des Sees« befinden.

Nachdem sie ihren Stützpunkt verlassen hatten, zogen Murray und Lochiel zusammen mit weiteren Gefolgsleuten aus, um sich für den erneuten Aufstand mit anderen Clans zusammenzuschließen. Doch angesichts der gegnerischen Stärke sah sich die kleine Gruppe bald dazu gezwungen, sich an die Spitze des Sees zurückzuziehen. Dort traf man die Entscheidung auseinander zu gehen. Doch kurz bevor sie sich trennten, überbrachte ihnen ein gewisser Donald McLeod eine Nachricht vom Prinzen, der aus seinem Versteck in South Uist nach Geld und Brandy verlangte. Nach McLeods eigenen Worten erhielt er »keinen Pfennig von Murray, der sagte, er hätte kein Geld zu geben, da er selbst nur noch gerade sechzig Louisdor zur Verfügung habe, die zu schicken sich nicht lohnten.«

Auf den ersten Blick erscheint das lächerlich, doch wir dürfen nicht vergessen, daß die 12 000 Louisdor auf der anderen Seite des Sees versteckt lagen und es wahrscheinlich sehr schwierig, wenn nicht sogar gefährlich gewesen wäre, sie so kurzfristig zu bergen. Außerdem ist es durchaus möglich, daß Murray seine eigenen 5000 Louisdor bereits aufgebraucht und – eine höchstinteressante These – selbst gar keine Ahnung hatte, wo genau die an der Spitze des Sees vergrabenen 15 000 Louisdor lagen. Diesen Vermutungen müssen wir ziemlich belastende Beweise entgegensetzen. Kurz nach diesem Vorfall erfuhr McDonald von Buisdale, der Murray um Geld gebeten hatte, um damit ein Schiff für den Prinzen mieten zu können, »daß er (Murray) sehr erstaunt darüber sei, daß sie dies nicht damals an der Spitze von Loch Arkike erwähnt hatten, als es noch in seiner Macht gestanden hätte, ihnen jede gewünschte Summe auszuzahlen; nun allerdings hätte er nichts bei sich, außer ein wenig für seinen persönlichen Gebrauch auf der Reise.« Die Spitze von Loch Arkike war natürlich genau der Ort, wo ihn Donald McLeod getroffen hatte.

Außerdem, wären von den 5000 Louisdor von Murray tatsächlich nur noch 60 übriggeblieben, bleibt die Frage offen, wie er in der Zeit darauf beachtliche Summen aufbringen konnte, um andere Schotten bei Laune zu halten. Zu bemerken sind hier die 3500 Louisdor und 351 Guines, die er bei einer Mrs. Menzies aus Culdairs deponierte.

Später äußerte sich Murray in bezug auf die Behauptung, »daß er sich geweigert habe, seinen Herrn mit Mitteln zu versorgen, als es in seiner Macht lag«, indem er das Treffen mit McDonald schilderte (Murray erwähnt übrigens niemals die Bitte von McLeod). Murray schließt seine Verteidigungsrede, indem er noch einmal bekräftigt, daß er das Geld, hätte er es gehabt, wahrscheinlich nicht hergegeben hätte, und führt eine Reihe vernünftiger Gründe dafür an: Er habe nicht darauf vertraut, daß McDonald den Prinzen finden würde, er habe geglaubt, der Prinz besäße bereits genügend Geld, er habe nicht gewußt, ob McDonald tatsächlich zu einer Forderung berechtigt sei,

da er keinen schriftlichen Beweis dafür habe vorlegen können, und schließlich, er habe nicht gewußt, ob über das Arrangement genaue Rechenschaft abgelegt werden würde, da er bei Transaktionen mit Fremden grundsätzlich so vorsichtig wie nur möglich sei.

Damit steht hinreichend fest, daß Murray beiden, McDonald und McLeod, Geld vorenthalten hatte, allerdings aus edlen Motiven. Sein Fehler, damals und später, war nur, daß er bestritt, im Besitz des Geldes zu sein.

Murrays Gefangennahme

Murray zog nach seinem Treffen mit McDonald an der Küste Richtung Süden weiter, während Lochiel und Dr. Cameron Zuflucht auf dem Ben Alder nahmen, wo sich ihnen am 30. August der Prinz anschloß. Die Engländer nahmen Murray am Samstag, dem 28. Juni, frühmorgens, während er im Haus seiner Schwester in Peeblesshire schlief, gefangen: Er war im Besitz von 95 Guineas und bei schlechter Gesundheit.

Fast auf der Stelle plauderte Murray das Geheimnis der Louisdor aus. Noch im Juni benachrichtigte der Richter den Duke von Newcastle in einem Brief über die Enthüllungen Murrays. Dieser gab vor, sich nur noch vage daran zu erinnern, wie das Geld aufgeteilt worden sei, er wisse nur, daß »er nicht mehr davon gerettet habe, als jetzt bei ihm beschlagnahmt worden sei«.

Am 13. August erwies sich Murray etwas zugänglicher. Er verriet die Verstecke der 15 000 und 12 000 Louisdor und bot den Engländern großzügig an, sie an die jeweiligen Stellen zu führen. Am 27. August schrieb er aus dem Tower einen Brief an den gerade zum Staatssekretär ernannten Andrew Stone, worin er ihn an sein Angebot erin-

---

Umseitige Abbildung: Ben Alder vom Sgor Gaibhre aus gesehen, wo Cluny Macpherson möglicherweise das französische Gold vergraben hat und sich der Prinz nach der Schlacht von Culloden in einer Höhle versteckt hielt.

nerte: »Das letzte Mal, als ich die Ehre hatte, Sie zu sehen, bot ich an, die 15 000 Louisdor wiederzubeschaffen, und meine noch immer in der Lage zu sein, dies zu tun, doch da die Jahreszeit immer weiter fortschreitet und die beteiligten Parteien wahrscheinlich bald zurückberufen werden, ist es in diesem Falle nicht auszuschließen, daß das Geld geborgen wird.«

Die offensichtliche Schlußfolgerung hieraus ist, daß Murray nicht wußte, wo die 12 000 Louisdor versteckt lagen, und dies entspräche auch seinen von einander abweichenden Aussagen, daß die 12 000 Louisdor »ungefähr eine Meile« oder »ungefähr eineinhalb Meilen« von Achnacarry Haus entfernt vergraben seien.

Da Murray wußte, wo sich ein Teil des Verstecks befand, sollte man doch meinen, daß die englische Regierung diese Information zu ihrem Vorteil nützen würde. Es ist daher höchst eigenartig, daß die 15 000 Louisdor nicht eiligst unter der Führung von Murray geborgen wurden. Es steht fest, daß die Engländer das Geld nicht gefunden haben, doch möglicherweise haben sie ohne die Hilfe von Murray danach gesucht.

Wenn Muray nicht wußte, wo die 12 000 Louisdor versteckt lagen, kannte er dann das Versteck der 15 000 Louisdor ebensowenig? Murrays Name wird nicht in der Liste derjenigen aufgeführt, die für das Verstecken des Geldes verantwortlich waren. Er konnte die genauen Stellen gar nicht kennen, es sei denn, er war anwesend gewesen, als Dr. Cameron und seine Gruppe die erste Partie des Geldes vergraben hatten, oder er war anschließend von einem Mitglied der Gruppe zu der Stelle geführt worden. Seine Behauptung, das Versteck zu kennen, könnte auch lediglich ein Versuch gewesen sein, sich für Verhandlungen mit der englischen Regierung eine Basis zu schaffen.

Um den 1. September wagten sich Dr. Cameron und Cluny McPherson, ein anderer loyaler Jakobit, der Cameron, Lochiel und in den letzten ein oder zwei Tagen auch dem Prinzen Unterschlupf auf seinem Landgut gewährt hatte, zurück nach Loch Arkaig. Wahrscheinlich hatten sie die Absicht, einen Teil des Geldes abzuholen

bzw. den Schatz an einer anderen Stelle zu verstecken. Auf ihrem Weg dorthin erfuhren sie jedoch zu ihrer Freude von einem gewissen McCoilveen, daß am 6. September zwei Schiffe, die *Princesse de Conit* und die *Heureux* Loch Nan Uamh angelaufen hatten, um den Prinzen und seine Gefolgsmänner nach Frankreich zu bringen. Die eigentliche Mission war nun vergessen, und sie machten sich, nachdem sie einen Boten namens Alexander McPherson mit der Botschaft an den Prinzen vorausgeschickt hatten, auf den Rückweg.

Die Abreise des Prinzen

Sie erreichten den Ben Alder frühmorgens am 13. September und trafen dort auf den Prinzen, der bereit für die Abreise war. Sie brachen sofort auf und ereichten am Morgen des 16. September Achnacarry House, das die Engländer inzwischen niedergebrannt hatten. Am Abend desselben Tages machte sich der Prinz auf den Weg nach Glencamger (vielleicht das heutige Glencamgarry) bei Loch Arkaig, wo ihn Cluny und Dr. Cameron mit einer kräftigen Mahlzeit empfingen, deren Vorbereitung sie große Mühe gekostet hatte.

Am 18. September verließ der Prinz bei Tagesanbruch Glencamger und erreichte am folgenden Tag den Ankerplatz. Am 20. September verließen der Prinz, Dr. Cameron Lochiel und ungefähr hundert weitere Gefolgsleute Schottland, wobei es für einige von ihnen ein Abschied für immer werden sollte. Cluny McPherson, der ein mit großen Gefahren verbundenes Leben in seiner Heimat dem Exil vorzog, blieb zurück. Er war nun derjenige, der für das Gold verantwortlich war.

Nahm der Prinz einen Teil des Goldes mit sich? Diese Vermutung ist durchaus angebracht, wenn man sich die ungenannte frühere Mission von Cluny und Cameron wie auch die Tatsache, daß sich der Prinz kurz vor seiner Abreise aus Schottland ganz in der Nähe des Goldes aufhielt, vor Augen hält. Vielleicht sollten wir an dieser Stelle auch näher auf die Entdeckungen eingehen, die ein ungenannter englischer Spion entweder im Jahre 1749 oder am Anfang des darauffolgenden Jahres meldete.

Der Spion hatte in Erfahrung gebracht, daß Dr. Cameron zusammen mit Major Kennedy und Alexander McLeod das gesamte Gold »im Boden an der Spitze von Loch Arkaig, in der Mitte eines Waldes« vergraben hatte. Natürlich hatten diese drei Männer zusammen mit Sir Stewart Threpland nicht das gesamte Gold, sondern nur die 15 000 Louisdor vergraben. Der Spion hatte, interessanterweise, ebenfalls gehört, daß englische Truppen »anschließend die Wälder von Loch Arkaig nach diesem Geld abgesucht hatten, oft in der Nähe des Verstecks waren, es jedoch immer knapp verfehlten, und da Herren es vergraben hatten, die nicht an Arbeit gewöhnt waren, hatten sich diese sehr ungeschickt angestellt, und ihre Fußabdrükke waren überall zu sehen. Doch sobald Dr. Cameron eine günstige Gelegenheit gefunden hatte, holte er das Geld und versteckte es an einer anderen Stelle im Wald.«

Dies könnte durchaus der Wahrheit entsprechen. Die Engländer hatten seit dem 13. August von den Verstecken gewußt und haben aller Wahrscheinlichkeit nach versucht, diese zu finden – insbesondere, nachdem Murray am 27. August davor gewarnt hatte, daß das Geld möglicherweise bald geholt würde. In Anbetracht der Suche bzw. der Gefahr, daß nach Murrays Festnahme eine solche durchgeführt werden könnte, wäre der Versuch Camerons, das Geld an eine andere Stelle zu bringen, ein ganz natürliches Verhalten gewesen. Wahrscheinlich hat er das vor seiner Abreise nach Frankreich getan.

Der Spion, dessen Angaben an manchen Stellen etwas durcheinandergeraten sind, setzt den Zeitpunkt der Umplazierung des Goldes durch Dr. Cameron früher an als ich. Über die Ereignisse unmittelbar vor der Abfahrt nach Frankreich sagt er nur, daß Cameron Cluny die beiden Verstecke gezeigt habe, macht jedoch keinerlei Angaben darüber, ob ein Teil des Goldes mit an Bord genommen wurde.

»Aber sicher ist«, fährt er fort, »daß Cluny sofort danach (d. h. nachdem das Schiff abgelegt hatte) die £ 12 000 nach Badenoch gebracht hat...« und »den anderen Teil des Geldes... entweder er fand keine Gelegenheit dazu oder hielt es nicht für angebracht, vorher das Geld zu holen, doch einen Monat später kam er und brachte es ebenso weg.« Der Spion berichtet, daß man generell annehme, was auch der Realität entspräche, daß die Gesamtsumme zwischen £ 20 000 und £ 30 000 gelegen habe. Ebenso nennt bzw. identifiziert er diejenigen, die Cluny bei der ersten Umplazierung des Geldes behilflich waren. Die Louisdor, die sich nun auf £ 27 000 beliefen – oder etwas weniger, falls der Prinz etwas davon mitgenommen hatte – wurden zum Landgut von Cluny McPherson gebracht. Da er weiterhin zeitweise in einer der Höhlen des Ben Alder lebte, dürfen wir zu Recht annehmen, daß das Gold in der Nähe des Berges vergraben wurde: Es war gefährlich für ihn, sich zu weit von seinem Versteck zu entfernen, und außerdem mußte er den ihm anvertrauten Schatz bewachen.

Der Prinz auf der anderen Seite des Kanals

In unseren Aufzeichnungen bleiben Cluny und der Schatz für die folgenden zweieinhalb Jahre fast völlig unerwähnt. Nur einige anonyme Zeilen vom 26. Januar 1748 bringen für einen Moment etwas Licht ins Dunkel: »Scyphax ist noch immer im Land, und es herrschen Diskrepanzen zwischen ihm und den Dorians und Aetolians wegen der Waren, die der junge Mogul zurückgelassen hat... Überall hier nur Diebstahl und Plünderungen.« Entschlüsselt stehen diese Worte angeblich der Reihe nach für Cluny, die Camerons von Gleneavis, die Glengarrys und den Prinzen. Cluny, der das in ihn gesetzte Vertrauen des Prinzen in Ehren hielt, hatte sich, was später auch von dem englischen Spion bestätigt wurde, unter den weniger Skrupellosen Feinde geschaffen. Eine der vielen Anschuldigungen, die in der damaligen Zeit erhoben wurden, richtete sich gegen Cameron von Gleneavis, der, bereits dem Bankrott nahe, zu plötzlichem Reichtum gelangt war, nachdem sein Bruder Cluny geholfen hatte, die £ 12 000 wegzuschaffen. Sein Bruder Angus wird beschuldigt, sich um £ 2500 bereichert zu haben.

Im Februar des folgenden Jahres schrieb der Prinz an den in London lebenden Major Kennedy und bat ihn, mit Cluny durch einen befreundeten Mittelsmann in Northumberland ein Arrangement zu treffen, um einen Teil des Geldes zu transferieren. Doch die Dinge liefen nicht nach Plan, und so schrieb der Prinz aus Straßburg am 6. April an einen gewissen Mr. Waters: »Lassen Sie Mr. Newton (d.h. Major Kennedy) wissen, daß er, sobald er seine Geschäfte gewissenhaft getätigt hat, von Mr. Williams (d.h. dem Prinzen) in all seinen Landhäusern herzlich willkommen geheißen wird.«

Da auch dieses Schreiben keine Wirkung zeigte, verfaßte der Prinz am 30. April erneut einen Brief, in dem er »seine Überraschung und Ungeduld über die Verspätung der von Mr. Newton versprochenen Pferde (d.h. Geld) und anderen Waren« zum Ausdruck brachte. Im Frühjahr oder Frühsommer wurde Major Kennedy von den Engländern ins Gefängnis gesperrt und vom Duke of Newcastle, der besonders an Einzelheiten über den Schatz interessiert war, in London befragt. Kennedy verriet kein Wort und reiste nach seiner kurz darauf erfolgten Freilassung nach Paris, um persönlich Bericht zu erstatten. Anschließend kehrte er, noch immer in der Absicht, dem Prinzen das Geld zu überbringen, nach England zurück.

Im August schrieb Kennedy, daß Cluny bis zum Winter »aufgrund der Hütten« nichts unternehmen könne. Diese Sommerunterkünfte für die Schäfer im Hochland lagen offensichtlich zu nahe am Versteck. Also hielt das Warten an.

Der Verrat des jungen Glengarry

Schließlich begann man damit, Geld aus dem Versteck zu holen. Major Kennedy war daran jedoch nicht beteiligt. Der junge Glengarry, Mitglied einer der Familien, die wegen des Schatzes schon längere Zeit mit Cluny zerstritten waren,

hat offenbar an die £ 2000 für eigene Zwecke entwendet. Während ein Teil davon – laut Lord Elcho £ 1200 – aus Clunys Versteck entnommen wurde, stammte die restliche Summe aus den £ 5000, die von Murray, entgegen seiner eigenen Aussage, auf mysteriöse Weise in Edinburgh versteckt worden waren. Dieser schändliche Diebstahl brachte nach den vorhergehenden Anschuldigungen gegen Cameron von Gleneavis das Faß zum überlaufen. Von nun an wurden die Meinungsverschiedenheiten immer heftiger.

Zu Beginn des darauffolgenden Jahres beklagte sich Major Kennedy über Clunys Verzögerungstaktik, während der junge Glengarry versuchte, den Diebstahl Dr. Cameron anzulasten. Dieser war während des Winters nach Schottland zurückgekehrt und hatte ebenfalls Geld aus dem Versteck geholt, allerdings zu legitimen Zwecken. Einige der Streithähne, darunter der junge Glengarry und Dr. Cameron, reisten im Frühjahr nach Rom, möglicherweise, um die Angelegenheiten vor dem Vater des Prinzen, dem alten Thronrepräsentanten, zu klären.

Geklärt wurde dort natürlich nichts. Dennoch dürfte der Vater des Prinzen in der Lage gewesen sein, seine eigenen Schlüsse zu ziehen, nachdem er erfahren hatte, daß der junge Glengarry eine Vollmacht mit seiner Unterschrift gefälscht hatte, um dadurch in Edinburgh in den Besitz des Geldes zu kommen. Glengarry war auch derjenige, der später Clunys Abrechnungen fälschte, um sich selbst reinzuwaschen und andere zu beschuldigen. Unglücklicherweise ist es dem jungen Glengarry gelungen, Dr. Cameron in den Augen vieler, darunter auch Major Kennedy, unredlich erscheinen zu lassen. Allerdings mag der gute Major Recht gehabt haben, als er im März folgendes schrieb: »C (Cluny) hat meiner Ansicht nach mehr Schuld als alle anderen, denn wenn es seine Absicht gewesen wäre, ehrlich zu handeln, hätte er das Ganze vor langer Zeit aufgeben können.« Im gleichen Brief bemerkte Kennedy, daß Dr. Cameron, Glengarry und einige andere in letzter Zeit »über eine Menge Geld verfügten«. Sein Bericht muß ernst genommen werden, obwohl er sich vermutlich irrt, was Dr. Cameron betrifft.

Doch von solchen Vorwürfen bleibt immer etwas hängen, und es wurde allgemein angenommen, daß sich Dr. Cameron um 6000 Louisdor, ein kleines Vermögen, bereichert hatte. Selbst Kennedy wurde verdächtigt und von einem ängstlichen Bankier namens Aeneas McDonald beschuldigt, beim Pferderennen in Newmarket £ 800 des von Cluny erhaltenen Geldes durchgebracht zu haben. Im Juni des Jahres 1750 berichtete ein aufrichtiger Vetter Glengarrys namens Lochgarry von einem Treffen mit Cluny, der sich darüber beklagt habe, daß ihm das Geld »aus den

Der verräterische junge Glengarry, der sich am französischen Gold bereicherte und aller Wahrscheinlichkeit nach Dr. Cameron verriet. Er starb im Jahre 1761.

Händen gerissen« worden sei und er nur noch über 16 000 Louisdor verfüge. Lochgarry äußerte den Wunsch, zusammen mit Dr. Cameron beauftragt zu werden, die noch verbliebene Summe zu bergen. Doch daraus wurde nichts.

Im folgenden Jahr informierte Glengarry den Prinzen in einem Brief von seiner bevorstehenden Heirat mit einer Lady aus guter englischer Familie. Er bekundete seine Bereitschaft, anschließend den von ihm in Anspruch genommenen Teil des Schatzes zurückzuzahlen, und gab damit seinen Diebstahl eigentlich offen zu. Er lebte zu dieser Zeit völlig unbehelligt in London. Offensichtlich hatte er von Seiten der englischen Regierung nichts zu befürchten, was darauf schließen läßt, daß er damals bereits als Spion mit dem Decknamen »Pickle« aktiv war – eine Tatsache, die erst über ein Jahrhundert nach seinem Tode bekannt werden sollte.

Im Jahre 1753 unternahm Dr. Cameron einen letzten Versuch, das Gold für den Prinzen zu retten. Zu diesem Zweck kam er aus Frankreich in seine Heimat, doch dort verließ ihn das Glück. Am 12. März wurde er in Glenbucket gefangen genommen, aller Wahrscheinlichkeit nach von Glengarry an die Engländer verraten. Bald darauf wurde er wegen Verrates vor Gericht gestellt und nach vielen vergeblichen Gnadengesuchen am 7. Juni in Tyburn am Galgen hingerichtet. Er war der letzte Jakobit, den dieses Schicksal ereilte. Durch seine sanfte, heitere Art und den Mut, den er bis zum Schluß bewies, gewann er die Herzen aller. Mögen auch viele seine Rechtschaffenheit bezweifelt haben, seine Familie blieb in tiefster Armut zurück. Nach seiner Hinrichtung kursierte das Gerücht, daß die Engländer noch immer nach dem Gold suchten, dessen Versteck ihnen Dr. Cameron nicht offenbart hatte. Wahrscheinlich ist jedoch, daß sie glaubten, er sei in Pläne für einen erneuten Aufstand verwickelt und fungiere als Verbindungsmann zu Friedrich von Preußen.

Im September des folgenden Jahres schrieb der Prinz, der in großen Geldschwierigkeiten steckte, »in großer Not« an Cluny. Er beorderte ihn nach Paris und forderte ihn auf, »alle Effekten, die ich ihnen anvertraut habe, und alles Geld, dessen Sie

EDINBURGH

Dr. Archibald Cameron, Bruder des Lochiel, verstorben, angeblich kürzlich aus Frankreich gekommen, wurde am 20. März, nahe dem Haus von Mr. Stewart von Glenbuckie von einer Truppe der Garnison in Innersnaid verhaftet und als Gefangener nach Sterling geführt. Er wurde am 26. nach Edinburgh Castle gebracht; (P.S.) und von dort am 4. April von zwei Kurieren seiner Majestät, eilends zu diesem Zwecke geschickt, nach London gebracht. (viii.269.) – Robert Graham von Garrick, Perthshire, wurde in seinem eigenem Haus gefangengenommen, ungefähr Mitte März, und ins Gefängnis von Perth gebracht. (x.508).

Ein Bericht von der Gefangennahme des edlen Dr. Archibald Cameron, der im Jahr 1753 hingerichtet wurde. Er war der letzte Jakobiter, der sein Leben für die Sache des jungen Thronfolgers gab.

habhaft werden können« mitzubringen. Zweifellos dachte er dabei vor allem an das restliche Gold, vielleicht hoffte er aber auch auf Spenden von Symphatisanten, die der offizielle Grund für Dr. Camerons Reise im Vorjahr gewesen waren.

Cluny machte sich innerhalb weniger Wochen auf den Weg nach Frankreich und beendete damit eine unangenehme und zermürbende Wache, die acht Jahre gedauert hatte. Wir wissen nicht, was er mit sich nahm, aber es wird allgemein angenommen – wohl in Anbetracht der angeblich verbliebenen großen Menge – daß er vieles zurückgelassen hat. Die letzte Schätzung dieser Menge, im Juni 1750 von Cluny selbst vorgenommen, liegt bei 16 000 Louisdor. Weitere ehrenhafte oder unehrenhafte Geldentnahmen aus der Zeit zwischen dieser Schätzung und Clunys Abreise nach Frankreich sind uns nicht bekannt. Es ist daher wahrscheinlich, daß er eine Summe, die der obengenannten nahe kommt, zur Verfügung hatte.

WEITERE SCHRITTE

Es ist anzunehmen, daß das, was er nicht mitnehmen konnte, irgendwo in der Nähe des Berges Ben Alder, wo er zeitweise gelebt hatte, zu finden ist. Nach Angaben des Historikers Chambers lebte er hauptsächlich »in einer Höhle nahe seinem zerstörten Haus«. Diese ist wahrscheinlich nicht identisch mit dem abgelegenen, von Cluny selbst gebauten Unterschlupf, dem sogenannten »Käfig«, der auch dem Prinzen und Lochiel eine Zeitlang als Unterkunft diente. Die letztere befand sich »in der Wand eines sehr zerklüfteten, hohen und felsigen Berges namens Letternilichk, der noch zu Ben Alder gehört, mit vielen Fels-

brocken und Felsspalten und vereinzelten Baumgruppen«. Es ist anzunehmen, daß Cluny in den Jahren, in denen er sich versteckt halten mußte, diesen Unterschlupf wie auch die Höhle in der Nähe seines Hauses gelegentlich benutzt hat.

Unser einziger anderer Anhaltspunkt ist der Hinweis auf die »Hütten«, die Cluny im Sommer 1749 den Zugang zum Schatz verwehrten. Die Gegend um den Ben Alder war, so der Historiker Chambers, »arm an Wäldern; doch dieser Mangel an Versteckmöglichkeiten wurde durch die felsige Struktur der Hügel und Täler wieder ausgeglichen.« Ich persönlich bin der Meinung, daß Cluny den Schatz wahrscheinlich nahe einer der Höhlen versteckte und ihn nicht weit transportieren konnte, ohne dabei entdeckt zu werden. Überlassen wir das Schlußwort Edgar, dem Sohn des Sekretärs des alten Thronrepräsentanten, der nach Camerons Gefangennahme diese traurigen Zeilen an seinen Vater schrieb: »Ich wünsche von ganzem Herzen, die Regierung hätte es (das Gold) von Anfang an bekommen, da es unserer Sache den größten Schlag, den man sich nur vorstellen kann, versetzt hat; es hat die verschiedenen Clans mehr als zuvor gespalten, selbst Mitglieder eines Clans und einer Familie, so daß sie nun bereit sind, sich gegenseitig zu zerstören und zu verraten.

COCOS ISLAND, COSTA RICA, OSTPAZIFIK

Die Schätze des Piraten Bonito und das Lima-Gold

400 Meilen vor der Küste Kolumbiens, in Südamerika, liegt die romantischste Insel der Welt, ein kleiner Flekken Erde, einsam, unbewohnt, ein grünes Juwel in der blauen Unendlichkeit des Südpazifiks... es erhebt sich aus dem Meer, ein grünes hügeliges Etwas, von zwei Gipfeln gekrönt und von einem Schutzwall unbezwingbarer Felsen umrahmt...

Mit diesen lyrischen und überschwenglichen Metaphern beschreibt Sir Malcolm Campbell, »Geschwindigkeitskönig« und Schatzsucher, die wohl berühmteste Schatzinsel der Welt, die mit großer Wahrscheinlichkeit als Vorlage für Robert Louis Stevensons Roman »Die Schatzinsel« diente.

Cocos (zu unterscheiden von den Cocos- bzw. Keeling-Inseln im Indischen Ozean) hat eine Fläche von ca. 24 Quadratkilometern. Die Insel ist ungefähr zweimal so lang wie breit und liegt bei 5° 32′N, 87° 10′W. Sie verdankt ihren Namen den Kokospalmen, die auf dem größten Felsplateau inmitten eines fast undurchdringlichen Dschungels wachsen. Von diesem Plateau erheben sich drei Vulkangipfel. Der höchste ist der Cerro Iglesias mit ca. 680 m. Die größten Buchten sind die Chatham und die Wafer Bay, im Norden bzw. Nordosten der Insel. Beide verfügen über Süßwasserquellen und können mit dem Schiff angelaufen werden.

Obwohl sich in der Vergangenheit von Zeit zu Zeit Leute auf der Insel niederließen, sind heute die einzigen Bewohner drei Parkwächter aus Costa Rica, die am Strand der Wafer Bay stationiert sind. Cocos mag wie ein »grünes Juwel« erscheinen, in Wirklichkeit ist es jedoch eine ungastliche Hölle. Im Sommer wird die Hitze unerträglich. Temperaturen von 45 Grad Celsius sind keine Seltenheit, und die Luftfeuchtigkeit ist enorm. Im Winter gibt es heftige Regenfälle, die über Wochen andauern. Die dichte Vegetation und die steilen Felshänge machen ein Vordringen ins Innere der Insel zu einem gefährlichen und schwierigen Unternehmen, und den Schwärmen von Insekten ist kaum zu entkommen. Cocos ist kein Ort, der zum Bleiben einlädt, sondern eine Insel, die man kurz besucht. Und gerade weil sich in der Vergangenheit dort immer wieder Leute kurz aufhielten, um anschließend weiterzusegeln, gilt dieser Insel heute unser Augenmerk.

Piratenstützpunkte

Im Jahre 1541 erscheint die Insel zum ersten Mal auf einer französischen Landkarte von Nicolas Desliens. Unter den ersten Besuchern der Insel waren viele Piraten. Kapitän Edward Davis benutzte die Insel Ende des 17. Jahrhunderts als Stützpunkt. Angeblich hat er dort mehrere Schatzkisten vergraben, die er in der Chatham Bay an Land gebracht hat.

John Eaton, Kapitän der aus London stammen-

Cocos Island, weit im Westen von Kolumbien, war jahrhundertelang ein Paradies für Piraten. Die Geschichte über den größten Schatz, der angeblich dort vergraben wurde, berichtet von spanischen Reichtümern, die im Jahre 1820, zur Zeit der südamerikanischen Befreiungskriege, aus Lima weggebracht wurden.

den *Nicolas*, berichtet über einen Besuch auf der Insel während seiner Freibeuterlaufbahn. »Das Innere der Insel ragt hoch auf und ist arm an Bäumen, doch ein von den Spaniern Gramadiel genanntes Kraut läßt es grün und angenehm erscheinen. Die Küstenstreifen rund um die Insel sind flach und mit großen Kokospalmenhainen bewachsen.« Üppige Vegetation ist dort ein neues Phänomen. Noch im Jahre 1838 schrieb ein englischer Kapitän (im Widerspruch zu anderen Berichten): »Das Dickicht ist derzeit keineswegs undurchdringlich.«

Im 18. Jahrhundert wurde die Insel gelegentlich dazu benutzt, Trinkwasservorräte und Proviant zu ergänzen. Im Jahre 1795 stattete George Vancouver, ein Offizier der Royal Navy, der auf Anweisung der Admiralität den Nordpazifik zu vermessen hatte, der Insel einen kurzen Besuch ab. Er fand eine Nachricht vor, die ein gewisser

Leutnant James Colnett zwei Jahre zuvor bei einem Besuch auf der Insel in einer Flasche deponiert hatte und bemerkte auch die von Colnett zurückgelassenen, inzwischen verwilderten Schweine. Deren Nachkommen sind heute noch auf der Insel zu finden.

Seine Männer versuchten ihr Bestes, um die Hinweise, die von früheren Besuchern in die Felsen der Chatham Bay geritzt worden waren, zu entziffern. Große Schwierigkeiten bereitete ihnen insbesondere die unvollständige und verwitterte Inschrift »Look Y. as you goe for ye I. Coco«. Diese Inschrift enthielt ferner vier ineinander verzweigte Kreuze. Es ist sehr schwierig festzustellen, worauf sich dies bezieht. Ist es ein erster Hinweis auf einen versteckten Schatz? Oder hat nur ein Seemann in guter Absicht darauf hinweisen wollen, daß es Kokosnüsse nur in der anliegenden Bucht gebe?

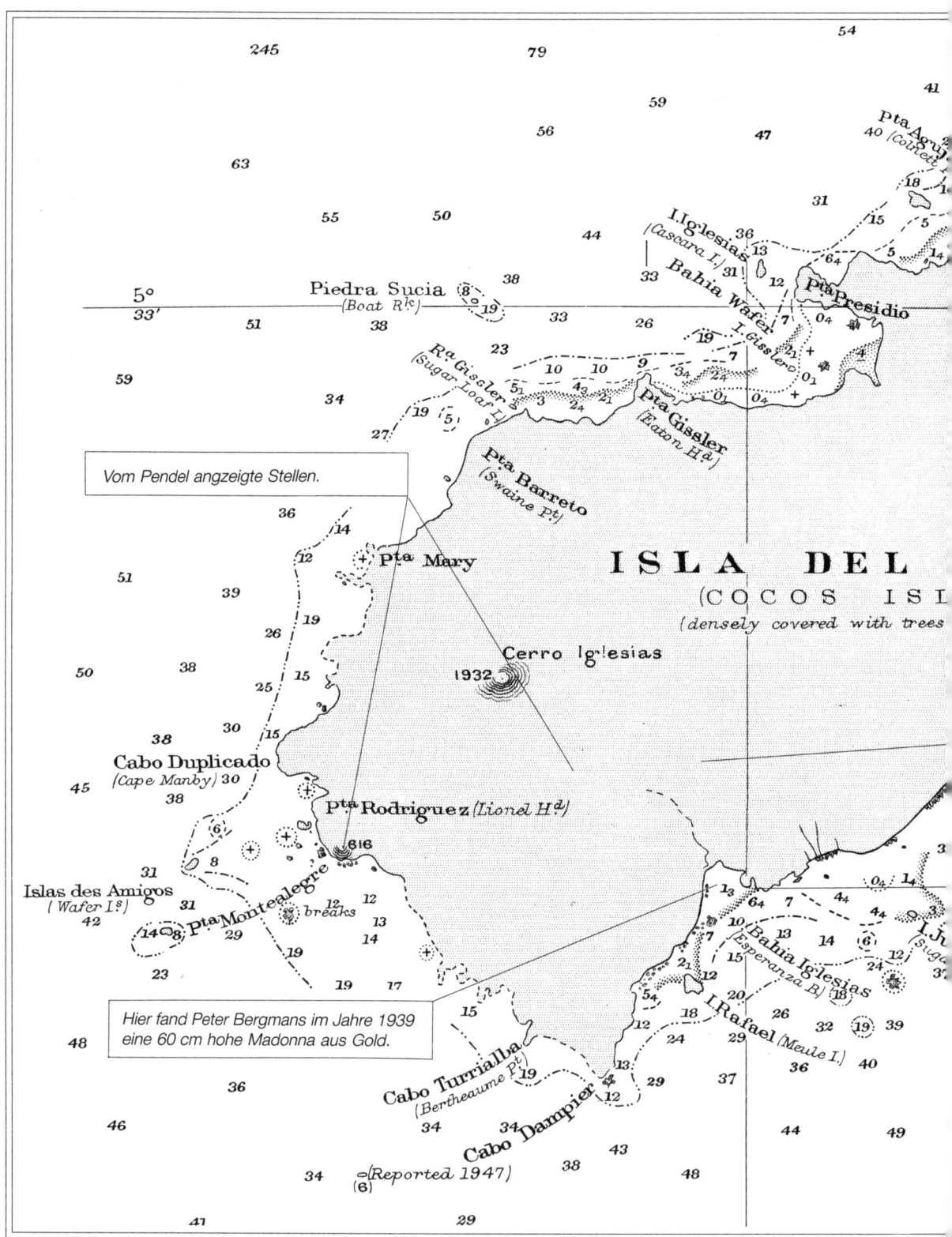

Vom Pendel angzeigte Stellen.

Hier fand Peter Bergmans im Jahre 1939 eine 60 cm hohe Madonna aus Gold.

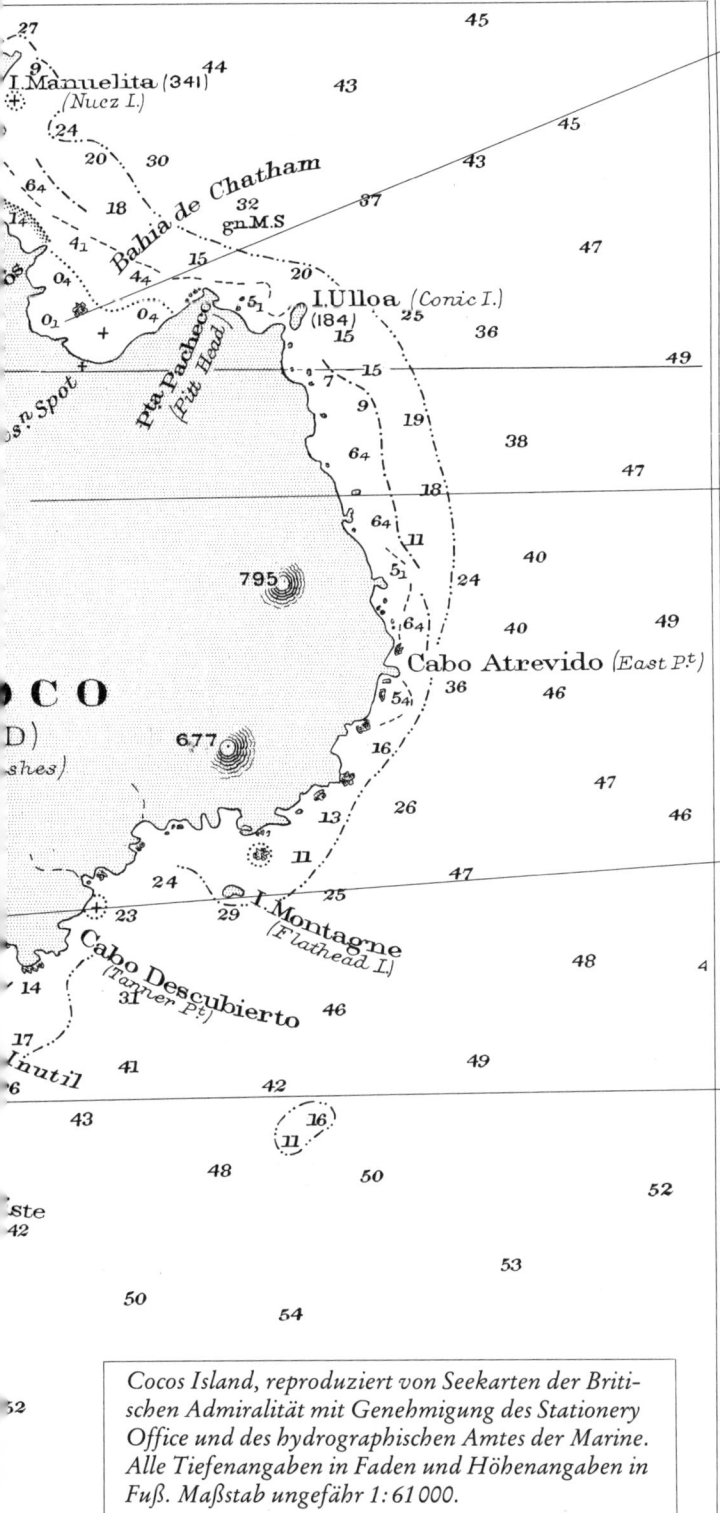

Hier fand im Jahre 1948 James Forbes, ein Nachkomme von Kapitän Thompsons Erstem Maat, eine Goldkette.

Kapitän Thompsons Instruktionen, die im Jahre 1868 von Keating an Fitzgerald weitergegeben wurden, führten zu einer Stelle im Norden der Insel. Wahrscheinlich hat Keating den Schatz entdeckt und ihn anschließend an verschiedenen Orten im Süden der Insel versteckt.

Keatings eigene Instruktionen in bezug auf einen Teil des Schatzes lauten: »Ankern Sie in der Bay of Hope zwischen zwei Inselchen über einer Tiefe von fünf Faden. Gehen Sie 350 Schritte an einem Flußlauf entlang, dann weitere 850 Yards in Richtung NNO – Pfosten-Sonnenuntergang-Pfosten – bildet die Silhouette eines Adlers mit ausgebreiteten Schwingen: Am äußersten Ende von Sonne und Schatten: Höhle, die mit einem Kreuz markiert ist. Hier liegt der Schatz.«

Aufzeichnungen während einer seiner Suchaktionen, geben eine andere Stelle in der Bay of Hope an: »Zwei Kabellängen südlich der letzten Wasserstelle bei drei Punkten. Die Höhle ist die unter dem zweiten Punkt.
Christie, Ned und Anton haben es versucht, doch keiner von ihnen ist zurückgekehrt. Ned hat den Eingang bei seinem vierten Tauchversuch in einer Tiefe von 12 Faden entdeckt, kam jedoch von seinem fünften Versuch nicht mehr zurück. Es gibt keine Kraken, aber Haie.
Es muß von Westen aus ein Weg zur Höhle erschlossen werden. Ich glaube, daß es am Eingang zur Höhle einen Steinschlag gegeben hat.«

Cocos Island, reproduziert von Seekarten der Britischen Admiralität mit Genehmigung des Stationery Office und des hydrographischen Amtes der Marine. Alle Tiefenangaben in Faden und Höhenangaben in Fuß. Maßstab ungefähr 1:61 000.

Benito Bonito

Ein anderer Pirat, mit dem die Insel in Verbindung gebracht wird, ist Benito Bonito. Bonito, dessen Nationalität nicht genau bekannt ist, hatte sich zu Anfang seiner Piratenkarriere auf die reichen Jagdgründe der Karibik konzentriert. Als die britische Flotte jedoch damit begann, ihm das Leben schwerzumachen, umsegelte er Kap Hoorn und verlegte sein Jagdgebiet in den Pazifik. Zwischen 1818 und 1820 kommandierte er sein Schiff, die *Relampago*, bei verschiedenen Angriffen auf Schatzgaleonen und Küstenstädte in Mittelamerika.

Im Jahre 1819 landete er seinen größten Coup. Er erfuhr von einem großen Schatztransport, der für Manila bestimmt war. Als sich der Maultierzug auf den Weg von Mexiko City nach Acapulco befand, überfielen ihn seine Männer und erbeuteten einen Großteil des Schatzes. Angeblich wurde dieser Schatz auf die Insel gebracht und unter Klippen in der Wafer Bay vergraben.

Dieser Bericht tauchte im Jahre 1853 auf, als John und Mary Welch nach San Francisco kamen. Mary behauptete, Bonitos Geliebte gewesen zu sein. Ihren Angaben zufolge handelt es sich bei Bonito um einen ehemaligen englischen Marineoffizier namens Bennet Graham. Sein Spitzname wäre daher nichts weiter als eine schmeichelhafte Latinisierung, die übersetzt »hübscher« oder »gutaussehender« Bennet bedeutet.

Aufgrund ihrer aussagekräftigen Geschichte, die das Leben des Piraten und ehemaligen Offiziers Bonitos bis zu seiner Gefangennahme, seinem Prozeß und seiner Hinrichtung, wie auch Marys anschließenden Transport nach Tasmanien detailliert beschreibt, gründeten einige wohlhabende Geschäftsleute ein Unternehmen mit dem Ziel, den Schatz zu bergen.

Marys Landkarten erwiesen sich als nutzlos. Wieder auf der Insel, sagte sie, daß sich in den dazwischen liegenden Jahren alles verändert habe. Es gelang ihr nicht, die Stelle, an der der Schatz vergraben wurde, wiederzufinden. Es wurden umfangreiche Ausgrabungsarbeiten durchgeführt, doch ohne Erfolg.

Die *Mary Dear*, Thompson und Forbes

Die Legende über den Schatz auf Cocos Island wird durch die Geschichte der *Mary Dear* etwas konkreter. Im Jahre 1820 näherten sich die Revolutionstruppen von Simon Bolivar unter dem Kommando von General San Martin und Lord Cochrane Lima, das damals als die reichste Stadt auf dem Kontinent galt. Die Wohlhabenderen unter den spanischen Einwohnern entschlossen sich zur Flucht, die nur auf dem Seeweg möglich war. Allerdings stand das einzige Schiff, das für eine Überfahrt geeignet gewesen wäre, die *Esmeralda*, unter ausdrücklichem Befehl, Callao, den Hafen Limas, zu verteidigen. William Thompson, ein schottischer Kapitän, der sein Schiff, die *Mary Dear*, ebenfalls in Hafen liegen hatte, war kurz davor, in See zu stechen, um der bevorstehenden Schlacht zu entgehen. Für eine gewisse Geldsumme ließ er sich überreden, die reichen Bürger zusammen mit deren wertvollsten Besitztümern an Bord zu nehmen. Unter diesen Kostbarkeiten befand sich auch eine aus purem Gold gefertigte und mit Juwelen besetzte lebensgroße Statue der Jungfrau Maria aus der Kathedrale von Lima, die, zeitgenössischen Berichten zufolge, allein ein Gewicht von über einer Tonne besaß.

Obwohl der weitere Verlauf der Ereignisse nicht mehr genau rekonstruiert werden kann und diesbezüglich viele verschiedene Versionen existieren, scheint Thompson der Verlockung, diesen unermeßlichen Reichtum für sich zu behalten, erlegen zu sein. Ob Thompson nun seine Passagiere an Land zurückgelassen oder sie später in ihren Kabinen ermordet hat, er hat es auf jeden Fall geschafft, sich ihrer zu entledigen und nach Cocos Island zu segeln, wo der Schatz sofort vergraben wurde.

Was anschließend geschah, ist nicht genau bekannt, doch Thompson und seine Mannschaft wurden gefangen genommen, und alle außer ihm selbst und seinem ersten Offizier, angeblich ein gewisser James Alexander Forbes, wurden gehenkt. Diesen beiden Männern wurde dieses Schicksal vorerst erspart, um in den Besitz ihres Geheimnisses gelangen zu können. Als man sie

Die Eroberung der Esmeralda. Das Flaggschiff der spanischen Pazifikflotte wurde am 5. November 1820 von Lord Cochrane in Callao, dem stark befestigten Hafen Limas, erobert. Einige Tage zuvor war Kapitän William Thompson mit einer Gruppe reicher Bürger aus Lima und deren Besitztümern in See gestochen.

jedoch unter strengster Bewachung nach Cocos zurückbrachte, um mit ihrer Hilfe den Schatz zu bergen, gelang den beiden die Flucht.

Die Spanier suchten vergebens das Dickicht nach ihnen ab und schickten im Laufe der nächsten Monate zwei Schiffe mit dem Auftrag, die Flüchtigen wieder aufzuspüren. Thompson und sein Offizier wurden schließlich von der Besatzung eines englischen Walfängers, der *Captain*, gerettet, der sie glaubhaft machten, Schiffbruch erlitten zu haben. Der Walfänger brachte sie nach Puntarenas an der Küste von Costa Rica.

Im Jahre 1841 tauchte Thompson wieder auf. Er war niemals mehr auf die Insel zurückgekehrt, hatte aber auf der Überfahrt von den Westindischen Inseln nach Neufundland seine Geschichte John Keating, einem Freund, erzählt. Sie blieben auch nach der Ankunft in Neufundland Freunde,

und Thompson gab Keating entweder bereits damals oder drei Jahre später auf dem Sterbebett eine Landkarte, auf der das Schatzversteck genau eingezeichnet war sowie einen Brief mit Instruktionen. Diese Instruktionen, nach denen Chatham Bay als Ausgangspunkt zu dienen hat, lauten folgendermaßen:

Drehen Sie dem Meer den Rücken zu und gehen Sie dann auf den Berg zu, der im Norden der Insel steht. Am Berghang werden Sie einen Bach in Richtung Westen sehen. Überqueren Sie diesen und gehen Sie weitere 20 Schritte nach Westen. Danach gehen Sie 50 Schritte in Richtung Inselmitte, bis das Meer durch den Berg vollständig verdeckt ist. An der Stelle, wo der Boden plötzlich abfällt, werden Sie ein weißes Zeichen auf dem Felsen entdecken. Dort liegt die Höhle. Der Zugang zur Höhle ist gut getarnt und mit einer Steinplatte verdeckt. Der Tunneleingang führt seitwärts in eine Kammer.

Keatings Suche

Keating, der in helle Aufregung geriet, fand jemanden, der seine geplante Expedition unterstützte, und machte sich um das Jahr 1844 mit einem gewissen Kapitän Boag auf den Weg. Bei ihrer Ankunft in Chatham Bay gingen Keating und Boag ohne die anderen Besatzungsmitglieder an Land und hatten keine Schwierigkeiten, die Stelle zu finden.

Der Reichtum, der sich vor ihren Augen auftat, erfüllte sie mit Staunen. Sie beschlossen, dem Rest der Besatzung nichts davon zu erzählen und nur das mitzunehmen, was in ihre Taschen paßte. Als sie den anderen, die über den wahren Grund der Reise bereits Bescheid wußten, anschließend erzählten, daß ihre Suche ergebnislos gewesen sei, wollte man ihnen nicht glauben. Unter Drohungen gestanden sie die Wahrheit und versprachen der restlichen Besatzung, sie am nächsten Morgen zur Höhle zu führen. Noch in dieser Nacht schlichen sie sich von Bord und verbargen sich im dichten Dschungel.

Die anderen suchten mehrere Tage nach ihnen, gaben aber schließlich auf und segelten davon. Als einige Monate später ein Schiff vorbeikam, um Trinkwasservorräte aufzufüllen, war nur noch Keating an Leben. Er behauptete, daß Boag bei einem Unfall ertrunken sei.

Über Keatings Entdeckung existiert noch eine völlig andere Version. Diese besagt, daß Keating und Boag (oder in diesem Fall Boeck) im Jahre 1846 auf der Brigantine *Edgecombe*, die unter dem Kommando eines gewissen Kapitäns Gould

Ein altes Wrack in der Chatham Bay.

stand, Kurs auf Cocos nahmen. Der Kapitän, so erzählt man sich, habe jedoch von der wahren Absicht der Männer Wind bekommen und einen Anteil des Schatzes für sich gefordert. Wie in der ersten Version gelang den beiden die Flucht in den Dschungel, wo sie sich wie Thompson und sein Offizier Jahre zuvor versteckt hielten.

Wie dem auch sei, es gibt durchaus einen Grund zur Annahme, daß Keating Boag ermordete, während sie auf der Insel waren. Zurück in Neufundland, wurde auch tatsächlich der Versuch unternommen, ihn wegen Mordes vor Gericht zu bringen. Die Anklage wurde jedoch aufgrund mangelnder Beweise fallengelassen. Ein späterer Freund von Keating, Nicholas Fitzgerald, bekundete seine fehlende Bereitschaft, Keating auf die Insel zu begleiten: »Ich dachte mir, es wäre lebensgefährlch, nur in seiner Begleitung auf die Insel zu reisen. Dieses Verschwinden von Boag hatte er mir nur unzureichend erklärt...«

Nicholas Fitzgerald

Fitzgerald sagt ebenfalls, daß Keating in Gesprächen über die bevorstehende Expedition darauf bestanden habe, »daß ich allein in die Höhle gehen sollte, da er sich geschworen habe, sie nie wieder zu betreten. Ich führe dies darauf zurück, daß er vor etwas Angst hatte.« War es Boags Leiche, zurückgelassen an dem Ort, an dem ihn Keating in die Falle gelockt hatte, vor deren Anblick er so zurückschreckte? Keating kehrte offensichtlich mit einem Teil des Schatzes nach St. John's zurück, wo er sich ein Geschäft und eine Farm kaufte. Er unternahm eine weitere Expedition nach Cocos, bei der es wiederum zu einer Meuterei kam und er sich erneut verstecken mußte. Nachdem er sich 14 Tage lang nur von Wurzeln ernährt hatte, wurde er von der Besatzung eines Walfängers gerettet. Auch diesmal hatte er Gold bei sich.

Im Jahre 1868 traf man ihn in Codroy Village, an der Westküste Neufundlands, an. Er hatte Schiffbruch erlitten und seinen Schoner im Eis verloren. »Er war außerordentlich bekümmert,

da er sein Schiff verloren hatte und ohne Proviant für sich und seine Besatzungsmitglieder war. Er war krank und lebte zu der Zeit in einem alten verlassenen Haus, schlief, nur in ein Schiffssegel gerollt, auf dem blanken Boden, der mit Eis und Schnee bedeckt war.« Nicholas Fitzgerald half ihm damals (es ist seine Geschichte, die hier wiedergegeben wird), und Keating vertraute ihm aus Dankbarkeit das Geheimnis des Schatzes an. Fitzgerald erhielt von Keating außer den ursprünglich von Thompson stammenden Instruktionen noch weitere Anweisungen, die möglicherweise zu dem Teil von Thompsons Schatz führen, den Keating aus dem Originalversteck entfernt und an anderer Stelle vergraben hatte.

In »The Herald«, der Tageszeitung von Sydney, Neuschottland, war jedoch am 1. Dezember 1880 eine offizielle Mitteilung zu finden, in der Keating erklärte, daß er alle relevanten Dokumente und Informationen über den Schatz an einen gewissen Thomas Hackett weitergegeben habe. Keating tat ein übriges mit der Behauptung, daß weder Richard Young (sein Schwiegersohn) noch irgendeine andere Person über Informationen verfüge, die es ihnen ermöglichen würden, den Schatz zu finden.

Tatsächlich versuchte Richard Young, allerdings vergeblich, Geld für eine Expedition aufzutreiben, indem er sich auf Informationen berief, die er angeblich von seinem Schwiegervater erhalten hatte. Was Thomas Hackett betrifft, so nimmt man an, daß er starb, bevor er sein Wissen nutzen konnte. Die Informationen und Dokumente gingen anschließend an seinen Bruder, Kapitän M. Hackett, dem wir gleich begegnen werden.

Doch noch einmal zurück zu Fitzgerald. Er hatte eine Zusammenarbeit mit Keating abgelehnt und hatte nicht die Mittel für eine eigene Expedition. Im Jahre 1894 schrieb er einen Brief an Commodore Curzon-Howe, der ihm als ehrenwerter Mann bekannt war und gelegentlich Dienst im Pazifik tat. Er versuchte, eine Vereinbarung zu treffen, laut der ihm für die Preisgabe des Geheimnisses ein Zwanzigstel des Schatz in der Höhle zustehen würde. Daraus wurde nichts. Doch die beiden führten einen Briefwechsel, in dessen Verlauf Fitzgerald alles weitergab, was er wußte.

Spätere Expeditionen

Inzwischen lockte Cocos Island, nicht zuletzt aufgrund der Erzählungen von Mary Welch, eine stetige Zahl von Besuchern an. Wahrscheinlich haben Hunderte versucht, die Schätze von Cocos zu entdecken, die meisten von ihnen erfolglos.

Eine Ausnahme bildete der deutsche Seemann August Gissler. Er begann sich für Cocos zu interessieren, als er auf der von London nach Honolulu segelnden *Highflyer* einen jungen Portugiesen namens Manoel Cabral traf. Cabrals Großvater war in die Hände von Piraten gefallen, als er vor den Azoren auf Fischfang war. Gissler las den langen Bericht des Großvaters über seine Seereisen. Dabei traf er auf eine Stelle, die besagte, daß jener Großvater Bonito dabei geholfen hatte, auf Cocos zwei Schatzkisten in der Nähe eines Wasserfalles zu vergraben.

Bei seiner Ankunft in Honolulu traf Gissler einen alten Seemann namens Mac, der in der Nähe von Pagola lebte. Mac behauptete, daß er zur Mannschaft von Bonito gehört habe, und besaß auch eine spanische Schatzkarte. Die Insel auf der Karte war als »Las Palmas« bezeichnet und lag bei 5° 27′N, 87° 0′W. Gissler verglich die beiden Aussagen miteinander und kam zu dem Schluß, daß es sich bei der Insel um Cocos handeln müsse.

Nach mehreren ergebnislosen Expeditionen erhielt Gissler im Juni 1891 die Genehmigung, in der Wafer Bay eine Kolonie zu gründen. Die Regierung von Costa Rica überließ ihm auch eine weitere Schatzkarte, die ihn in der Annahme bestärkte, daß der Schatz nicht weit von der Küste vergraben sei. Obwohl Gissler zum kenntnisreichsten und bekanntesten Bewohner der Insel wurde und nach einiger Zeit sogar seine Familie und einige andere Personen nachkommen ließ, waren einige rostige Werkzeuge und ein paar Goldmünzen das einzige Resultat seiner knapp achtzehnjährigen Suche.

Links: Chatham Bay spielt eine bedeutende Rolle in den Schatzgeschichten über Cocos. Hier fanden vier französische Studenten in den 60er Jahren eine Höhle voller Gold.

Rechts: August Gissler, ein Deutscher, der im Jahre 1891 nach Cocos Island zog. Obschon er im Besitz von speziellen Karten war, fand er nur ein paar Münzen und Artefakte.

Keatings Hinterlassenschaft ist, wie der weitere Verlauf der Geschichte beweist, kompliziert. Ich erwähnte bereits, daß Fitzgerald verschiedene Blätter mit Instruktionen erhalten hatte. Keatings Witwe verfügte über Richtungsangaben und eine Landkarte. Doch Fitzgerald behauptete, daß ihre Landkarte ohne die Hinweise, die einzig und allein er besäße, wertlos sei und es außerdem noch weitere Instruktionen gebe. Diese stammen nicht von Thompson, sondern sind Keatings eigene Notizen, die er wahrscheinlich während seiner zweiten Expedition anfertigte. Sie lautet folgendermaßen:

Bei zwei Kabellängen südlich der letzten Wasserstelle bei drei Punkten. Die Höhle ist die unter dem zweiten Punkt.

Christie, Ned und Anton haben es versucht, doch keiner von ihnen ist zurückgekehrt. Ned hat den Eingang bei seinem vierten Tauchversuch in einer Tiefe von 12 Faden entdeckt, kam jedoch von seinem fünften Versuch nicht mehr zurück.

Es gibt keine Kraken, aber Haie. Es muß von Westen aus ein Weg zur Höhle erschlossen werden. Ich glaube, daß es am Eingang zur Höhle einen Steinschlag gegeben hat.

Diese Notizen werden im Nautical and Traveller's Club (Klub der Nautiker und Reisenden) in Sydney unter der Nummer 18755 aufbewahrt, wo sie im Jahre 1927 von Kapitän Tony Mangel kopiert wurden. Mangel fuhr zweimal auf die Insel. Die erste Reise unternahm er noch im gleichen Jahr, in dem er die Dokumente zu Gesicht bekommen hatte. Im Jahre 1929 besuchte er Cocos erneut, diesmal jedoch allein. Er schrieb später: »Im Jahre 1929 kehrte ich nach Cocos Island zurück. Diesmal jedoch war ich gut ausgerüstet, mit Schaufeln, Spitzhacken und Dynamit. Vor allen hatte ich Thompsons Angaben zu Graden und Minuten sorgfältig studiert... Angaben, die nur ich allein besaß. Danach war ich mir meiner Sache sicher – diese Angaben waren falsch. Und gerade darin lag das Geheimnis!

Sie waren falsch, weil wir heute im 20. Jahrhundert über Sextanten und andere sehr genaue Instrumente verfügen, die die Kompaßmißweisung berücksichtigen. Thompson dagegen hatte

Wafer Bay, wo Gissler seine Siedlung gegründet hatte. Heute befindet sich dort die kleine Station von Parkwächtern aus Costa Rica.

seinen Schatz in den Jahren 1820 und 1823 vergraben; die Genauigkeit seiner Uhr entsprach nicht dem heutigen Standard, und sein Kompaß zeigte in eine genau fixierte magnetische Nordrichtung. Man mußte Thompsons Berechnungen von Anfang an nachvollziehen, alle seine Fehler wiederholen und sich dabei an nautische Tafeln für die Zeit zwischen 1820 und 1823 halten. Aufgrund dieser Korrekturen errechnete ich im Jahre 1929 die folgenden Koordinaten: »5° 30' 17'' nördlicher Breite und 87° 0'40'' westlicher Länge. Der Schatz konnte nicht weiter als 100 Yards von dieser Stelle versteckt sein.«

Diese Koordinaten führten ihn im Jahre 1929 an eine Stelle südlich der Bay of Hope, NNO von Meule Island (auch Rafael genannt), wo er auf eine Höhle stieß, die nur bei Ebbe kurz zugänglich war.

»An dieser Stelle und an diesem speziellen Tag war die Strömung sehr stark. Ich war mit meiner Jacht vor Anker gegangen und hatte mein Dinghi an einem Tau bis ganz ans hintere Ende der Höhle treiben lassen, wo sich eine Sandbank aus dem Wasser erhob. Im Halbdunkel begann ich, den Sand zu untersuchen. – Dann grub ich mit der

Schaufel weiter, denn ich hatte in ungefähr drei Fuß Tiefe einen Widerstand gespürt, der mich hoffen ließ, dort auf etwas zu stoßen.«

Tony Mangel hat den Schatz nicht gefunden, doch er kam ihm immerhin sehr nahe. Zwei Jahre später fand der Belgier Peter Bergmans, Mangels Angaben folgend, in der Bay of Hope eine 60 cm große Madonna aus Gold, die er anschließend in New York für $ 11 000 verkaufte. Bergmans behauptet, in einer anderen als der von Mangel untersuchten Höhle Kisten voller Gold und ein menschliches Skelett gefunden zu haben. Diese Geschichte verliert an Glaubwürdigkeit, wenn man erfährt, daß er diesen Schatz unberührt ließ und, wie der Matrose Bob Flower, niemals wieder an diesen Ort zurückfand.

Der Belgier Peter Bergmans, der in der Bay of Hope im Jahre 1931 eine 60 cm große Madonna aus Gold entdeckte, war einer der schillerndsten und ungewöhnlichsten Schatzsucher auf Cocos. Bergman behauptete ebenfalls, von einem Schatz auf dem Festland zu wissen, war jedoch nicht in der Lage bzw. nicht bereit, eine Gruppe, für die er als Führer fungierte, zu dem Schatz zurückzuführen.

Im 20. Jahrhundert kamen viele Touristen und Schatzsucher auf die Insel. Sir Malcolm Campbell lief Cocos im Jahre 1926 mit seiner Yacht an und verbrachte zusammen mit Freunden mehrere Tage damit, einigen Hinweisen nachzugehen, die ursprünglich von Fitzgerald stammten und über Commodore Curzon-Howes Sohn an ihn gelangt waren. »Die Hitze war schrecklich, und wir wurden von Insekten geplagt. Unsere Gesichter und Nacken waren mit Insektenstichen und Kratzern übersät. Der Schweiß lief in Strömen an uns herab, bis uns die Khaki-Shorts und Hemden am Körper klebten, als hätten wir gerade einen Fluß durchquert.« Er fand nichts außer einem Spaten und einem alten Takelbolzen.

Franklin D. Roosevelt gehörte ebenfalls zu den vielen interessierten Besuchern, die für kurze Zeit auf Cocos nach dem Schatz suchten, ihn aber nicht fanden. Angeblich wurden auch einige Funde gemacht. Im Jahre 1932 soll ein Colonel Leckie auf einen »Goldschatz« gestoßen sein, was jedoch ebenso unwahrscheinlich ist wie die »Entdeckung« von 123 Gold- und Silbermünzen durch einen Kapitän Bellamy. Im Jahre 1948 fand ein Amerikaner namens Forbes, Nachkomme des Mannes, der von sich behauptete, Thompsons Erster Offizier gewesen zu sein, an dem in die Chamtham Bay fließenden Bach im Sand ein Stück von einer herrlichen Goldkette. Forbes behauptet, daß es an der Mündung dieses Baches ein bei Flut unter Wasser liegendes Versteck gebe.

Erfolg

Die einzigen in letzter Zeit wirklich erfolgreichen Besucher der Insel waren der französische Student Jacques Boucaud und seine drei Freunde, die im Jahre 1966 nach Cocos kamen. Boucaud hatte in einer Zeitschrift einen Artikel über den Schatz gelesen, verfaßt von einem kanadischen Schatzsucher, dem es nicht gelungen war, von den Behörden in Costa Rica die Erlaubnis für einen längeren Aufenthalt auf der Insel zu erhalten, so daß ihm eine gründliche Suche nicht möglich gewesen war. Nach zweijährigen Vorbereitungen und intensiven Recherchen beschlossen Boucaud und sein Team daher, ihre Suche illegal durchzuführen. Sie hatten aus den Fehlern anderer gelernt und fuhren daher gewappnet gegen die dort herrschenden Klimaverhältnisse und ausgerüstet mit speziellen mechanischen und elektronischen Geräten auf die Insel. Ihre Expedition war ein Muster an Effizienz und Selbständigkeit, ganz im Gegensatz zu den vielen dillettantischen Versuchen in den 30er Jahren. Sie kamen zu dem Schluß, daß für jeden der beiden Schätze drei mögliche Verstecke in Frage kamen. Nachdem sie sich gründlich umgeschaut und in einer geeigneten Höhle in der Nähe eines Wasserfalls ihre Ausrüstung deponiert hatten, begannen sie, die möglichen Stellen der Reihe nach zu untersuchen. Dabei folgten sie Fitzgeralds Hinweisen zu den Schätzen von Lima. Vom nordöstlichsten Teil der Insel, so besagen sie...

Folgen Sie der Küstenlinie der Bucht, bis Sie auf einen Bach stoßen. Von dort gehen Sie bei hochstehendem Wasser auf das Bett eines Flusses zu, der ins Innere der Insel fließt. Machen Sie nun siebzig Schritte, West zu Süd, und Sie werden gegen den Horizont einen Einschnitt in den Bergen sehen. Von keiner anderen Stelle aus ist dieser Einschnitt zu erkennen. Drehen Sie sich nach Norden und gehen Sie auf einen Felsen zu. Sie werden ein Loch sehen, das groß genug ist, um Ihren Daumen durchzustecken. Stoßen Sie eine Eisenstange hinein und drehen Sie sie in dem Hohlraum hin und her, und Sie werden dahinter eine Tür entdecken, die Sie zu dem Schatz führt.

Ein anderer Bericht stimmt damit überein:

Wir ankerten in der Bucht und gingen an einem sandigen Strand an Land, wo ein kleiner Fluß heraustrat. Hinter dem Strand erstreckt sich eine ca. 2 Morgen große Ebene. Wir folgten dem Flußlauf und wählten, nahe seinem Ursprung am Fuße eines Berges, auf einem flachen Stück Land, eine Stelle aus, wo wir den Schatz vergruben.

Die Franzosen kamen zu dem Schluß, daß es sich bei der Bucht um die Chatham Bay handeln müsse. Sie fanden den Einschnitt in den Bergen und, obwohl der steile Felsen von üppiger Vegetation überwuchert war, auch das Versteck in der Felswand. Mit einer Eisenstange brachen sie die Steinplatte auf und fanden sich in der leeren Höhle wieder, in der sie schon seit Tagen kampierten. Vielleicht hatte schon damals einer der Piraten oder Schatzsucher, die auf der Insel ausgesetzt worden waren, mehr Erfolg, als er zugeben wollte. Die Studenten forschten weiter nach Höhlen. Am vierten Tag fand René eine neue Höhle an einem Berghang, der nach ihrer Karte in 50 Yards Entfernung von Cabo Atrevida auf der Ostseite der Insel lag. In dieser Höhle lagen zwei menschliche Skelette. Das eine, das mit dem Rücken zur Wand lag, umklammerte noch immer den Stiel einer Axt. Das andere bestand nur noch aus einem Haufen Knochen und einem Schädel, der ein großes Loch aufwies. An beiden Schädeln fanden sich noch Spuren von Haaren. Außer dieser grausigen Szenerie entdeckten die Franzosen zwei Spitzhacken, zwei Brecheisen, eine Öllampe, mehrere Töpfe und Kessel, einen Stapel sorgfältig gefalteter Jutesäcke und einige unverschlossene Holzkisten. Zwei Macheten und zwei Musketen lagen quer über den Säcken. Den Abschluß der Höhle bildete eine glatte steile Wand.

Charles, der Medizinstudent in der Gruppe, untersuchte die beiden Skelette. Offensichtlich hatten sich die Männer gegenseitig umgebracht. Der gespaltene Schädel des einen schien durch einen Axthieb verursacht. Zum Zeitpunkt seines Todes war der Mann schätzungsweise zwischen zwanzig und dreißig Jahre alt. Er trug ein mit Perlmutt besetztes Goldkreuz, eine Taschenuhr an einer schweren Goldkette, einen starken Ledergürtel mit einer silbernen Schnalle und einen goldenen Ring mit der Gravierung »A.R.15.3.41.« Auf seiner Lederscheide waren die Initialen GLML angebracht. Das andere Skelett (ein Mann, der zum Zeitpunkt seines Todes vermutlich 30 Jahre zählte) war ähnlich, jedoch weniger prächtig, gekleidet, und zwischen seinen Rippen wurde ein Messer gefunden.

In die Deckel aller Seekisten waren die Initialen GM oder WS eingebrannt. In der ersten Kiste fanden sich Kleidungsstücke, eine im Jahre 1840 in Boston gedruckte englische Bibel, ein in Leder gebundener dritter Band von George Vancouvers A Voyage of Discoveries to the North Pacific

Ocean and Around the Globe, London 1798. Auf dem Vorsatzblatt standen die Worte »Eigentum von Gerald McIntosh«. Darunter lagen Rolltabak, ein Kompaß, eine kleine hölzerne Nähschachtel und ein Quadrant, ein in Leder gewickelter Revolver und ein Lederbeutel. Der Beutel enthielt fast 1000 spanische Goldmünzen und, unter einem Hemd verborgen, fünfzehn lange Goldbarren, die jeweils etwa ein halbes Pfund wogen.

In der zweiten Kiste lagen ebenfalls persönliche Gegenstände, nochmals 1000 Goldstücke in einem ähnlichen Beutel, weitere fünfzehn Rohgoldbarren und ein Artikel, ausgeschnitten aus einer Tageszeitung von Maryland. Letzterer könnte einen Hinweis auf die Identität von WS enthalten. Darin wird eine Belohnung in Höhe von $ 50 für die Gefangennahme des entlaufenen Negersklaven William ausgesetzt. Unter anderem wurde auch ein Brett gefunden, auf das jemand mit großer Sorgfalt die Worte »The Bird is« (Der Vogel ist) geschrieben hatte.

Die Studenten schmuggelten ihr Gold in Rucksäcke eingenäht und in Pressluft-Flaschen verborgen nach Frankreich zurück. Wir werden niemals mit Sicherheit wissen, ob die beiden Skelette von Männern stammten, die einen Schatz gefunden hatten, oder von Männern, die einen Schatz verstecken wollten. Die im Jahre 1840 gedruckte Bibel und der Revolver beweisen eindeutig, daß sie in keinerlei Beziehung zu den Flüchtlingen aus Lima standen. Doch selbst wenn sie Teile von dem Schatz des aus Lima stammenden Schiffes gefunden hätten, möglicherweise in der von den Studenten zuerst entdeckten Höhle, so verblieben auf Cocos noch genügend Reichtümer, nach denen es sich weiterzusuchen lohnt. Zu den Unterlagen, die Fitzgerald an Curzon-Howe weitergegeben hatte, gehörte die folgende Inventarliste:

Wir vergruben in einer Tiefe von vier Fuß in roter Erde
1 Kiste: goldene Altartücher und Baldachine, Monstranzen, Kelche, zusammen 1244 Steine.
1 Kiste: 2 goldene Reliquienschreine von 120 Pfund Gewicht, geschmückt mit 624 Topasen, Karneolen und Smaragden, 12 Diamanten.
1 Kiste: 3 aus Metall gegossene Reliquienschreine mit einem Gewicht von 160 Pfund, bestückt mit 860 Rubinen und verschiedenen Steinen, 19 Diamanten.
1 Kiste: 4000 spanische Dublonen markiert mit dem Zeichen 8, 5000 mexikanische Kronen, 124 Schwerter, 64 Dolche, 120 Schultergürtel, 28 kleine Rundschilde.
1 Kiste: 8 Schatullen aus Zedernholz und Silber, gefüllt mit 3840 geschliffenen Steinen, Ringen, Hostientellern und 4265 Steinen.

28 Fuß in nordöstlicher Richtung in einer Tiefe von acht Fuß in gelbem Sand:
7 Kisten mit 22 goldenen und silbernen Kandelabern mit einem Gewicht von 250 Pfund und 164 Rubinen.

12 Armlängen in westlicher Richtung in einer Tiefe von zehn Fuß in roter Erde:
Die sieben Fuß hohe, aus Gold gearbeitete Jungfrau mit dem Jesuskind, zusammen mit ihrer Krone und ihrem Brustschmuck 780 Pfund wiegend, eingewickelt in ihren goldenen Mantel, der mit 1684 Juwelen besetzt ist. Drei 4 Zoll-Smaragde befinden sich auf dem Brustschmuck, und sechs 6 Zoll große Topase auf der Krone. Die sieben Kreuze bestehen aus Diamanten.

WEITERE SCHRITTE

Auf gut Glück herumzusuchen hat auf Cocos keinen Sinn. Jedoch läßt sich aus den zahlreichen Geschichten entnehmen, daß ein gründliches und detailliertes Studium der relevanten Texte und Umstände zu Erfolgen führen kann. Unsere wichtigste Quelle ist Keating, und durch ihn Fitzgerald (auch wenn die Familie Forbes aus San Francisco behauptet, über Informationen zu verfügen, welche angeblich von Thompsons Erstem Offizier stammen, und Frank Nolan, ein Fernmeldetechniker aus Edinburgh seinerseits glaubt, von Thompsons heute in Schottland lebenden Nachkommen neue Hinweise erhalten zu haben). Am besten wäre es, sich bei Recherchen und Zusammenstellung von Information möglichst auf zeitgenössische Quellen zu stützen. Der vollständige Bericht über Boucauds Suche ist in »Da liegt Gold« von J. Piekalkiewicz enthalten. Die recht verzwickte Geschichte der Familie Forbes und einiges mehr, darunter auch die verwirrende

Rolle des umstrittenen Bergmans sind in »The Lost Treasure of Cocos Island« von R. Hancock und J. A. Weston nachzulesen. Die Lektüre dieses Werkes empfiehlt sich. Leider sind Informationen über den Schatz meist verstreut und müssen mühsam zusammengetragen werden.

Die vielversprechendste Stelle liegt in der Bay of Hope. Vor allem wird die Regierung von Costa Rica eher geneigt sein, einer Suche an dieser Stelle zuzustimmen. Sie befürchtet, daß sich Expeditionen ins Innere der Insel (die heute ein Nationalpark ist) negativ auf die Ökologie von Cocos auswirken könnten, und sähe die Suche gerne auf Aktionen an der Küste begrenzt, die von in der Bucht ankernden Schiffen aus geleitet werden könnten. Überdies sind an dieser Stelle die Voraussetzungen für eine Suche günstiger als im ungastlichen Inneren der Insel. Vor allem jedoch beweisen die Erfahrungen von Tony Mangel und Peter Bergmans, daß in diesem Gebiet tatsächlich ein Schatz existiert, von dem ein Teil eher durch gezielte Suche als durch Zufall gefunden wurde.

Darüberhinaus zeigt ein Studium der heutigen Karte, daß zumindest zwei der Instruktionen, die zum Schatz der *Mary Dear* führen sollen, auf dieses Gebiet hinweisen. Die erste, die von Thompson selbst stammt, weist den Schatzsucher an, in der Bay of Hope in einer Wassertiefe von fünf Faden (auf der heutigen Karte steht dort zehn Meter) vor Anker zu gehen, 350 Schritte stromaufwärts zu gehen und dann 850 Yards in nordöstlicher Richtung vorzudringen. Seine Hinweise auf die untergehende Sonne, die »die Silhouette eines Adlers mit ausgebreiteten Schwingen zeichnet«, werden an Ort und Stelle wahrscheinlich verständlich. Was auch immer das Schattenspiel der im Nordwesten des Cerro Iglesias untergehenden Sonne (was sie im Winter tut) und der sorgfältig plazierten Pfähle bedeuten mögen, eines ist sicher: Die Instruktionen führen uns an eine Stelle, etwa 1,5 Kilometer landeinwärts von der Nordseite der Bay of Hope, genau nördlich von drei auf der Karte angegebenen Punkten. Diese Punkte passen sehr gut zu Keatings eigenen Notizen, die folgendermaßen beginnen: »Zwei Kabellängen südlich der letzten Wasserstelle bei drei Punkten. Die Höhle ist die unter dem zweiten Punkt.« Zwei Kabellängen entsprechen 405 Yards, und genau an dieser Entfernung südlich des letzten der drei Flüsse, die über die Klippen ins Meer stürzen, finden wir den zweiten der drei Punkte. Keatings Notizen besagen außerdem: »Es muß von Westen aus ein Weg zur Höhle erschlossen werden.«

FAST CASTLE, EYEMOUTH, BORDERS (SCHOTTLAND)

Verschollene Schätze der Armada

Als die Armada im Jahre 1588 nordwärts in Richtung Britannien segelte, reiste Oberst Sempill, der Spezialagent von König Philip von Spanien, von Edinburgh an die Küste, nahm ein Boot zur Mündung des Forth und traf dort auf eine spanische Pinasse, die vor Anker lag. Bei seiner Rückkehr wurde er festgenommen und speziell nach belastenden Dokumenten oder spanischen Münzen durchsucht. Es wurde nichts gefunden, doch galt er damals – wie auch heute noch – als der spanische Zahlmeister in Schottland.

Die spanische Strategie setzte hauptsächlich auf die weit verbreitete Unzufriedenheit in Britannien, und zwar besonders unter den der Verfolgung ausgesetzten, aber immer noch mächtigen renitenten Katholiken. Ohne Unterstützung würden die spanischen Truppen zusammen mit denen des Herzogs von Parma vielleicht bis London vordringen können, wären jedoch niemals in der Lage, die Stellung zu halten. Aus diesem Grund erweisen sich die zerschollenen Kriegsschiffe der Armada, die vor der britischen und irischen Küste versunken sind, als derartig reiche Fundstätten. Wenn ihre Initiative erfolgreich sein sollte, benötigten die Spanier große Mengen an Geld, um die Briten zu beschwichtigen und sich selbst den Weg zu ebnen.

Als »Gott den Wind aufkommen ließ und sie verstreut wurden«, steuerten die Kapitäne ihre Schiffe in Richtung der katholischen Zentren in Schottland und Irland, wo sie willkommen zu sein hofften. Allerdings legte sich der Wind nicht, und an die vierzig Schiffe gingen verloren. Nach der Versenkung von zwanzig Schiffen bei Fair Isles rettete sich ein einziges Schiff unter Admiral Gomez de Medina bei Anstruther an der Ostküste Schottlands an Land.

Zwanzig Meilen nördlich von Berwick-upon-Tweed, an der Ostküste Schottlands, stehen auf einem zerklüfteten und einsamen Felsen die Ruinen eines alten Schlosses. Fast Castle, nun schon seit Jahrhunderten eine Ruine, war einst eine gewaltige Festung.

Robert Logan von Restalrig

Sechs Jahre nach dem Einfall der Armada entwickelte Robert Logan von Restalrig, der Herr von Fast Castle, ein manisches Interesse an verborgenen Schätzen. Logan war ein wohlhabender Landbesitzer. Eines seiner Güter erstreckte sich östlich von Holyrood House in Edinburgh bis zum Küstenhafen Leith und schloß auch Holyrood Park mit ein. Er besaß außerdem eine Mühle bei Anstruther, von Fast aus nicht sehr weit die Küste hinauf.

Nach einem Dokument, das sich noch immer unter den Papieren der Familie Napier befindet, machte Logan im Jahre 1594 ein außergewöhnliches Geschäft mit John Napier von Merchistoun. Napier, ein außergewöhnlich talentierter Mann, ist hauptsächlich für seine Arbeit auf dem Gebiet der Logarithmen bekannt. Zu seiner Zeit genoß er auch hohes Ansehen als Magier. Sein hoher Turm

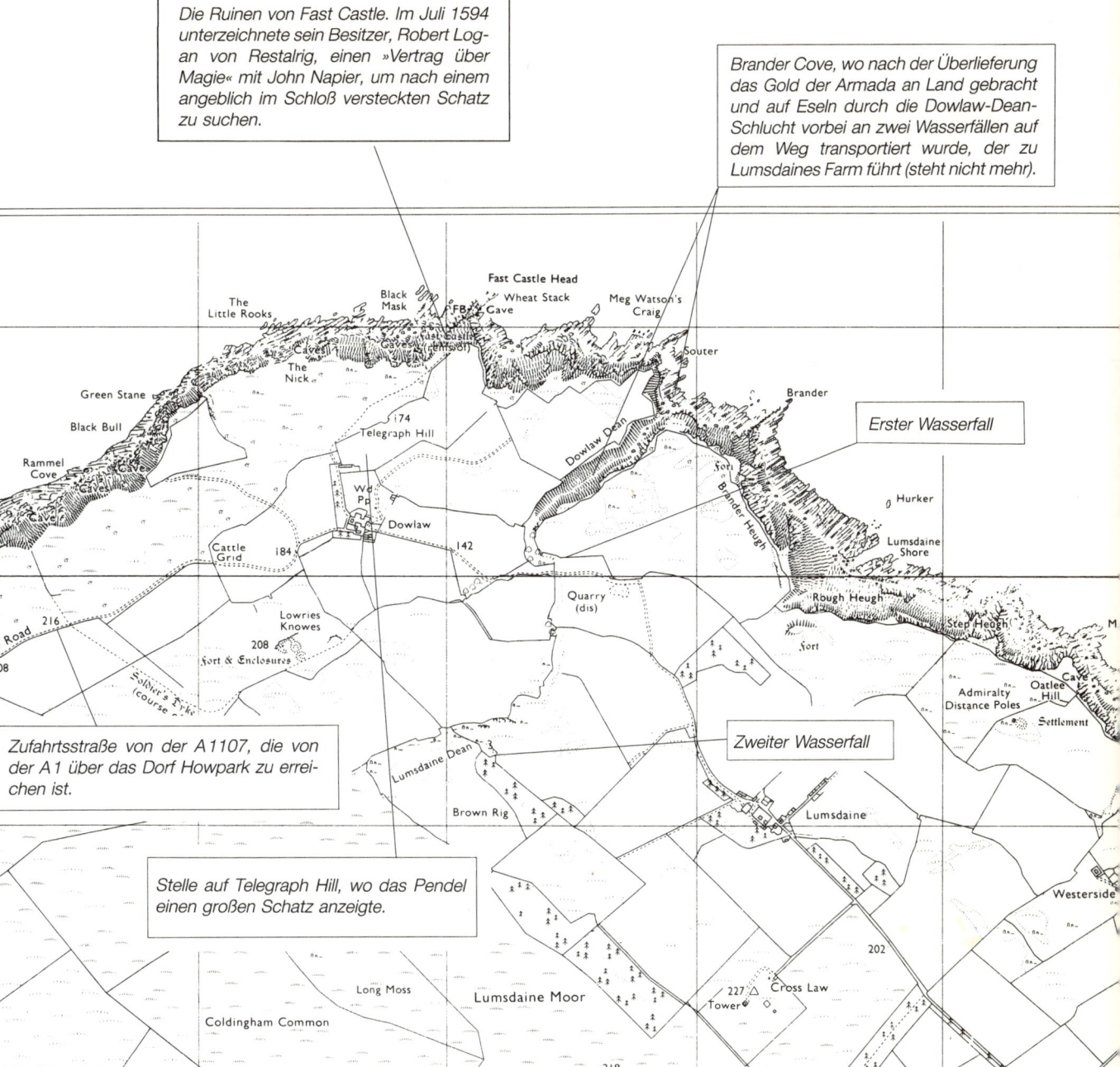

Die Ruinen von Fast Castle. Im Juli 1594 unterzeichnete sein Besitzer, Robert Logan von Restalrig, einen »Vertrag über Magie« mit John Napier, um nach einem angeblich im Schloß versteckten Schatz zu suchen.

Brander Cove, wo nach der Überlieferung das Gold der Armada an Land gebracht und auf Eseln durch die Dowlaw-Dean-Schlucht vorbei an zwei Wasserfällen auf dem Weg transportiert wurde, der zu Lumsdaines Farm führt (steht nicht mehr).

Erster Wasserfall

Zufahrtsstraße von der A1107, die von der A1 über das Dorf Howpark zu erreichen ist.

Zweiter Wasserfall

Stelle auf Telegraph Hill, wo das Pendel einen großen Schatz anzeigte.

Karte von der Küste Südost-Schottlands um Fast Castle, ungefähr 20 Meilen nördlich von Berwick-upon-Tweed, reproduziert von der amtlichen topographischen Karte (Blatt NT 86/96). Copyright der Krone. Maßstab 1:25000.

südlich von Edinburgh war als Turm des Astrologen bekannt.

Ihre Abmachung beinhaltete die Suche nach einem verborgenen Schatz, der irgendwo auf dem Areal von Fast Castle versteckt liegen sollte. Falls der Schatz gefunden würde, sollte Napier ein Drittel davon erhalten. Dies ist ein Hinweis auf den großen Wert, den Logan Napiers »Geschick« und »Genialität« beimaß. Das Dokument wurde in einem frühen Register als »Vertrag über Magie« eingetragen, was uns eine gewisse Vorstellung von Logans Erwartungen in dieser abergläubischen Zeit vermittelt. Pendeln war angeblich ebenfalls eines von Napiers vielen Talenten.

Es ist ziemlich sicher, daß ihre Bemühungen scheiterten. Ein amüsanter Beweis für den Groll, der aufgrund dieses Fehlschlags entstand, findet sich in einem Vertrag aus dem Jahre 1596. Napier, der Land an einen Pächter vergab, setzte in seinen Vertragsbedingungen fest, daß der Pächter unter keinen Umständen sein Land jemals an eine Person mit dem Namen Logan weiterverpachten dürfe.

Dies scheint nicht der erste Versuch Logans gewesen zu sein, ein derartiges Geschäft abzuwickeln. Offenbar hatte er sich im Jahre 1593 auf einen ähnlichen Handel mit dem Earl von Bothwell, dem seine Zeitgenossen ebenfalls magische Fähigkeiten zuschrieben, eingelassen. Der Kronrat des Königs prangerte Logan später wegen seiner heimlichen Geschäfte mit Bothwell an, und Logan hat offiziell zugegeben, daß Bothwell bei ihm gewesen sei.

Anfang des 17. Jahrhunderts unternahm Logan nochmals einen Versuch, diesmal mit Lord Gowrie. Sie wollten sich gemeinsam auf die Suche nach dem Schatz im Schloß machen. Gowrie sollte den Löwenanteil des gefundenen Vermögens erhalten, Während Logan im Austausch dafür Besitzer von Gowries Schloß Dirleton in der Nähe von North Berwick werden sollte. Die Suche sollte unter strengster Geheimhaltung durchgeführt werden.

Die Geschichte nimmt nun eine erstaunliche Wendung. Am Vorabend von Gowries geplanter Abreise nach Fast ergriff sein älterer Bruder, der Master von Ruthven, auf dem Gelände seines

Jakob VI. von Schottland, der spätere Jakob I. von England. Im Jahre 1600 wurde er in das Haus von Lord Ruthven in Perth eingeladen. Seine Männer, die fürchteten, daß sich dahinter ein Mordkomplott gegen den König verberge, töteten Ruthven und seinen Bruder Gowrie.

Hauses in Perth, einen unbekannten Mann. Den Berichten nach handelte es sich um »einen ihm unbekannten Mann niederen Standes, der sein Gesicht mit einem Tuch verhüllt hatte.« Nachdem Ruthven den Mann festgenommen hatte, entdeckte er unter dessen Arm »einen großen Krug, voll von großen Goldmünzen.« Angeblich waren die Münzen von ausländischer Prägung. Ruthven nahm den Fremden in Gewahrsam und ritt sofort los, um seinen König Jakob VI., den späteren König Jakob I. von England, zu suchen.

Die Gowrie-Verschwörung

Der König erfuhr von dieser Geschichte am folgenden Tag, nachdem Ruthven und sein Bruder bereits tot waren. Die Ereignisse dieser Nacht werden allgemein als die Gowrie-Verschwörung bezeichnet, da weithin die Meinung vertreten wird, daß die Brüder Jakob mit der Geschichte über den angeblichen Reichtum in ihr Haus locken wollten mit der Absicht, ihn zu entführen oder ihn zu ermorden. Die Gowries hatten bereits zweimal zuvor ein Komplott geschmiedet, um den König zu entführen.

In Verbindung mit unserem Wissen von Gowries Kontakt zu Logan und dem außergewöhnlichen Zufall, daß einerseits der König zu einem Schatz gerufen wurde und andererseits Gowrie sich auf die Suche nach einem anderen machte, ist es jedoch möglich, eine andere Hypothese aufzustellen.

Als Ruthven, wahrscheinlich mit gewissen Hintergedanken, zum König ritt, wußte Gowrie nichts von der Festnahme des Fremden oder den Goldmünzen, die er bei sich hatte. Ob Ruthven über den Handel seines Bruders mit Logan Bescheid wußte, ist nicht bekannt. Es ist jedoch in Anbetracht dieses Zufalls anzunehmen, daß der Fremde von Logan nach Perth geschickt worden war, um sich mit Gowrie zu treffen und, vielleicht auch, um ihm einen Beweis für die Existenz von spanischen Gold in Fast zu überbringen.

Ruthven nahm diesen Mann fest, sah das Gold

Fast Castle birgt möglicherweise das Geheimnis um das spanische Gold, das im Gefolge der spanischen Armada an Land gebracht wurde. Bereits im Jahre 1594 versuchte Robert Logan, der Besitzer von Fast Castle, einen Schatz ausfindig zu machen. Dieses Photo zeigt ein Erforschung der Stätte in letzter Zeit.

und zog sofort seine Schlüsse. Entweder hatte er die wahre Geschichte über den Schatz von Fast Castle in Erfahrung gebracht und beabsichtigte, dieses Wissen nun zu seinen Gunsten für einen Handel mit dem König zu nutzen, oder er vermutete, daß sein Bruder an einem Verrat beteiligt sei, und beabsichtigte, ihn zu entlarven. Vielleicht wollte er aber auch nur dem König einen ausländischen Schatz überbringen, um damit seine Gunst zu erlangen. Auf jeden Fall griff er in Gowries Pläne ein.

Als nun Ruthven mit dem König zurückkam und Gowrie bewußt wurde, daß alle seine Träume vom großen Reichtum zerschlagen waren, hat möglicherweise er seinen Dolch gezogen, um zu verhindern, daß die bisher noch unentdeckte Quelle des Reichtums bekannt würde. Doch der Kampf begann, jemand zog seinen Dolch, und die Getreuen des Königs, von ihrem um sein Leben besorgten Herrn vermutlich vor einem Mordkomplott gewarnt, fielen über die beiden Gowries her und erstachen sie.

Der Fremde verschwand. Logan, ernüchtert und nach einem solchen Vorfall vermutlich eingeschüchtert, verfiel in Schweigen. Nie wieder hörte man von einer Suche nach Gold in Fast.

Spuren von Magie

Diese Geschichte erweckte erst wieder im Jahre 1969 Interesse, als die Stätte sowohl von Land wie auch von See aus erforscht wurde. Die bedeutendsten Entdeckungen wurden im Boden des Hinterhofs gemacht – einige Münzen mit den Konterfeis Elizabeth I. und Jakob I., eine 38 Pfund schwere Kanonenkugel, eine kuriose Sammlung aus Tierknochen, menschliche Beinknochen und einen Totenschädel. Einige Anwohner behaupten, daß der Totenschädel ein Beweis für Magie sei.

Eine andere Meinung, die nichts mit der Gowrie-Verschwörung gemein hat, geht dahin, daß es sich bei dem Schatz, den Logan suchte, nicht um das spanische Gold handelte, sondern um die Silbertruhe und die Schatullenbriefe von Maria Stuart, Königin von Schottland. Man weiß, daß

sich diese Gegenstände im Jahre 1584 in Besitz eines früheren Lord Gowrie befanden. Nachdem dieser Lord kurz danach wegen Verschwörung hingerichtet wurde, erhielten die Bewohner von Fast Castle eine Frist von sechs Stunden, binnen derer sie das Schloß zu räumen hatten. Dies wurde wahrscheinlich veranlaßt, um eine Suche durchführen zu können. Nach den Briefen wurde um 1580 fieberhaft gesucht. Elizabeth I. setzte für die Auffindung Belohnungen aus und Maria Stuart, Königin von Schottland, schwor jedem Rache, der sie irgendjemanden außer der Krone übergeben würde. Man vermutet, daß der Inhalt dieser Briefe den Anspruch Jakob I. auf den Thron in Frage hätte stellen können.

WEITERE SCHRITTE

Es existieren mehrere Versionen in bezug auf Fast Castle, die weitere Nachforschungen verdienen. Zum Beispiel wird angenommen, daß es irgendwo im Schloß eine verborgene Treppe gibt. Mr. Lumsdaine aus Wales, dessen Familie auf benachbartem Land lebte, behauptet, daß das Gold bei Brander Cove, eine oder zwei Meilen östlich von Fast, an Land gebracht wurde und anschließend auf Eseln weitertransportiert wurde. Der Weg verlief entlang des Dowlaw Burns, führte an zwei Wasserfällen vorbei auf einen Feldweg, der zur Lumsdaine Farm (die nicht mehr steht) weiterführte. An der Küste liegen mehrere Schmugglerverstecke.

Dokumentarmaterial könnte Aufschluß darüber geben, ob der Besitzer von Fast Castle zur Zeit der Armadainvasion den Schatz in seinem Schloß verstecken konnte oder ob David Graham von Fintry, der Untergrundführer, von dem einige behaupten, er hätte die spanischen Gelder versteckt, dazu gezwungen war, den Schatz an einem nahegelegenen Ort zu verstecken. Es ist anzunehmen, daß die Zeit nicht ausreichte, um das Vermögen an Geld zu vergraben, und alles weist darauf hin, daß es sich bei dem Schatz um Gold und Silber handelte.

GUADALUPE DE TAYOPA, SONORA (MEXIKO)
Die verlorenen Silberminen der Jesuiten

Vier Glocken, die größte 28 Arrobas und 17 Pfund wiegend, (insgesamt 727 Pfund) mit der Inschrift TAYOPA. Eine Glocke mit der Inschrift REMEDIOS. Gewicht 11 Arrobas und 10 Pfund.

Eine kleine Glocke mit der Inschrift PIEDAD. Gewicht 5 Arrobas. Diese Glocken wurden im Jahre 1603 von Seiner Eminenz Vater Ignacio Maria de Retana gegossen.

Ein Altarkreuz aus gehämmerten Silber aus der Tayopa-Mine, Gewicht 1 Arroba und 15 Pfund, mit einem darauf befestigten Kruzifix aus gehämmerten Gold aus der Goldmine in Paramo.

Ein Paar Prozessionskerzenhalter und sechs gehämmerte Silberbarren, 4 Arrobas und 13 Pfund wiegend, aus der Santo-Niño-Mine.

Vier vergoldete und versilberte Weihrauchkessel, 1 Arroba und 3 Pfund wiegend, aus der Christo-Mine.

In einer aus Stein gehauenen Schatulle werden Juwelen aufbewahrt. Die Schatulle ist im Keller unter einem aus Stein und Lehm gebauten Raum vergraben, Zwischen der Kirche und der Seite des Klosters und des Obstgartens.

Eine große Truhe mit Silberbeschlägen, ein Arroba wiegend, aus der Santo-Niño-Mine, mit Goldstaub aus der Goldmine El Paramo, und vier fein gefaßte Steine von der Remedios-Mine.

Zwei Silberkandelaber aus der Mine Jesus Maria Y Jose und zwölf Becher aus massivem Gold.

Sechs Teller aus Gold aus der Christo-Mine und der Purisima-Mine, und zwei große Kommunionteller aus Gold aus der Goldmine in El Paramo.

Ein Schrein mit vier Säulen aus gehämmerten Silber, 4 Arrobas wiegend, aus der Mine Senor de la Buena Muerto.

Fünfundsechzig Cargas (Lasten) Silber, verpackt in Beuteln aus Kuhhaut, mit einem Gewicht von je 8 Arrobas und 12 Pfund.

Elf Cargas Gold aus vier Minen und der Mine El Paramo, jeweils in Tuch und Kuhhaut gewickelt, mit einem Gesamtgewicht von 99 Arrobas (2512 Pfund).

Außerdem 183 Arrobas Castilla-Erz und 65 Arrobas erstklassiges Castilla-Erz aus El Paramo, mit einem Gehalt von 22 Karat, sauber und ohne Quecksilber.

Unserem Generalvikar zur Kenntnis habe ich dies niedergeschrieben, um unseren Vater Superior zu informieren.

Diese Inventarliste, die von einem Jesuiten niedergeschrieben und am 17. Februar 1646 gesiegelt wurde, wurde von Henry O. Flipper, dem Rechtsexperten, Landvermesser und Fachmann für Minen und Minenwesen im Jahre 1911 entdeckt. Sie stimmt fast genau mit einer anderen, ebenfalls aus dieser Zeit stammenden Liste überein, die sich im Besitz des Pfarrers von Guadalupe de Santa Ana, eines winzigen Dorfes in Sonora, Mexiko, befand und im Jahre 1927 ans Tageslicht kam. Beide Listen beginnen folgendermaßen:

Eine wahre und eindeutige Beschreibung des Bergwerks Real zu unserer Herrin von Guadalupe von Tayopa, angefertigt im Januar des Jahres 1646 von Seiner Eminenz, Vater Abt, Rancisco Villegas Garsina y Orosco, königlicher Generalvikar des königlichen und verdienten Jesuitenordens von Sankt Ignacio von Tayopa und Mitglied der großen Fakultät der Provinz Sonora und Biscalla, den Gott uns viele Jahre erhalten möge.

In beiden Listen wird die Anzahl der Minen bei Guadalupe de Tayopa bzw. in dessen Umgebung mit 17 angegeben.

Viele Jahre vor der Entdeckung dieser Dokumente kursierten Gerüchte über ein Real de minas

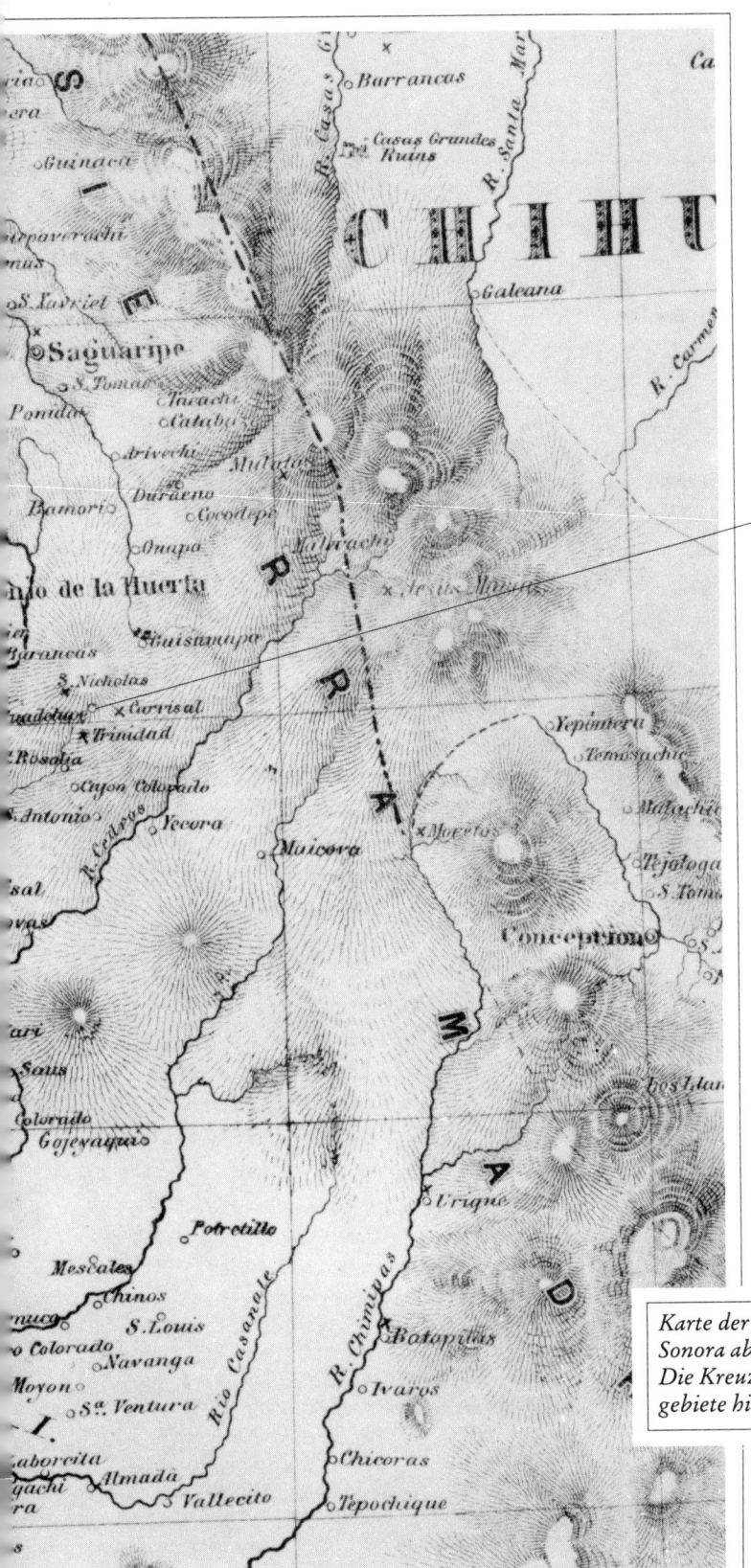

Weder Guadalupe de Tayopa noch Guadalupe de Santa Ana erscheinen auf heutigen Landkarten, doch diese Bergwergs-
karte aus der Mitte des 19. Jahrhunderts
zeigt ein Dorf namens »Guadelupe« an
einer Stelle, wo ein Dorf dieses Namens
seither nicht mehr festgestellt wurde;
ganz in der Nähe der Stelle vermutete
man Tayopa oder Santa Ana.

Karte der Gadsden Purchase, auf der Teile von
Sonora abgebildet sind, angefertig im Jahre 1858.
Die Kreuze weisen auf die bedeutenden Bergwerks-
gebiete hin. Maßstab ungefähr 1 : 1 000 000.

89

– eine Gruppe von Minen – an einem Ort, der nur als Tayopa bekannt war. Nun wurde erstmals der volle Name bekannt.

Nun wäre eigentlich, so möchte man meinen, nur noch eine Sache zu tun gewesen – Guadalupe de Tayopa zu lokalisieren und nach dem Schatz in den Kirchengewölben und den Minen in den Bergen zu suchen.

Die Minen der Jesuiten

Auf den ersten Blick mag es eigenartig erscheinen, daß ein »real de minas« von solch legendärer Ergiebigkeit einfach aus der Geschichtsbeschreibung bzw. von der Landkarte verschwunden sein soll. Man darf jedoch nicht vergessen, daß, obwohl viele Minen im Besitz der Jesuiten waren, es das spanische Gesetz Priestern verbot, Minen zu besitzen oder zu betreiben. Dieses Gesetz wurde

Henry O. Flipper suchte am eifrigsten nach Tayopa und reiste sogar nach Spanien, um zu weiteren Hinweisen zu gelangen.

erstmals im Jahre 1592 verabschiedet und im Jahre 1621 angesichts der groben Übertretungen durch die Jesuiten erneuert. Im Jahre 1703 wurde ein königliches Dekret erlassen, in dem diejenigen, die fortwährend gegen dieses Gesetz verstießen, gerügt wurden.

Es lag daher in Interesse der Jesuiten, ihre Minen geheimzuhalten – nicht zuletzt deswegen, weil sie es vermeiden wollten, wie bei Plazuela das königliche Fünftel an ihren König zu entrichten.

Die ersten mexikanischen Funde scheinen um 1600 gemacht worden sein, als eine reiche Silberader in Chihuahua entdeckt wurde. Irgendwann, laut unserer Inventarliste um das Jahr 1603, wurden die heute unter dem Sammelnamen Tayopa geführten Minen in Sonora, der westlichsten Provinz von Nordmexiko, entdeckt, das schnell als eine der ergiebigsten Bergwerksregionen der Welt berühmt wurde. Zacatecas, Aguascalientes, San Luis Potosi, Guanajuato, San Miguel de Allende und Queretaro, heute als architektonische Meisterstücke für jeden Touristen ein absolutes Muß, waren einst Bergarbeiterstädte, die ihre Existenz und im weiteren Verlauf auch ihren Reichtum und ihre Pracht den unermeßlichen Bodenschätzen verdankten. Die Stadt Pachuca hat selbst heute noch die größte Silberproduktion der Welt.

In Frutos En Que Comercia O Puede Comerciar la Nueva Espana (Früchte, mit denen Neuspanien Handel treibt) von Vater Francisco Javier Lavijero, veröffentlicht im Jahre 1767 finden wir den folgenden Hinweis auf »Projecto Sobre La Sonora« (Das Sonora-Projekt): »La Sonora… ist die Provinz, die über das meiste Gold und Silber verfügt. Was darüber in der »Geschichte Kaliforniens« berichtet wird, ist keine Übertreibung: »Es

Eine der ersten detaillierten Karten von Mexiko und Kalifornien, angefertigt von dem Jesuiten Vater Kino im Jahre 1701. Auf der Karte ist Tayopa, zu diesem Zeitpunkt vielleicht bereits verlassen, nicht eingezeichnet. Der Fluß Yaqui wird auf der Karte als Hiakin bezeichnet, und in südlicher Richtung am Fluß Mayo erkennen wir das einzige Guadalupe.

TABULA CALIFORNIÆ Anno 1702.
Ex autoptica observatione delineata à R.P. Chino e S.I.

A   B

California

Via terrestris in Californiam
comperta et detecta
Per R. Patrem
Eusebium Fran. Chino e S.I.
Germanum. Adnotatis novis
Missionibus ejusdem Soctis
ab Anno 1698. ad annum 1701.

Milliaria Gallica.

Cutganes 1701.   Coloratus

Hoabonomas

Bagiopas

M. Azul

Blauberg
Quiquimas
M. Nevades
Schneeberg

S. Marcus
S. Matthias
S. Ioannes
S. Rosalia
S. Antonius

Wall-Fisch
Seichte

B. de
Balenas

MARE
oder

B. de
Sablas
oder Sand-Seichte

Portus Novi
Anni inventus. 1685.

RE DEL ZUR
SUD-MEER

Tropicus Cancri

MARE DEL ZUR   oder   SUD-MEER

Prom. S. Lucæ

Nord = Strom
Aschedoma

Ingentes Montes ad Hilam usque
protensi

Moqui

Apaches
NOVUM ME-   XICUM

S. Dionysius
1700.

S. Petrus
S. Paulus
1699.
Tuaxa
Aqua Escondida
Medanos
de Arena
S. Clara
Ontos
Bizoki
Carizal

YUMAS
Cocoma-
ricopas

Philip.
Casa
Grande
Sobai-
poti
S. Anosa
S. Eugenius
Pintalom
Rosario
S. Mar.
S. Salvator

Gila R. S. Fernando
Victoria

S. Bonifacius
S. Franciscus
Seraphin
S. Augustinus
S. Xaver du Bac
Ubersichi

S. Raphael
Tao Mercat
S. Marcellus
S. Iudas
de Bacapa
Susanna
S. Eduard de
Bagni
Add.
S. Anton
S. Diego

S. Cajetanus
Reyes
Guebar
S. Luden
Kiburi
S. Maria
S. Lazarus
Cocospara

Pimeria

SONORA

Sobas
Conception del
Cabetheo

de Pitkin
S. Magda

Topokis
Portus S.
Sabina
I.S. Augus.
2. Saltz-
Insel

Baya S. Bar.
Por. S. Xaver
Yaki fl.

Populo
Angeles
Sobas
S. Xav.
Senora fl.
Guaimas
Hiakin

Bacamuchi
Bauachi
Chinapa
Arispe
Bohamichi
Guapaca
Aconzi
Matape
S. Michael
Tonia
Onabas

Cucurpe
Tuapa
Opdepe
Nacamere

Cucorim
Bazun
Picam
Potam
Rahum
Majo

MARE

S. Ignati

M.
Virgines

S. Ludovic
Guinnies
S. Nicolaus
Coronados

P.S. Martin
de Lorto
S. Ioann. de
Bruno

Mayo fl.
S. Xuera
Conimas
S. Crux
Tesia
Navojoa
Real
de los Frayles

PARS

Cinamo
Mochicahui
Ahom
S. Michael

Thebaida
Reyes
S.S. Ioannes
S. Stephanus
S. Irenœus
S. Iacobus
S. Christoph. fl.
Niebic
Biena
S. Thomas fl.

Baya
S. Lucas
Baya
Maria
M.
Carmen
Farellon

S. Xaver. de Gigauta
Blauudo
Conchos

Loreto
Port. Danzan-
zas

Edues
Yodivinege   Port. Matan-

CALIFORNIÆ
PARS

S. Louis
Zuaqua
Zchura
Chalaca

NIE
NOVA
GALLICI

Annotatio.

Pars hujus Tabulæ A.B.C.D. è Charta Topographica R.P. Eusebij Francisci Chino fuit tran-
sumpta, appendix autem C.D.E.F. è tabulis antiquioribus est adjecta. Gradus lati-

gibt dort Berge, die aus nichts geringerem als aus reinem Silber bestehen«.

Vater Clavijero beschrieb jedoch auch die Hauptgefahr in diesem Gebiet:

Diese Minen wurden anfänglich von verschiedenen Individuen betrieben, doch als der Königliche Rat für Westindien erklärte, daß es sich hierbei nicht um Minen, sondern um Schatzfundstätten handele, die folglich zum Vermögen der Krone gehörten, zogen sich die Arbeiter zurück, und die Stätten waren den Einfällen der Wilden überlassen. Diese Einfälle, die es verhindern, die überaus ergiebigen Minen in den Provinzen Primeria, Sonora, Tarahumana, Tepehuana sowie andere, in Neu-Vizcaya gelegene Minen zu betreiben, könnte durch die Errichtung verschiedener Festungen und Forts entlang der Grenze mit den Apachen vermieden werden – laut den Darstellungen, die den Vizekönigen durch verschiedene eifrige Missionare der Gesellschaft (d. h. der Jesuiten) übermittelt wurden.

Guadalupe de Tayopa

Einige Überlieferungen besagen, daß Tayopa nach nur vierzehn Jahren während des berühmten Apachenaufstandes im Jahre 1646 dem Erdboden gleichgemacht wurde und somit im Jahre 1632 gegründet worden sein muß. Aus dem hundert Jahre später angefertigten Bericht von Vater Cla-

Carl Sauer, ein kalifornischer Wissenschaftler, erfuhr im Laufe seiner Forschungen, daß die Taufregister von Guadalupe de Toyopa in der Kirche der Stadt Bacadeguachi aufbewahrt wurden.

vijero ergibt sich jedoch eindeutig, daß das Interesse der Jesuiten an diesem Gebiet auch weiterhin ausgeprägt war.

Auch existiert Beweismaterial darüber, daß Tayopa während des späten 17. und frühen 18. Jahrhunderts ständig besiedelt war. Flipper, der passionierteste und erfolgreichste Erforscher von Tayopa, entdeckte Heirats- und Sterbeurkunden aus Tayopa in einem Dorf in Ostsonora. Weitere Dokumente fand man in der Stadt Granados. Carl Sauer von der Universität von Kalifornien untersuchte im Jahre 1927 – aufgrund starker Regenfälle an der Weiterreise gehindert – eine Kiste mit Dokumenten, darunter auch Aufgebote, die aus der Zeit kurz vor 1700 stammten. Verschiedene »Minenarbeiter aus Tayopa« bezeugten darin, daß die Eheschließenden reinblütige Spanier seien. Sauer erfuhr außerdem, daß die Taufregister von Tayopa in Bacadeguachi aufbewahrt wurden. »Die Dokumente, die ich sah, stellten den Beweis dar, daß Tayopa im 17. Jahrhundert eine Bergarbeiterstadt von solcher Bedeutung war, daß es seinen eigenen cura (Pfarrer) hatte. Zu dieser Zeit gab es höchstens noch drei weitere curas im Gebiet des heutigen Sonora. Wenn es einen cura besaß, dann gab es auch eine Kirche. Die Kirche war wahrscheinlich aus Stein gebaut; sollte dies der Fall gewesen sein, müßten heutzutage noch Überreste davon existieren. Gegen Ende des 17. Jahrhunderts hatten sich die Apachen besonders feindselig verhalten; ich vermute, daß Tayopa ihretwegen aufgegeben wurde. Ich glaube, daß es irgendwo zwischen Nacori Chico und Guaynopa lag«.

Britton Davies, ein Offizier der Armee der Vereinigten Staaten, verfolgte im Jahre 1885 mit seinen Truppen Apachen, als er nach Nacori kam. Er fand dort, wie er sagte, »merkwürdige Zustände« vor. »Die Bevölkerung zählte dreihundertunddreizehn Personen, darunter waren allerdings nur fünfzehn erwachsene Männer. Jede Familie hatte mindestens einen Mann durch Überfälle der Apachen verloren.«

Hier hörte er auch von den verlorenen Minen von Tayopa. »Diese Minen waren angeblich so ergiebig, daß die daraus entnommenen Silberblöcke in mehrere Teile geschnitten werden mußten, damit die Maultiere sie zur Küste transportieren konnten, von wo aus das Silber nach Spanien verschifft wurde. Mein Informant, der weißhaarige presidente, ein Mann von über achtzig Jahren, erzählte mir, daß sein Großvater, der ebenfalls ein hohes Alter erreicht habe, als Junge in der Mine tätig gewesen sei und daß diese in einer Gebirgskette östlich von Nacori liege.

Eines Tages, als fast alle Männer auf einer Fiesta weilten, die in einer der Städte am Fluß stattfand, überfielen die Apachen den Ort, ermordeten alle Einwohner, zerstörten die Gebäude und jagten den Eingang zur Mine in die Luft. Hundert Jahre vergingen, in denen keine Macht im Land stark genug war, die Apachen zu besiegen, und so ist die Mine niemals gefunden worden.

Der Großvater des presidente hatte ebenso ausgesagt, »man konnte hier in Nacori, wo wir stehen, in einer ruhigen Nacht in Tayopa die Hunde bellen und die Glocken läuten hören.« Wenn wir die Aussage des presidente wörtlich nehmen und voraussetzen, daß das Wort »Großvater« kein, wie in vielen Sprachen üblich, allgemeiner Ausdruck für Vorfahr ist, dann könnte es durchaus möglich sein, daß sein Großvater vor 1720 in der Mine gearbeitet hat.

Ein Jesuitenmissionar bei der Predigt. Die Anwesenheit von Missionaren erwies sich für die Indianer als kein reiner Segen. Einerseits eigneten sie sich neue Fertigkeiten und eine neue Religion an, andererseits opferten die Indianer zu häufig ihre Freiheit.

Die Silber- und Goldglocke

Ob die Ursache nun auf die Vertreibung der Jesuiten im Jahre 1767 oder auf die damaligen Überfälle der Apachen zurückzuführen ist, die Minen scheinen jedenfalls Mitte des 18. Jahrhunderts stillgelegt worden und das Dorf selbst vom Erdboden verschwunden zu sein. Flipper hörte zufällig von einer anderen Version, nach der man von Tayopa aus die Hunde in Guaynopa bellen hören konnte. Die geringe Entfernung zwischen den beiden Siedlungen könnte durch eine Glocke aus Gold und Silber bestätigt werden, die im Jahre 1896 in der Nähe der Grenze von Sonora ausgegraben, inzwischen aber eingeschmolzen wurde. Der Legende nach war sie mit folgender Inschrift versehen: »*Tayopa, Guaynopa, Guaynopita, Sonora, Tres Minerales Del Mundo*«. Dies wurde fälschlicher Weise als »die drei Minen der Welt« übersetzt oder gar in optimistischer Auslegung mit »die drei reichsten Minen der Welt«. Allerdings deutet nichts darauf hin, daß das Wort minerale jemals als Synonym für Mine benutzt worden wäre. Die Inschrift bedeutet ganz einfach »drei Minerale der Welt« – was vielleicht als Hinweis auf Gold, Silber und Kupfer zu verstehen ist.

»In der gesamten Geschichte und in der ganzen Welt«, sagt Alan Hughes von der Whitechapel-Glockengießerei, »wurden Glocken aus Glockenmetall, einer Legierung aus Kupfer und Zinn, gegossen, weil deren Sprödigkeit der Glocke den Klang verleiht. Weiche Metalle sind völlig ungeeignet.« Wenn daher diese Glocke existiert hat, war es keine Kirchenglocke, sondern vielleicht ein

Erinnerungsgußstück von den Minen oder gar ein Mittel der Jesuiten, um eine große Menge an wertvollem Metall zu verbergen. Die Glocke ist auf jeden Fall ein unzureichendes Beweisstück.

James Kirkers Entdeckung

Im Jahre 1842 kam James Kirkers zusammen mit einer Gruppe von siebzig Shawnee-Kriegern zu einer verfallenen Stadt im Westen der Sierra Madre, die seither von vielen für das ehemalige Tayopa gehalten wird. Kirker war Kopfjäger, der seinen Lebensunterhalt mit dem Sammeln von Apachen-Skalps verdiente. Er war hinter einer großen Bande Apachen her, die in der Nähe von Vera Cruz Frachtgut erbeutet und dabei viele Mexikaner ermordet hatten.

»In wunderbar reichem Land an einem See mit ungefähr sechs bis acht Meilen Breite«, schrieb Captain James Hobbs, der zu Kirkers Gruppe gehörte, »fanden wir einige alte Ruinen, die Zementwände und Grundsteine einer Kirche und ein Kreuz aus Pockholz, das sich in bestem Zustand befand. Ebenso fanden wir Überreste eines Schmelzofens… und einige Silber- und Kupferkügelchen. Den Ruinen nach zu urteilen, muß hier eine bedeutende Stadt gestanden haben. Im See entsprang der Yaqui-Fluß… außer den Überresten des Schmelzofens sahen wir alte Minenschächte, die offensichtlich vor langer Zeit einmal ausgebeutet worden waren. Proben von Gold-, Silber- und Kupfererz, die wir zur Münzanstalt in Chihuahua brachten, wurden untersucht und für sehr wertvoll befunden.«

Ob dies nun – was durchaus der Fall sein könnte – Tayopa war oder nicht, es ist wahrscheinlich nicht dieselbe Stelle, die Casimero Streeter nur einige Jahre später entdeckte. Streeter war ein »weißer Apache«, ein abtrünniger Weißer, der einige Jahre zusammen mit den Indianern lebte und kämpfte. Er war auf dem Weg zu einem Raubüberfall im Südosten von Cananea in Nordsonora, als ihn seine roten Blutsbrüder auf einige Ruinen tief unten in einem Canyon aufmerksam machten und ihm sagten, »Das ist Tayopa, laß es

in Ruhe. Versuche niemals, dort hinzukommen.« Er konnte nur eine Glocke in den Ruinen des Kirchturms entdecken. Anschließend gab er an , daß dieser Ort an einer Gabelung des Yaqui liege. In Hobbs Bericht über die von ihm besuchte Stadt werden weder der Canyon noch die Kirchenglocke erwähnt. Es ist daher sehr unwahrscheinlich, daß es sich bei den beschriebenen Stellen um ein und denselben Ort handelt, obwohl beide angeblich am Yaqui liegen, von dessen Quellwassern, so sagt Hobbs, »die Indianer (d.h. Mayos) viel

Captain James Hobbs gehörte zu einer Gruppe von Kopfjägern, die im Jahre 1842 einen Trupp Apachen bis zu den Quellflüssen des Yaqui verfolgte. Nach einem erfolgreichen Angriff auf ein Indianerdorf fanden sie die »alten Ruinen« einer großen Bergwerkssiedlung, die Tayopa gewesen sein könnte.

Gold herholen, obwohl sie sich aus Angst vor den Apachen nicht zu weit in die Berge wagen.«

Die Suche nach Tayopa

Im Jahre 1909 lebte Henry O. Flipper, noch immer auf der Suche nach Tayopa, in Ocampo, als in diesem Gebiet überraschende Aktivitäten zu bemerken waren: »Viele Jesuiten kamen in die Sierra Madre, übernahmen Kirchen, die seit Generationen verlassen waren, und siedelten sich selbst an Orten an, wo noch nie Kirchen gestanden hatten. In einem kleinen indianischen Dorf ohne Kirche gab es vier Jesuiten. Die Bergbewohner glaubten, daß die Jesuiten auf der Suche nach Tayopa und anderen vergessenen Minen oder verborgenen Schätzen waren. Jedoch die Revolution von 1910 ließ ihre Bemühungen scheitern.«

Im Jahre 1910 wurde von einer Bergwerksgesellschaft ein weiterer Versuch unternommen, Tayopa zu finden. Die Suche basierte auf einer Landkarte, die ungefähr 50 Jahre zuvor der Verwalter einer alten, jedoch leider namenloser Kirche, in der viele Dokumente aus Tayopa aufbewahrt wurden, kopiert hatte. Diese Karte enthielt klare Anweisungen für den Weg nach Tayopa. Diesen folgend, erreichte eine 30köpfige Gruppe ein verlassenes und verstecktes Tal im Yaqui-Land. Sie fanden Spuren von Lehmhäusern und zwischen fünfzehn und zwanzig Minenschächte, von denen einige 25 m tief und voller Wasser waren. Die von ihnen entnommenen Erzproben ergaben einen hohen Silberanteil. Sie kehrten in die Zivilisation zurück, gründeten eine neue Gesellschaft namens Cinco de Mayo, machten ihren Anspruch auf die Stätte geltend und hatten vor, an eine größere Gesellschaft zu verkaufen, die imstande gewesen wäre, die Minen richtig auszubeuten, als die Revolution ihren Hoffnungen ein Ende setzte. Die Anzahl der von ihnen gefundenen Minen stimmt mit der Tayopa-Inventarliste überein, aber niemand weiß, wo die Stelle liegt.

Im Jahre 1911 hielt sich Flipper in Spanien auf, wo er auf ein Stück Papier mit einer Wegbeschreibung nach Tayopa stieß. Er zitiert wörtlich:

Stehe am siebten Tag des Märzes auf dem Gipfel des Cerro de la Campana nahe dem Villa de la Concepcion und betrachte, wo die Sonne untergeht. Sie wird direkt über Tayopa untergehen. Reise acht Tage vom Cerro de la Campana in Richtung des Sonnenuntergangs des siebten März und du wirst in Tayopa ankommen.

Mit großer Sicherheit identifizierte er den Cerro de la Campana als Cerro de la Miñaca, einen glockenförmigen Hügel einige Meilen südlich der heutigen Stadt Guerrero in Chihuahua. Doch Flipper hatte keine Gelegenheit mehr, diese Erkenntnisse zu nutzen: Die Revolution ließ keine weiteren Arbeiten in Mexiko mehr zu, und er wurde nach Venezuela geschickt. Er kehrte niemals zurück.

Im Jahre 1927 wurden der Grenzer und langjährige Tayopa-Sucher C. B. Ruggles und der Schriftsteller J. Frank Dobie in ihrem Lager in La Quiparita, einem Tal westlich von Chihuahua, von einem Mann angesprochen, der sich Custard nannte. Custard war im Besitz einer ausführlicheren Version der Originalinventarliste, die Richtungsangaben nach Tayopa von einem Tafelberg, einer »mesa«, namens Mesa Campanero beinhaltete. Ebenso hatte er eine annähernde und stark vereinfachte Karte, nach der Tayopa mitten in den Hügeln der Sierra Madre lag. Diese Dokumente waren Kopien der Originale, die Vater Domingo, der Gemeindepfarrer von Guadalupe de Santa Ana, hinterlassen hatte. Ein altes indianisches Gemeindemitglied beschrieb ihn als »einen eigenartigen Mann... der immer umherging und schaute und schaute.« Custard machte den Vorschlag, ihr Können und Wissen gemeinsam zu verwerten. Sollten sie das verschollene Dorf finden, würde Custard den Schatz in der Kirchenkrypta erhalten und Ruggles und Dobie die Mine.

Ruggles stimmte zu. Er glaubte, daß Campanero nur eine andere Bezeichnung für Sierra Obscura sei, einem Berg am Mayo-Fluß.

Die drei Männer erkundeten zehn Tage lang den Sierra und suchten nach den beiden cerritos chapos oder »Wichthügeln«, die angeblich das Tor zu Tayopa darstellten, und den »beiden bemerkenswert dicken Guerigobäumen«, die in Custards Anweisungen erwähnt waren. Sie fanden nichts.

Conocimento de Tayopa

Als sie in bedrückter Stimmung den Abstieg antraten, machten sie auf dem Land eines Opata-Ranchers namens Perfecto Garcia Rast. Garcias Bruder hatte an diesem Tag einen großen Eber gejagt. In die Enge getrieben, hatte dieser seinen Hund aufgespießt und dem Mann, als er ihn mit seiner Machete angreifen wollte, beinahe das Ohr zerfetzt. Ruggles verfügte über medizinische Kenntnisse. Er wusch, nähte und verband die Wunden des Mannes. Danach war mit Dobies Worten, »Don Perfecto in bester Stimmung.«

»Sucht Ihr nach Minen?« fragte er Ruggles.

»Ja.«

»Habt Ihr Dokumente, die Euch den Weg weisen?«

»Ja.«

»Ich auch. Lassen Sie es mich Ihnen zeigen.« Und erstaunlicherweise zog Garcia aus einer Nische in der Wand ein altes Pergament hervor, mit dem Titel »Conocimento de Tayopa« oder »Erkennen von Tayopa«. Ruggles und Dobie machten voller Ungeduld eine Abschrift davon. Garcia erzählte ihnen, daß die Opatas das Dokument bei einem Überfall auf eine Ranch, die im Besitz von Pima-Indianern war, erbeutet hatten. Das Dokument besagte, »Es lohnt sich, sich daran zu erinnern und niemals zu vergessen, daß es eine berühmte Bergarbeiterstadt von unglaublichem Reichtum gab, die den Alten unter dem Namen Tayopa bekannt ist. Sie liegt an den ersten Strömungen des Flusses Yaqui, an den unteren Hängen der Sierra Madre, in Richtung der Stadt Yecora in der alten Provinz Ostimuri. In den Schmelzhütten dort liegen nicht nur große Mengen von hochwertigen Erzen, sondern auch bedeutende Mengen an Silber in Barrenform noch immer so, wie die antiguos es zurückgelassen haben. Im Verlauf langer Jahre wurde Ostimuri fast völlig entvölkert.« Von dieser Stelle an war das teilweise zerrissene Pergament bis auf einige unzusammenhängende Worte unleserlich.

Die Suchtruppe brach sofort nach Yecora auf, das noch immer diesen Namen trug. Die Eingeborenen hatten seit zwei Jahren keine Fremden mehr zu Gesicht bekommen und beantworteten, teilweise auch, um ihre eigene Neugierde zu befriedigen, Ruggles Fragen sehr bereitwillig. Nach dem Weg zur Mesa Campanero befragt, zeigten sie sofort auf den mit Pinien bewachsenen Bergrücken im Westen ihres Dorfes.

Hier, auf dem Gipfel des Berges, fand die

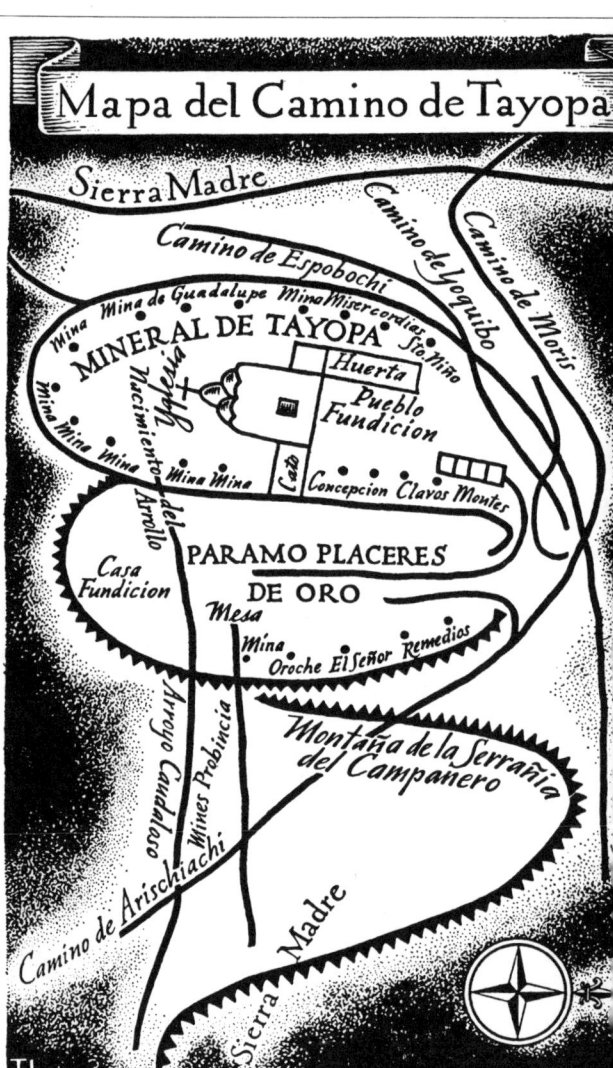

Custards derrotero, ein stark vereinfachter Führer nach Tayopa, stammte ursprünglich von einem Original, das sich im Besitz des Gemeindepfarrers von Guadalupe de Santa Ana befand. Trotz dieser Karte und eines ausführlichen Begleittextes besaß Ruggles Expedition noch immer keine ausreichenden Informationen, um ans Ziel zu gelangen.

Gruppe in westlicher Richtung die »ersten Strömungen des Yaqui-Flusses«. Von dieser Stelle aus
folgten sie Custards Karte. Sie waren bereits zu
dem Schluß gelangt, daß Guadalupe de Tayopa
vielleicht mit Guadalupe de Santa Ana identisch
sein könne, entschlossen sich jedoch, um einen
Irrtum zu vermeiden, genau den Hinweisen auf
der Karte zu folgen. Die Gruppe brauchte zwei
Wochen. Unter denjenigen, die ihr während dieser Reise begegneten, waren auch die Nachkommen einiger Soldaten der Konföderierten, die
nach dem Krieg ihr Land verlassen hatten. Endlich stieß sie auf zwei riesige Bäume, deren Art ihr
nicht bekannt war. Ruggles ritt nach Santa Ana
voraus und brachte einen alten Mann mit, der die
Bäume sofort als guerigos erkannte. Dobie ermit-
telte später, daß der wissenschaftliche Ausdruck
dafür »populus wislizeni« war.

Die Dorfbewohner zeigen ihnen die Minen

Sie folgten der Straße zum Dorf, wobei sie an
zwei »Wichthügeln« vorbeikamen. Nach anfäng-
licher Feindseligkeit von Seiten der Dorfbewohner retteten Ruggles' medizinische Kenntnisse
wiederum den Tag. Während der darauffolgenden
drei Tage behandelte er an die fünfzig an Grippe
erkrankte Personen. Erst danach kamen sie auf
das Thema zu sprechen, das sie hierher gebracht
hatte. War Guadalupe de Santa Ana wirklich
Guadalupe de Tayopa?

Zu ihrer Freude wurden sie von den Dorfbewohnern, die nun tief in ihrer Schuld standen, zu
der alten Minenanlage geführt. Selbst die in der
Inventarliste und auf der alten Karte angegebenen
Namen waren noch gebräuchlich. Die Schmelzhütten waren ebenso noch vorhanden wie die
vielen Werkzeuge, die offensichtlich spanischer
Herkunft waren.

Die Dorfbewohner erzählten Geschichten von
anderen Schatzsuchern, die zum Dorf gekommen
waren und nach dem Schatz in Richtung der
Kirche gegraben hatten. Es ist jedoch wahrscheinlich, daß die jetzige Kirche, im Jahre 1888 von

Vater Domingo erbaut, nicht an der gleichen Stelle wie die von den Jesuiten erbaute Kirche steht.
Flipper stieß im Laufe seiner Forschungen auf ein
Dokument, welches besagte, daß eine große Menge Silberbarren in einem Tunnel oder Gewölbe
verborgen liege, das 2281 varas (ungefähr
1850 m) östlich und 63 varas (ungefähr 52 m)
südlich von der Kirchentür entfernt sei. Angeblich war dieser Tunnel durch eine Metalltür oder
ein Metallschloß gesichert. Flipper hatte diese
Geschichte skeptisch betrachtet, doch der Dorfälteste bestätigte diese Aussagen nun völlig unab-
hängig davon. Er sagte, daß seine Mutter und
Tante vor ungefähr 50 Jahren im Osten des Dorfes eine Eisentür im Boden entdeckt hätten. Sie
seien nie in der Lage gewesen, die Dorfbewohner
zu dieser Stelle zu führen, und würden daher oft
verspottet. Doch ihre Geschichte bliebe immer
dieselbe, und der Dorfälteste wußte, daß die Geschichte wahr sein mußte.

Die Dorfbewohner gaben Ruggles und seiner
Gruppe mehrere alte derroteros. Eine davon hatte
eine Expedition im Jahre 1858 nach Tayopa geführt, doch die von einem Jesuiten angeführte
Gruppe wurde vom Unglück verfolgt. Nur ein
einziges Mitglied hatte überlebt. Diejenigen, die
nicht schon während der Reise Indianern zum
Opfer fielen, starben auf die eine oder andere Art,
nachdem sie an ihrem Ziel angelangt waren. Der
einzige Überlebende war von einem Indianermädchen versteckt worden, das ihn später heiratete.

Ruggles und seine Gruppe inspizierten die Minen und kalkulierten, wieviel Zeit und Geld nötig
wären, um sie wieder in Betrieb zu nehmen.
Danach wurde Dobie, der später einen detaillierten Bericht über die Expedition verfaßte, auf mysteriöse Weise von der restlichen Gruppe getrennt. Dobie nahm an, daß Ruggles kurz darauf
nach Guadalupe de Santa Ana zurückkehrte, erwähnte jedoch nicht, ob es ihm gelungen war,
einen Teil des Silbererzes abzubauen bzw. den
großen Jesuitenschatz zu finden.

WEITERE SCHRITTE

Bei jeder zukünftigen Suche nach dem Tayopaschatz sollte zuallererst geklärt werden, was mit Ruggles nach seiner Rückkehr geschehen ist. Für den Erzähler einer solchen Geschichte ist es sehr eigenartig, seinen Bericht dermaßen abrupt wie Dobie zu beenden, und es läßt vermuten, daß er entweder den Kontakt zu Ruggles verloren hat oder daß Ruggles bei seiner Rückkehr in das Gebiet nichts bemerkenswertes gefunden hat.

Auf dem derrotero, der sich in Custards Besitz befand, ist ein Gebiet mit der Bezeichnung »Placeres de Paramos« vermerkt. Ein »placer« ist eine Sand- oder Kiesablagerung, beispielsweise in einem Flußbett, die Partikel wertvoller Mineralien enthält. Dem nachzugehen, könnte lohnenswert sein.

Es handelt sich hierbei offensichtlich um eine Stelle, wo sich ein Schatzsucher die jüngsten Entwicklungen auf dem Gebiet der Elektronik zunutze machen sollte. Das vielfältige Angebot an den verschiedensten Metalldetektoren mag verwirrend sein, aber es gibt eine Reihe informativer Bücher, die Sie durch das Labyrinth von Erzbestimmungen, korrekter Detektoreinstellung, das Testen von Proben, Bergungsmethoden, Bestimmung konzentrierter Eisenablagerungen und »strahlende Steine« , Aufspüren von Goldklumpen, Adern und Silbervorkommen führen wird, Sie aber auch bei der Wahl des geeigneten Detektors und der Spule berät. Die Lektüre von Electronic Prospecting von Charles Garrett, Bob Grant und Roy Lagal wird empfohlen. (Siehe: Handbuch für Schatzsucher von Reinhold Ostler – Pietsch-Verlag Stuttgart.)

LUNDY ISLAND, BRISTOL CHANNEL (ENGLAND)

Nutts Räuberhöhle

Lundy ist eine natürliche Inselfestung. Ein Granitblock von nur drei Meilen Länge und einer Meile Breite, von der Küste von Nord-Cornwall und Devon bei Regen klar zu erkennen, zu anderen Zeiten oft im Nebel verborgen. Die Klippen der Insel sind steil und ihre Buchten übersät mit spitzen Steinen. Der Atlantik, der das Eiland umgibt, ist wild und tückisch. Keine Küstenlinie Europas hat mehr Wracks gesehen und mehr Opfer gefordert. Lundy hat einen großen Anteil daran getragen.

Die Insel, benannt nach den Papageientauchern, die zusammen mit anderen Alken und Tauchern die Klippen bis zum heutigen Tag buchstäblich übersäen, wäre unbewohnbar, verfügte sie nicht an ihrem südlichsten Ende über einen Landeplatz. Schon sehr früh in der Geschichte wurde Lundy zu einer Zufluchtsstätte für Piraten, Gesetzlose, Strandräuber und Schmuggler. Im Jahre 1238 machte William de Marisco die Insel zu seinem Stützpunkt. Sein Sohn Jordan, ebenfalls Pirat, wurde sein Nachfolger und hielt, sich den Anordnungen des Königs widersetzend, die Insel. Marisco Castle, inzwischen fast völlig restauriert, wurde wahrscheinlich zu dieser Zeit gebaut.

Die furchterregenden de Mariscos

Die Geschichte der de Mariscos ist turbulent und verwirrend. Einer von ihnen wurde beschuldigt, im Jahre 1238 einen Mörder gedungen zu haben,

der König Heinrich III. ermorden sollte. Der Attentäter wurde von Pferden in Stücke gerissen und de Mariscos selbst, nach weiteren sechs Jahren Piraterie, »beim Tower .. mit ganz besonderer Schmach hingerichtet, sein Körper wurde in einen Sack gesteckt und, nachdem die Totenstarre eingetreten war, ausgeweidet; seine Eingeweide wurden verbrannt und sein Körper geviertelt.«

Obwohl Lundy anschließend vom König eingenommen wurde, fand sich bald wieder ein neuer de Marisco auf der Inselzitadelle ein. Der letzte starb im Jahre 1327. Ihm folgten jedoch noch viele weitere Piraten. Daß Lundy als fast uneinnehmbar galt, wird durch die Verurteilung von Lord Seymour, dem Onkel von Edward VI., deutlich. Einer der Anklagepunkte, für die er sich zu verantworten hatte und später hingerichtet wurde, war die Tatsache, daß er Lundy erwerben wollte, weil er dann, »wenn er mit Schiffen ausgerüstet wäre und bei allen bösen Taten mit den Piraten kooperieren würde, für alle Zeiten eine sichere und zuverlässige Zufluchtsstätte hätte«.

John und Robert Nutt

Im Jahre 1620 tauchen in der Geschichte Lundys die Piratenbrüder John und Robert Nutt auf. Manchmal ganz legal, die meiste Zeit jedoch unter Umgehung des Gesetzes, scheinen sie, vielleicht auf Grund von Beziehungen zu hohen Stellen, sehr erfolgreich gewesen zu sein, wenn es darum ging, für ihre Verbrechen begnadigt zu werden.

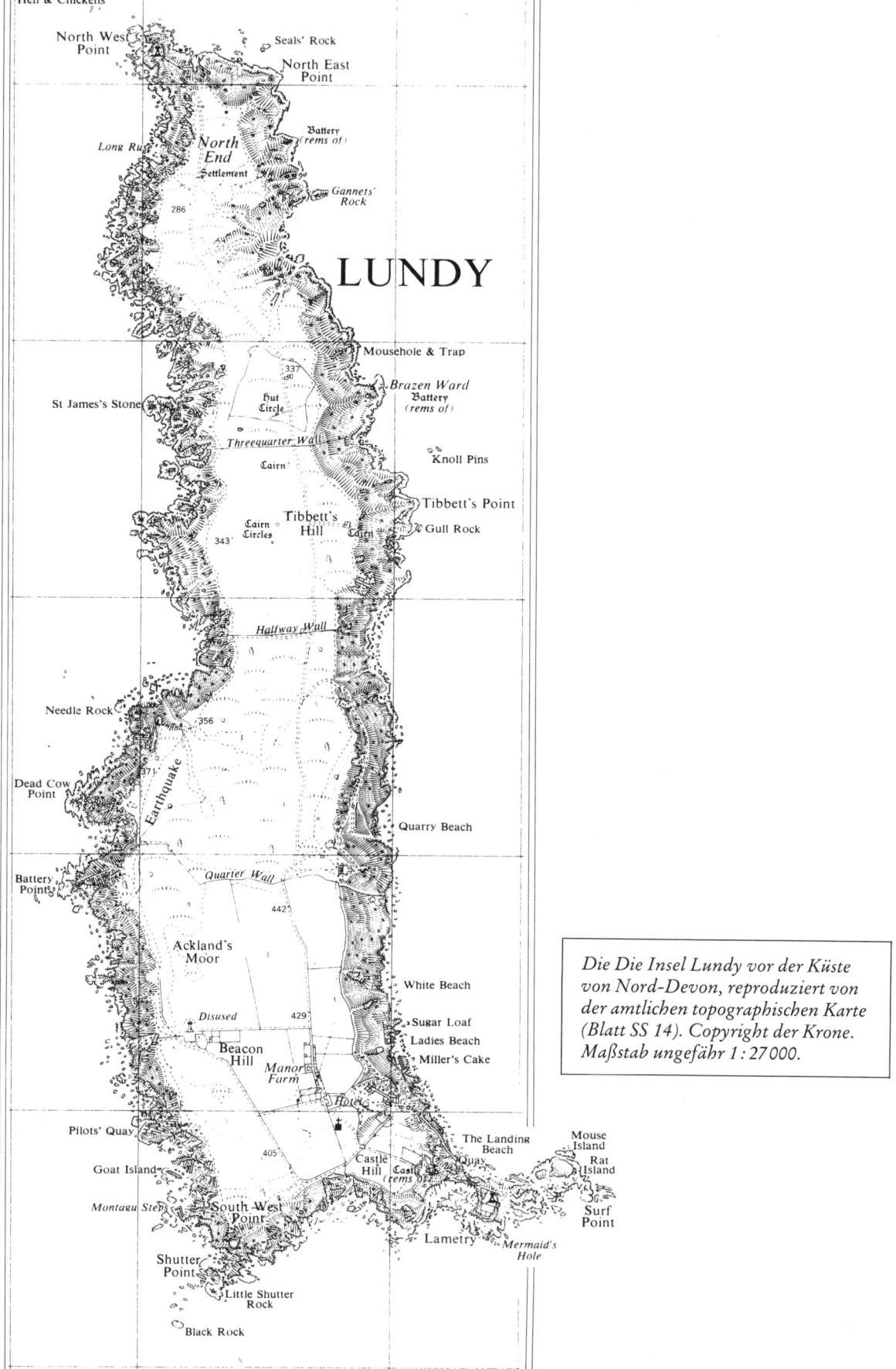

Die Die Insel Lundy vor der Küste von Nord-Devon, reproduziert von der amtlichen topographischen Karte (Blatt SS 14). Copyright der Krone. Maßstab ungefähr 1 : 27 000.

Die tückische Westküste von Lundy, wo angeblich die Beute des berühmten Kapitäns Nutt, der die Insel um 1630 als Stützpunkt benutzte, verborgen liegt. Zwei Männer, die die Höhle im Jahre 1864 erforschten, kamen bei einem Steinschlag ums Leben. Dies hat verständlicherweise andere Schatzsucher abgeschreckt.

Am 3. Juni 1623 teilte Kapitän Thomas Best der Marinekommission mit, daß der Pirat Nutt vor der Küste von Devonshire lag. Nutt hatte schon viele Prisen erbeutet, und Best wünschte, ihn gefangennehmen zu dürfen, doch nach wenigen Tagen gab Nutt auf und brachte sein Schiff in den Hafen. Er sagte, daß er in den letzten Wochen viele Fehler begangen habe, und wollte wissen, ob er der Begnadigung, die ihm vor einiger Zeit angeboten worden war, noch würdig sei. Offensichtlich wurde er für würdig erachtet, denn kurze Zeit später betätigte er sich wieder in seinem alten Geschäft.

Im Jahre 1632 machte Nutt, der sich nun mit dem Titel »Admiral« schmückte und zwei oder gar mehr Schiffe unter seinem Kommando hatte, Lundy zu seinem Stützpunkt. Die meiste Zeit verbrachte er damit, »kleine Handelsschiffe zu ergattern«, und mehrere Kriegsschiffe wurden auf ihn angesetzt. Berichten zufolge hatte er im Mai Kurs auf die »Flämischen Inseln« genommen, und sein Bruder wurde von Plymouth aus zu ihm gesandt, um ihm die Ausfertigung einer erneuten Begnadigung zu überbringen.

»Die Meinung des Landes ist, daß der eine Bruder, wenn er den anderen findet, ihn bei diesem teuflischen Geschäft unterstützt«, lautet ein zeitgenössischer Bericht.

Am 4. September schloß ein gewisser Kapitän Plumleigh zur Piratenflotte auf und »ließ ihr dreißig Kanonenschüsse zuteil werden, von denen zehn Nutts eigenes Schiff trafen, doch es gelang ihnen zu entkommen«.

Während seines Aufenthalts auf Lundy hat Nutt angeblich ein großes Versteck in einer der vielen Höhlen auf der Insel angelegt. Als er eines Tages auf dem Rückweg von einem Überfall im Bristol-Kanal war, begegneten ihm zwei britische Kriegsschiffe. Er floh mit seinem Schiff, der *Black Mary*, in Richtung auf die walisische Küste, wo es unterging und die gesamte Besatzung umkam.

Die Höhle

Nach seinem Tod erinnerten sich die Inselbewohner noch lange daran, wo er angeblich seine Beute gelagert hat – in einer Höhle am Fuße einer 111 m hohen Klippe an der gefährlichen Westküste. Bei Flut steht, oder stand, der Eingang zur Höhle unter Wasser.

Über dem Schatz liegt angeblich ein Fluch, und in der Höhle scheint es zu spuken.

Das könnte auch eine Erklärung dafür sein, daß die Geschichte bis zum Jahre 1864 nicht untersucht wurde. In diesem Jahr wagten sich zwei mutige Inselbewohner in die Höhle und nahmen ein schreckliches Ende: Durch einen plötzlichen Steinschlag saßen sie in der Falle, und das Meer tat das übrige. Über siebzig Jahre mußten vergehen, bis wieder jemand so weit vordrang und ihre Skelette entdeckte.

Weitere Schritte

Angesichts der Verwirrung in bezug auf die beiden Piraten – ein kürzlich veröffentlicher Bericht setzt an verschiedenen Stellen auf einer Seite die Vornamen beider Brüder für den Lundy-Piraten ein – muß die Geschichte der beiden sehr sorgfältig in zeitgenössischen Berichten nachgeforscht werden. Der jetzige Lundy-Experte Tony Langham verbindet Robert Nutt mit Irland und glaubt, daß ausschließlich John in einer Beziehung zu Lundy stand. Dies widerspricht älteren Berichten wie beispielsweise einem Rezitativ aus dem 19. Jahrhundert. Eine Bestätigung des Schicksals der »Black Mary« wäre ebenfalls wünschenswert. Auch wurden Gerüchte laut, nach denen Robert Nutt von den Spaniern wegen Piraterie gehenkt worden sei.

Es dürfte nicht schwierig sein, die Höhle zu finden, doch muß sie sehr sorgfältig von der Benson-Höhle unterschieden werden. Diese liegt auf der Südseite der Insel, in der Nähe von Marisco Castle, und war ebenfalls ein Piratenstützpunkt. Bezüglich der Höhle lautet meine Meinung, daß mit einer beachtlichen Gefahr durch das Meer zu rechnen ist und daß die Gezeiten ausführlich beobachtet werden müssen.

MONTVALE, BEDFORD COUNTY, VIRGINIA (USA)

Das Minenversteck des Thomas Beale

Im Jahre 1862 bestellte Robert Morris, ein wohlhabender und angesehener Bürger von Lynchburg im Staate Virginia, einen jungen Mann namens James B. Ward zu seinem Haus. Ward war der Sohn von guten Freunden der Familie, den Morris »gerne unterstützen würde, wenn er könnte«. Der alte Mann sagte, daß er sich nun, da sein Leben dem Ende zugehe, verpflichtet fühle, eine wichtige Information, die nur er besitze, jemanden mitzuteilen.

Anfänglich verhielt er sich sehr zögernd und vorsichtig. Ward, obwohl voller Ungeduld, bemühte sich, ihn nicht zu sehr zu drängen. Im Laufe einiger Wochen verlor Morris seine Zurückhaltung, und er erzählte mehr und mehr. Seine Geschichte hatte sich ungefähr 40 Jahre zuvor ereignet, zu einer Zeit, als er das größte Hotel von Lynchburg führte.

Morris hatte sich auf Rat seiner Frau hin dem Hotelwesen zugewandt, nachdem er mit seinem Tabakgeschäft gescheitert war. Durch sein »freundliches Wesen, seine Rechtschaffenheit, seine hervorragende Verwaltung und seinen gut organisierten Haushalt« wurden er und sein Hotel selbst über die Staatsgrenze hinaus bald sehr bekannt. Er war nicht nur für seine zahlenden Gäste ein liebenswürdiger Gastgeber, sondern erwies sich auch gegenüber denjenigen, die kein Geld besaßen, als wahrer Menschenfreund, indem er ihnen manchmal Essen und Unterkunft für Monate zur Verfügung stellte. Dieses Verhalten und auch der Ruf, den er in bezug auf seine

Rechtschaffenheit besaß, waren sicherlich ausschlaggebend dafür, daß ihm die Leute vertrauten.

Thomas Jefferson Beale

Im Januar 1820 waren Thomas Jefferson Beale und zwei seiner Freunde Gäste in dem Hotel. Morris gab eine volle, wenn auch etwas unkritische Beschreibung von Beale: »Er war ungefähr sechs Fuß groß, hatte pechschwarze Augen und trug sein Haar, das ebenfalls pechschwarz war, etwas länger, als es der damaligen Mode entsprach. Sein Körperbau war gleichmäßig und zeigte, daß er ungewöhnlich kräftig und aktiv war; aber sein herausragendes Merkmal war seine dunkle Hautfarbe, als wäre er viel der Sonne ausgesetzt gewesen; dies tat jedoch seiner Erscheinung keinerlei Abbruch, Und meiner Meinung nach war er der bestaussehendste Mann, den ich jemals erblickt hatte. Alles in allem war er ein Abbild männlicher Schönheit, bewundert von den Frauen, beneidet von den Männern. Den ersteren begegnete er mit Freundlichkeit und Zuvorkommenheit, doch waren jene herablassend oder eingebildet, erwachte der Löwe in ihm, und Gnade dem Mann, der es wagte, ihn zu beleidigen.«

Dieser Ausbund an Tugend trug sich in das Register als »aus Virginia« ein und erklärte, daß er beabsichtige den restlichen Winter über im Hotel zu wohnen. Seine beiden Freunde würden in einigen Tagen nach Richmond abreisen, das in der Nähe ihrer Heimat läge.

Nachdem sie abgefahren waren, avancierte Beale zum Liebling aller. Im März kamen seine Freunde zurück, um ihn abzuholen. Er sollte erst nach zwei Jahren wiederkehren.

Es ist zweifelsohne wahr, daß Beale absichtlich nach Lynchburg kam, um den Hotelier in Augenschein zu nehmen und sich ein eigenes Urteil darüber zu bilden, ob die exellenten Berichte, die er über diesen Mann gehört hatte, der Wahrheit entsprachen. Tatsache ist, daß er Morris so sehr wie keinem anderen Mann vertrauen sollte, denn bei seinem zweiten Aufenthalt zwischen Januar und März des Jahres 1822 vertraute er Morris ein verschlossenes eisernes Kästchen an, das, wie er sagte, Papiere von größter Wichtigkeit enthalte. Er bat Morris, sich darum zu kümmern, bis es abgeholt werden würde. Morris stimmte bereitwillig zu, verschloß das Kästchen in seinem Safe und vergaß das Ganze.

Kurz danach erhielt Morris jedoch völlig unerwartet einen Brief von Beale. Er war am 9. Mai 1822 datiert und kam aus St. Louis, wo Beale nach eigener Aussage, am Tag zuvor angekommen war. Beale schrieb, daß er auf dem Weg zu den Plains sei, um Büffel und Grizzlybären zu jagen. Er schätze, daß er mindestens zwei Jahre abwesend sein werde.

Er betonte nochmals die Bedeutung des Kästchens. Es enthalte Papiere, so sagte er, »die lebenswichtig seien in bezug auf das Schicksal seiner Person und vieler anderer, mit denen zusammen er Geschäfte mache, und im Falle seines Todes wäre ein Verlust nicht wiedergutzumachen.« Die Papiere bestünden aus einigen an Morris adressierte Briefe und »anderen Dokumenten, die ohne die Hilfe eines Schlüssels nicht zu entziffern sind.« Wenn nach zehn Jahren niemand das Kästchen abgeholt habe, sollte Morris es öffnen. Ein Freund werde ihm im Juni 1832 den Schlüssel übersenden. Beale äußerte außerdem die Bitte, daß Morris eine andere Person damit beauftragen solle, falls er verhindert sei, es persönlich zu tun.

»Ich bin in meinen Instruktionen so präzise, da

unser Unternehmen mit einer gewissen Gefahr verbunden ist, aber vertrauen Sie mir. Wir werden uns wiedersehen, lange bevor diese Zeit verstrichen ist, und Ihnen somit Unannehmlichkeiten ersparen. Wie das Ergebnis auch immer sein wird, die Sache ist der Mühe wert, und wir werden bis zum Ende durchhalten.«

Ich zitiere diesen Brief hauptsächlich deswegen, um zu zeigen, daß er zwar etwas blumig,

Lynchburg, Virginia, wo Thomas Jefferson Beale einem Hotelbesitzer einige mysteriöse Codes anvertraute, die sich auf ein Vermögen an Gold, Silber und Juwelen beziehen.

doch gleichmäßig moduliert ist, daß die Grammatik korrekt und die Syntax präzise ist. Das ist weder der Brief eines verrückten noch der eines verzweifelten Mannes. Er entspricht unserem Wissen über Beale, der in jeder Hinsicht ein stabiler, intelligenter und vertrauenswürdiger Mann war. Nichts mehr wurde von Beale bzw. über ihn gehört. Wahrscheinlich kam er irgendwo in den Plains ums Leben.

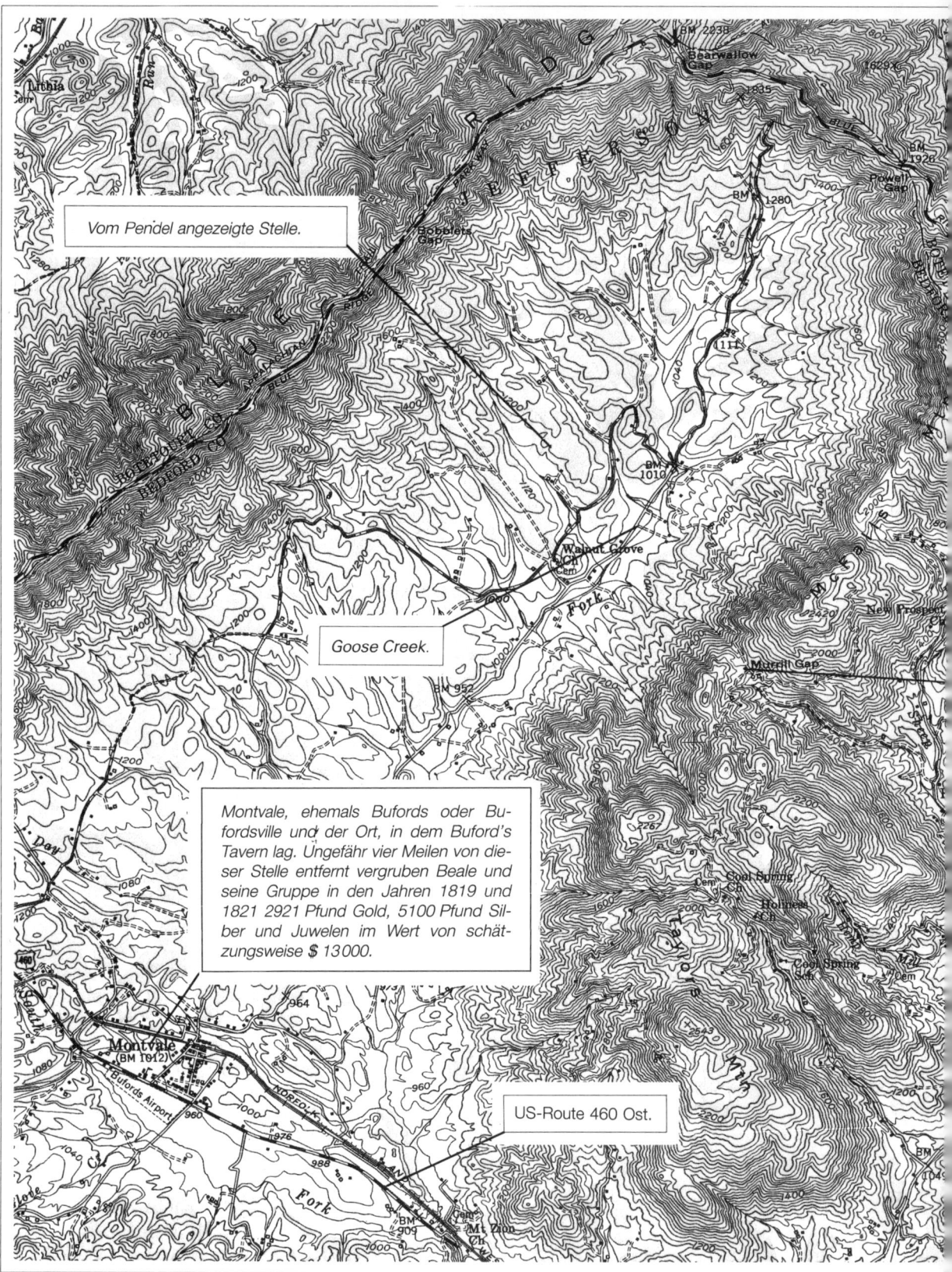

Vom Pendel angezeigte Stelle.

Goose Creek.

Montvale, ehemals Bufords oder Bufordsville und der Ort, in dem Buford's Tavern lag. Ungefähr vier Meilen von dieser Stelle entfernt vergruben Beale und seine Gruppe in den Jahren 1819 und 1821 2921 Pfund Gold, 5100 Pfund Silber und Juwelen im Wert von schätzungsweise $ 13000.

US-Route 460 Ost.

Die »Peaks of Otter«

In seinen Aufzeichnungen bezog sich Beale auf einen Pfad, »der an Goose Creek grenzte« und durch ein Tal in den Ausläufern der »Blue Ridge«-Berge in der Nähe der »Peaks of Otter« verlief. War das Murrill Gap?

Karte von Montvale und Teilen der »Blue Ridge«-Berge, aus dem USGS-Meßbuchblatt »Peaks of Otter«, Virginia. Maßstab 1 : 50 000.

Die Beale-Codes

Niemand war bis Ende Juni des Jahres 1832 gekommen, um das Kästchen abzuholen oder Morris den Schlüssel zu überbringen, und Morris, fast zu gewissenhaft, hielt es bis zum Jahre 1845 nicht für angebracht, das Kästchen zu öffnen. Der Inhalt bestand aus zwei Briefen und drei Zahlengruppen; es gab keine weiteren Papiere »außer zwei oder drei, die keine Bedeutung hatten und mit der Sache nicht in Verbindung standen.«

Die Briefe waren vom 5. und 6. Januar des Jahres 1822 datiert. Beide waren in Lynchburg geschrieben worden. Der erste Brief erklärte den Ursprung des Geheimnisses. Beale erzählte, daß er zusammen mit dreißig Freunden im Jahre 1817 von Virginia aus zur großen Jagd in den Western Plains aufgebrochen war. Sie verließen St. Louis am 19. März und zogen in Richtung Santa Fé. Sie planten eine zweijährige Abwesenheit. Ihr Führer riet ihnen dazu »eine regelrechte militärische Organisation mit einem kommandierenden Offizier zu bilden.« Die Gruppe wählte Beale dazu.

Am ersten Dezember kamen sie in Santa Fé an, wo sie vor hatten, den Winter zu verbringen. Doch bald kam Langeweile und eine gewisse Ruhelosigkeit auf, und so »beschlossen einige Mitglieder der Gruppe Anfang März, eine kurze Exkursion zu unternehmen, um in die Monotonie ihres Lebens ein wenig Abwechslung zu bringen.« Sie wollten in einigen Tagen wieder zurück sein. Doch als sie nach vier oder fünf Wochen noch immer kein Zeichen von sich gegeben hatten, machte sich der Rest der Gruppe verständlicherweise Sorgen. Beale war kurz davor, Suchtrupps nach ihnen auszusenden, als zwei Mitglieder zurückkehrten und wie folgt berichteten.

Sie sagten, daß sie sich gut amüsiert hätten und bereits wieder auf dem Weg nach Santa Fé gewesen seien, als sie eine riesige Büffelherde erblickten. Sie verfolgten die Herde über zwei Wochen, bis sie eines Abends »in einer kleinen Schlucht, ungefähr 250 bis 300 Meilen nördlich von Santa Fe, ihr Lager aufschlugen.« Sie sammelten Holz und bereiteten Essen vor, als einer der Männer mit einem Felsklumpen in der Hand ins Lager zurückgelaufen kam. Eine kurze Beratung bestätigte seinen Verdacht. Es war Gold, und es gab noch viel mehr davon in der Felswand zu sehen. Zwei Boten wurden sofort zu Beale und dem Rest der Gruppe geschickt, um sie zu holen.

Beale fand in der Schlucht eine rege Aktivität und wenig Disziplin vor. Die Männer hatten Werkzeug improvisiert und einen kleinen Haufen Erz angesammelt. Beale organisierte sie und heuerte einige indianische Helfer an. Nach achtzehn Monaten hatten sie große Mengen von Gold und Silber angesammelt. Sie konnten hier nicht ewig bleiben, ohne Gefahr zu laufen, daß ihr Geheimnis entdeckt würde, und die Schlucht lag im Herzen des Wilden Westens. Daher wurde beschlossen, das Gold zu einer Höhle zu transportieren, die allen bekannt war und »in der Nähe von Buford's Tavern im Bezirk von Bedford« lag. Sie würden alle zusammen die gefährliche Reise antreten, doch nach fünfhundert Meilen, sollten nur Beale und zehn weitere Männer weiterziehen.

Die Reise wurde ungefährdet beendet, doch die Höhle war nicht mehr der geheime Ort aus Beales Jugend. Inzwischen diente sie als Lagerstätte für das Gemüse der dort ansässigen Farmer. Beale und seine Begleiter wählten jedoch ohne große Schwierigkeiten irgendwo in den Blue-Ridge-Mountains eine andere Stelle aus, gruben einen Schacht und versteckten ihren Schatz.

Der Schatz sollte durch dreißig geteilt werden. Jedes Mitglied der Gruppe sollte einen Anteil erhalten. Da sich jeder von ihnen der Gefahren bewußt war, die damit verbunden waren, in Indianergebiet zu jagen und zu schürfen, gab jedes Mitglied eine Person an, die im Falle seines Todes den Anteil erben sollte. Aus diesem Grund, so enthüllte der Brief von Beale, hatte er Morris ausgesucht. Er sollte zum Versteck gehen und jedem der aufgeführten Nutznießer seinen Anteil übergeben. Als Gegenleistung sollte Morris ein Einunddreißigstel des Schatzes erhalten, »da Sie einstimmig zu einem Mitglied unserer Vereinigung gewählt wurden und in dieser Eigenschaft denselben Anspruch wie die anderen haben.« Nach seiner ersten Abreise aus Lynchburg im März 1820 war Beale zu der Stätte zurückgekehrt,

Der einzige Teil der Beale-Codes, der entziffert werden konnte, enthüllt, daß der Schatz in einem Schacht in einer Tiefe von sechs Fuß ungefähr vier Meilen von Montvale, im Bedford-Bezirk, Virginia, vergraben wurde. Man nimmt an, daß er im Osten, in der Blue-Ridge-Bergkette, irgendwo in der Nähe von Peaks of Otter liegt.

um festzustellen, daß »die Arbeit noch immer gut voranging«. Er warb noch viele weitere Indianer an und kehrte im Herbst 1821 erneut nach Virginia zurück. Dort deponierte er »eine größere Menge an Metall« an derselben Stelle.

Zu den Papieren mit den Zahlen bemerkte Beale: »Sie werden ohne den Schlüssel, den Sie rechtzeitig erhalten werden, nicht zu entziffern sein und listen lediglich den Inhalt unseres Lagers mit genauer Ortsbeschreibung und die Namen der Mitglieder unserer Gruppe mit ihren Adressen etc. auf. Ich dachte zuerst daran, Ihnen die Namen in meinem Brief mitzuteilen, doch dann überlegte ich mir, daß vielleicht jemand den Brief lesen könne und somit in der Lage wäre, sich Ihnen gegenüber als berechtigtes Mitglied der Gruppe auszugeben, deshalb habe ich mich für den jetzigen Plan entschieden.«

Beales zweiter Brief scheint eine überflüssige, nachträgliche Überlegung darzustellen. Er sollte Morris daran erinnern, daß das Papier, in dem die Mitglieder der Gruppe und deren Nutznießer aufgeführt waren, ihn in die Lage versetzen würde, das Gold gerecht aufzuteilen.

Aber natürlich konnte Morris den Code nicht ohne den dazugehörigen Schlüssel knacken. Als er die gesamten Papiere im Jahre 1862 Ward aushändigte, hatte er nur einige ehrenvolle Bedingungen bezüglich der Verteilung des Schatzes – sollte er jemals gefunden werden – erarbeitet. Ward sollte die Hälfte von Morris' Anteil, ein zweiundsechzigstel, erhalten.

James Ward, der Code-Entschlüssler

Ward machte sich mit großem Enthusiasmus an die Arbeit. Im Jahr darauf starb Morris. Anfänglich erforschte Ward Beales Briefe, da er hoffte, sie werden den Schlüssel enthalten. Er studierte die drei Zahlengruppen eingehendst und suchte so systematisch, wie es in einem Gebiet mit so unendlich vielen Möglichkeiten nur ging, nach einem Text, der ihm den Schlüssel liefern würde. Er war zu dem Schluß gelangt, daß es sich um einen Standardcode handeln mußte, bei dem jede Zahl einen Buchstaben aus einem vorher gewähltem Text darstellt – einer der einfachsten und gleichzeitig einer der effektivsten Codes. Er schrieb: »Jede Zahl stellt einen Buchstaben dar, doch da die Zahlen die Anzahl der Buchstaben im Alphabet derartig übersteigen... stehen viele verschiedene Zahlen für ein und denselben Buchstaben.«

Schließlich gelang es ihm, einen der Schlüssel herauszufinden: Die Unabhängigkeitserklärung. Indem er jede Zahl dem entsprechenden Wort zuordnete und jeweils den Anfangsbuchstaben dieser Worte benutzte, kam er zu der folgenden Aussage:

Ich habe im Bezirk von Bedford ungefähr vier Meilen von Bufords entfernt in einem Graben oder Schacht, der sechs Fuß unter der Erdoberfläche liegt, die folgenden Posten deponiert, die gemeinsam den Personen gehören, deren Namen hiermit in Nummer drei aufgeführt werden. Die erste Einlage bestand aus tausendundvierzehn Pfund Gold und dreitausendachthundertundzwölf Pfund Silber, deponiert im November 1819. Die zweite Einlage wurde im Dezember 1821 gemacht und bestand aus tausendneunhundertundsieben Pfund Gold und tausendzweihundertachtundachtzig Pfund Silber sowie Juwelen im Wert von dreizehntausend Dollar, die in St. Louis mit Silber bezahlt wurden, um später Transportmittel zu sparen. Das obengenannte ist sicher in eiserne Töpfe mit eisernen Verschlüssen verpackt. Der Schacht ist grob mit Steinen ausgekleidet, und die Gefäße stehen auf massivem Stein und sind mit weiteren Steinen bedeckt. Papier Nummer eins beschreibt die genaue Stelle des Schachtes, so daß er ohne Schwierigkeiten zu finden ist.

Ward war schon dabei aufzugeben, als er diese

Beales Code Nr. 1
Noch unentschlüsselte Ortsbeschreibung des Verstecks

71	194	38	1701	89	76	11	83	1629	48
94	63	132	16	111	95	84	341	975	14
40	64	27	81	139	213	63	90	1120	8
15	3	126	2018	40	74	758	485	604	230
436	664	582	150	251	284	308	231	124	211
486	225	401	370	11	101	305	139	189	17
33	88	208	193	145	1	94	73	416	918
263	28	500	538	356	117	136	219	27	176
130	10	460	25	485	18	436	65	84	200
283	118	320	138	36	416	280	15	71	224
961	44	16	401	39	88	61	304	12	21
24	283	134	92	63	246	486	682	7	219
184	360	780	18	64	463	474	131	160	79
73	440	95	18	64	581	34	69	128	367
460	17	81	12	103	820	62	116	97	103
862	70	60	1317	471	540	208	121	890	346
36	150	59	568	614	13	120	63	219	812
2160	1780	99	35	18	21	136	872	15	28
170	88	4	30	44	112	18	147	436	195
320	37	122	113	6	140	8	120	305	42
58	461	44	106	301	13	408	680	93	86
116	530	82	568	9	102	38	416	89	71
216	728	965	818	2	38	121	195	14	326
148	234	18	55	131	234	361	824	5	81
623	48	961	19	26	33	10	1101	365	92
88	181	275	346	201	206	86	36	219	320
829	840	68	326	19	48	122	85	216	284
919	861	326	985	233	64	68	232	431	960
50	29	81	216	321	603	14	612	81	360
36	51	62	194	78	60	200	314	676	112
4	28	18	61	136	247	819	921	1060	464
895	10	6	66	119	38	41	49	602	423
962	302	294	875	78	14	23	111	109	62
31	501	823	216	280	34	24	150	1000	162
286	19	21	17	340	19	242	31	86	234
140	607	115	33	191	67	104	86	52	88
16	80	121	67	95	122	216	548	96	11
201	77	364	218	65	667	890	236	154	211
10	98	34	119	56	216	119	71	218	1164
1496	1817	51	39	210	36	3	19	540	232
22	141	617	84	290	80	46	207	411	150
29	38	46	172	85	194	36	261	543	897
624	18	212	416	127	931	19	4	63	96
12	101	418	16	140	230	460	538	19	27
88	612	1431	90	716	275	74	83	11	426
89	72	84	1300	1706	814	221	132	40	102
34	858	975	1101	84	16	79	23	16	81
122	324	403	912	227	936	447	55	86	34
43	212	107	96	314	264	1065	323	428	601
203	124	95	216	814	2906	654	820	2	301
112	176	213	71	87	96	202	35	10	2
41	17	84	221	736	820	214	11	60	760

Beales Code Nr. 2
Angaben zum Inhalt des Verstecks (entschlüsselt)

115	73	24	818	37	52	49	17	31	62
657	22	7	15	140	47	29	107	79	84
56	238	10	26	822	5	195	308	85	52
159	136	59	210	36	9	46	316	543	122
106	95	53	58	2	42	7	35	122	53
31	82	77	250	195	56	96	118	71	140
287	28	353	37	994	65	147	818	24	3
8	12	47	43	59	818	45	316	101	41
78	154	994	122	138	190	16	77	49	102
57	72	34	73	85	35	371	59	195	81

The Beale Codes

92	190	106	273	60	394	629	270	219	106
388	287	63	3	6	190	122	43	233	400
106	290	314	47	48	81	96	26	115	92
157	190	110	77	85	196	46	10	113	140
353	48	120	106	2	616	61	420	822	29
125	14	20	37	105	28	248	16	158	7
35	19	301	125	110	496	287	98	117	520
62	51	219	37	113	140	818	138	549	8
44	287	388	117	18	79	344	34	20	59
520	557	107	612	219	37	66	154	41	20
50	6	584	122	154	248	110	61	52	33
30	5	38	8	14	84	57	549	216	115
71	29	85	63	43	131	29	138	47	73
238	549	52	53	79	118	51	44	63	195
12	238	112	3	49	79	353	105	56	371
566	210	515	125	360	133	143	101	15	284
549	252	14	204	140	344	26	822	138	115
48	73	34	204	316	616	63	219	7	52
150	44	52	16	40	37	157	818	37	121
12	95	10	15	35	12	131	62	115	102
818	49	53	135	138	30	31	62	67	41
85	63	10	106	818	138	8	113	20	32
33	37	353	287	140	47	85	50	37	49
47	64	6	7	71	33	4	43	47	63
1	27	609	207	229	15	190	246	85	94
520	2	270	20	39	7	33	44	22	40
7	10	3	822	106	44	496	229	353	210
199	31	10	38	140	297	61	612	320	302
676	287	246	44	33	32	520	557	10	6
250	566	246	53	37	52	83	47	320	38
33	818	7	44	30	31	250	10	15	35
106	159	113	31	102	406	229	549	320	29
66	33	101	818	138	301	316	353	320	219
37	52	28	549	320	33	8	48	107	50
822	7	2	113	73	16	125	11	110	67
102	818	33	59	81	157	38	43	590	138
19	85	400	38	43	77	14	27	8	47
138	63	140	44	35	22	176	106	250	314
216	2	10	7	994	4	20	25	44	48
7	26	46	110	229	818	190	34	112	147
44	110	121	125	96	41	51	50	140	56
47	152	549	63	818	28	42	250	138	591
98	653	32	107	140	112	26	85	138	549
50	20	125	371	38	36	10	52	118	136
102	420	150	112	71	14	20	7	24	18
12	818	37	67	110	62	33	21	95	219
520	102	822	30	83	84	305	629	15	2
10	8	219	106	353	105	106	60	242	72
8	50	204	184	112	125	549	65	106	818
190	96	110	16	73	33	818	150	409	400
50	154	285	96	106	316	270	204	101	822
400	8	44	37	52	40	240	34	204	38
16	46	47	85	24	44	15	64	73	138
818	85	78	110	33	420	515	53	37	38
22	31	10	110	106	101	140	15	38	3
5	44	7	98	287	135	150	96	33	84
125	818	190	96	520	118	459	370	653	466
106	41	107	612	219	275	30	150	105	49
53	287	250	207	134	7	53	12	47	85
63	138	110	21	112	140	495	496	515	14
73	85	584	994	150	199	16	42	5	4
25	42	8	16	822	125	159	32	204	612
818	81	95	405	41	609	136	14	20	28
26	353	302	246	8	131	159	140	84	440
42	16	822	40	67	101	102	193	138	204
51	63	240	549	122	8	10	63	140	47
48	140	288							

317	8	92	73	112	89	67	318	28	96
107	41	631	78	146	397	118	98	114	246
348	116	74	88	12	65	32	14	81	19
76	121	216	85	33	66	15	108	68	77
43	24	122	96	117	36	211	301	15	44
11	46	89	18	136	68	317	28	90	82
304	71	43	221	198	176	310	319	81	99
264	380	56	37	319	2	44	53	28	44
75	98	102	37	85	107	117	64	88	136
48	151	99	175	89	315	326	78	96	214
218	311	43	89	51	90	75	128	96	33
28	103	84	65	26	41	246	84	270	98
116	32	59	74	66	69	240	15	8	121
20	77	89	31	11	106	81	191	224	328
18	75	52	82	117	201	39	23	217	27
21	84	35	54	109	128	49	77	88	1
81	217	64	55	83	116	251	269	311	96
54	32	120	18	132	102	219	211	84	150
219	275	312	64	10	106	87	75	47	21
29	37	81	44	18	126	115	132	160	181
203	76	81	299	314	337	351	96	11	28
97	318	238	106	24	93	3	19	17	26
60	73	88	14	126	138	234	286	297	321
365	264	19	22	84	56	107	98	123	111
214	136	7	33	45	40	13	28	46	42
107	196	227	344	198	203	247	116	19	8
212	230	31	6	328	65	48	52	59	41
122	33	117	11	18	25	71	36	45	83
76	89	92	31	65	70	83	96	27	33
44	50	61	24	112	136	149	176	180	194
143	171	205	296	87	12	44	51	89	98
34	41	208	173	66	9	35	16	95	8
113	175	90	56	203	19	177	183	206	157
200	218	260	291	305	618	951	320	18	124
78	65	19	32	124	48	53	57	84	96
207	244	66	82	119	71	11	86	77	213
54	82	316	245	303	86	97	106	212	18
37	15	81	89	16	7	81	39	96	14
43	216	118	29	55	109	136	172	213	64
8	227	304	611	221	364	819	375	128	296
11	18	53	76	10	15	23	19	71	84
120	134	66	73	89	96	230	48	77	26
101	127	936	218	439	178	171	61	226	313
215	102	18	167	262	114	218	66	59	48
27	19	13	82	48	162	119	34	127	139
34	128	129	74	63	120	11	54	61	73
92	180	66	75	101	124	265	89	96	126
274	896	917	434	461	235	890	312	413	328
381	96	105	217	66	118	22	77	64	42
12	7	55	24	83	67	97	109	121	135
181	203	219	228	256	21	34	77	319	374
382	675	684	717	864	203	4	18	92	16
63	82	22	46	55	69	74	112	135	186
175	119	213	416	312	343	264	119	186	218
343	417	845	951	124	209	49	617	856	924
936	72	19	29	11	35	42	40	66	85
94	112	65	82	115	119	236	244	186	172
112	85	6	56	38	44	85	72	32	47
73	96	124	217	314	319	221	644	817	821
934	922	416	975	10	22	18	46	137	181
101	39	86	103	116	138	164	212	218	296
815	380	412	460	495	675	820	952		

Anmerkung: Diese Texte müssen waagerecht, nicht senkrecht gelesen werden.

Entdeckung machte. Seine Besessenheit, den Schlüssel für den Code zu finden, hatte ihn viele Jahre, viel von seiner Gesundheit und seinem Geldes und den Frieden und das Glück mit seiner Familie gekostet. Es war eine grausame Provokation, daß der einzige Code, den er enträtseln sollte, derjenige war, der den Schatz, aber nicht dessen Wie und Wo beschrieb. Ward machte sich, nun blind für alles andere, mit neuer Kraft und Hoffnung an die Sache.

Im Jahre 1885 war Ward, nun verarmt, reumütig und verbittert, von der Lösung noch immer so weit entfernt wie am Anfang. Er gab schließlich auf und beschloß, sein Geheimnis mit der Öffentlichkeit zu teilen in der Hoffnung, einen Teil seiner Verluste wiedergutzumachen. Er verfaßte eine kleine Broschüre mit dem Titel THE BEALE PAPERS, in der er die gesamte Geschichte nacherzählte und alle relevanten Dokumente abdrukken ließ. Selbst jetzt noch wurde Ward vom Pech verfolgt. Ein Feuer in der Druckerei zerstörte fast sämtliche Kopien.

Wir dürfen annehmen, daß wir es hier nicht einfach mit einem grausamen und gut ausgeklügelten Streich zu tun haben. Das wäre zwar möglich, doch was Morris und Ward betrifft, wissen wir, daß sie in gutem Glauben gehandelt haben, und nach allem, was uns über Beale bekannt ist, gibt es keinen Grund zur Annahme, daß er uns mutwillig – bei großem Zeit- und Geldaufwand – ein derartig böses Erbe hinterlassen hätte. Ein Fund, wie ihn Beale und seine Gruppe machten, liegt absolut im Bereich des Möglichen, und es gibt goldhaltige Berge im Norden von Santa Fé. Die Tatsache, daß alle dreißig Berechtigten so früh gestorben sein sollen, erscheint auf den ersten Blick unerklärlich, aber man darf nicht vergessen, daß die Männer als Gruppe reisten und ihr Glück im feindlichen Indianergebiet suchten. Zweifellos waren alle oder viele von ihnen noch mit Beale zusammen, als er im Jahre 1822 diesen Brief an Morris schrieb.

Die beiden verschlüsselten Nachrichten, Code 1 und 3, die noch zu entziffern sind, sind wahrscheinlich auf ähnliche Weise wie Code 2 verschlüsselt. Nr. 1 soll uns zur Stelle des Schachtes führen. Nr. 3 enthält die Namen der Berechtigten und die Namen und Adressen ihrer Nutznießer. Hier stoßen wir auf einen interessanten Punkt. In diesem Dokument gibt es etwas mehr als sechshundert Zahlen. Wenn jede Zahl wie in Code 2 einen Buchstaben darstellt, müssen wir annehmen, daß zwei Namen und eine Adresse in durchschnittlich 20 Buchstaben enthalten sind, oder, in anderen Worten, daß keine Informationseinheit mehr als durchschnittlich sieben Buchstaben enthält. Selbst ein so kurzer Name und eine so knappe Adresse wie »John Smith, Denver« enthält 15 Buchstaben und übersteigt somit sozusagen das Limit.

Daher erscheint es mir wahrscheinlich, daß wir es hier mit ein oder zwei möglicherweise differenzierteren Varianten des Basiscodes zu tun haben. Die angegebenen Zahlen (sie beginnen beispielsweise, »317, 8, 92, 73, 112...«) sollten vielleicht eher als einzelne Ziffern oder als Zweiereinheiten gelesen werden, und die Kommas könnten vielleicht lediglich deshalb eingesetzt worden sein, um die Verwirrung noch zu vergrößern – ein allgemein bekannter Trick bei der Verschlüsselung. Andererseits wäre es auch möglich, daß Beale eine Art lokales Verzeichnis als Schlüssel gewählt hat. Ist dies der Fall gewesen, dann wäre ein Wählerverzeichnis, in dem Namen wie »John« oder »Denver« häufig vorkommen, wohl am wahrscheinlichsten. Ich persönlich bevorzuge die erste Theorie, was bedeuten würde, daß dieser Schlüssel auf ein Maximum von hundert und ein Minimum von zehn Worten begrenzt wäre.

WEITERE SCHRITTE

Wie die Unabhängigkeitserklärung müssen die Schlüssel zu der Zeit, als sie ausgedacht wurden, den Bürgern von Virginia frei zugänglich gewesen sein. Es könnte sich dabei natürlich auch einfach um Gebete, Reime oder andere allgemein bekannte Texte handeln.

Bei Code Nr. 3 kann natürlich auch von einer anderen Perspektive ausgegangen werden. In bezug auf dieses Dokument können verschiedene Theorien aufgestellt werden. Man könnte den Namen von Beales Kameraden nachgehen, und wir können durchaus damit rechnen, wiederholte Hinweise auf Richmond und andere Städte in Virginia zu entdecken.

Die Beale-Codes werden eines Tages entschlüsselt werden, und ich kann nur empfehlen, daß dieser Schatzsucher sich einzig und allein auf die langen Zahlenlisten konzentriert. Der vollständige Text von The Beale Papers ist bei der The Beale Cypher Association zu beziehen. Bei der Lösung dieses Geheimnisses wird Glück eine ebenso große Rolle spielen wie gewissenhafter Eifer und Geschick.

Ein einfallsreicher Kollege machte, nachdem er von der Geschichte der Codes erfahren hatte, sofort folgenden Vorschlag. Wenn der Schlüssel für Code 2 die Unabhängigkeitserklärung sei und somit in Zusammenhang mit Jefferson stehe, müsse der Schlüssel für den ersten Code Thomas sein (hier kommt am ehesten Thomas Paine in Frage, doch eine genauere Untersuchung der Predigten des Apostels Thomas könnte durchaus ebenfalls lohnenswert sein). Und der Schlüssel zu Code 3 müsse Beale selbst oder ein aus diesem Namen geformtes Wortspiel sein. Ich hatte noch nicht die Gelegenheit, diese Theorie zu überprüfen, aber sie klingt sicherlich sehr interessant. Jegliche vernünftige Überlegung dieser Art könnte das nun schon seit über einem Jahrhundert bestehende Rätsel lösen.

PLAZUELA-KLOSTER, COCHABAMBA (BOLIVIEN)

Vergrabene Jesuitenschätze

Im Jahre 1767 ordnete Karl III., König von Spanien, die Vertreibung aller Jesuiten aus Bolivien an. Sie waren zu mächtig geworden, und aufgrund ihres Reichtums schien es, als laute ihre Devise, gebet Gott was Gottes ist und behaltet das, was des Kaisers ist. Das königliche Fünftel, eine Steuer, die für alle Schätze aus der neuen Welt galt, war von den Jesuiten seit vielen Jahren ignoriert worden. Es kursierten sogar Gerüchte, nach denen sie eine von Spanien unabhängige Kolonie gründen wollten.

Die Jesuiten von Plazuela mögen vielleicht daran gezweifelt haben, daß der Deportationsbefehl jemals in Kraft treten würde. Sie benahmen sich wie Herrscher in ihrer abgelegenen Waldgegend und hielten sich vielleicht sogar für unangreifbar. Doch schon sehr bald mußten sie den Ernst der Lage erkennen, als nämlich die spanischen Behörden eine Blockade der Bergpfade verfügten und somit für die Jesuiten unmöglich machten, Versorgungsnachschub zu beziehen bzw. Gold abzutransportieren.

Seit 1635 oder ein wenig später war Plazuela das Hauptdepot für die Produkte der benachbarten Minen gewesen, darunter die Tres Tertillas und El Carmen, deren Reichtum schon fast legendär war. Im Laufe des vergangenen Jahrhunderts war es zum wohl reichsten aller reichen Priesterseminare in Lateinamerika geworden. Nachdem die Priester begriffen hatten, daß ihre Ausweisung unvermeidbar war, beschlossen sie, ihr Gold und Silber zumindest nicht in weltliche Hände fallen zu lassen. Man weiß, daß zu dieser Zeit fünfhundert indianische Arbeiter für sie tätig waren. Die Leichname von dreihundert dieser Arbeiter, die an Fieber starben, wurden angeblich in einem naheliegenden Berg vergraben. Eine hiesige Legende verweist noch auf eine andere Stelle, an der sich ein Massengrab befinden soll. Es mag müßig und unverantwortlich sein, aufgrund eines derartig dürftigen Beweises anzunehmen, daß die Padres von Plazuela ihre Diener ermordeten, nachdem sie ihre Arbeit getan hatten. Doch andererseits hätte es wenig Sinn gehabt, ein derartiges Vorhaben überhaupt durchzuführen wenn nicht diejenigen, die daran beteiligt waren, aus einem gemeinsamen Interesse heraus Schweigen geschworen hätten, oder tot waren.

Elf Jahre nach dem Deportationsbefehl kamen verwirrte spanische Soldaten nach Plazuela, um die Befehle ihres Königs auszuführen. Sie fanden die Stätte verlassen und bar aller Schätze vor. Die Befragung einiger unglücklicher Indios ergab selbst unter Folter keine Lösung des Rätsels. Die Soldaten kehrten mit leeren Händen zurück.

Die Prodgers-Expedition

Die Geschichte des Jesuitenschatzes, der angeblich – und vermutlich – irgendwo in der Nähe des Seminars vergraben wurde, hat immer weitergelebt. Wir wissen von mindestens zwei Expeditionen, die im folgenden Jahrhundert nach Plazuela unternommen wurden, die eine davon unter der Schirmherrschaft des damaligen Präsidenten, Ge-

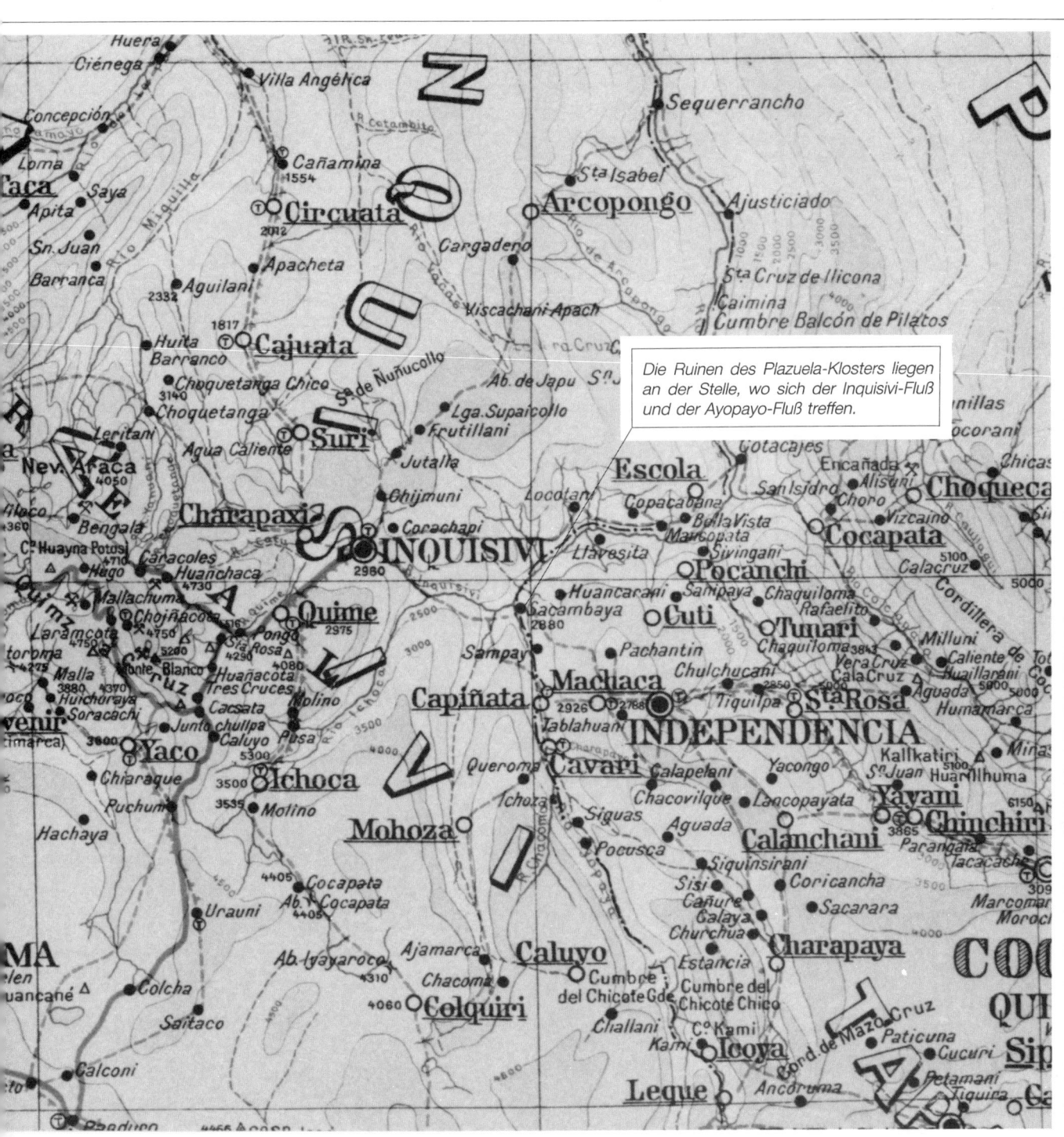

Die Ruinen des Plazuela-Klosters liegen an der Stelle, wo sich der Inquisivi-Fluß und der Ayopayo-Fluß treffen.

Karte eines Teiles der Provinz Cochobamba, Bolivien, von einer bolivianischen Regierungskarte aus dem Jahre 1933. Maßstab ungefähr 1:4000000.

neral Mariano Melgarejo. Selbst der Staat ging bis dahin davon aus, daß der Jesuitenschatz irgendwo versteckt liegen mußte, doch diese Expeditionen hatten mit einem schwerwiegenden Nachteil zu kämpfen – einer falschen Überlieferung, vielleicht von den verschlagenen Mönchen selbst erfunden und genährt, in bezug auf die angebliche Lage des Schatzes.

Es dauerte bis zum Jahre 1904, bis die wirklichen Tatsachen ans Tageslicht kamen. Cecil H.

Prodgers, einem bekannten Bergbauingenieur, wurde von der Tochter eines ehemaligen Präsidenten von Peru ein höchst interessanter Vorschlag unterbreitet. Corina San Roman erzählte Prodgers – der das schnell verifizierte –, daß ihr Großvater der jüngste Bruder einer der acht Jesuiten von Plazuela gewesen sei. Im Jahre 1778, als er Präfekt von Callao gewesen sei, sei er von seinem abreisenden Bruder, Vater Gregorio San Roman, besucht worden, der ihm eine Beschreibung des Schatzversteckes hinterlassen habe:

Es gibt einen Berg am linken Ufer des Rio Sacambaya gegenüber dem Kloster von Plazuela. Er ist steil und von dichtem Wald bedeckt. Die Spitze ist flach und mit langem Gras bewachsen. Mitten im langen Gras steht ein großer, eiförmiger Stein, der so groß ist, daß fünfhundert Indios nötig waren, um ihn dorthin zu bringen. Wenn man fünf cordas unter diesen Stein gräbt, stößt man auf das Dach einer großen Höhle. Zweiein-

Links: Das Tal des Flusses Inquisivi, wo er sich mit dem Ayopayo verbindet, unweit der Ruinen des Plazuela-Klosters. In einem der auf diesem Photo abgebildeten Berge verbrachten die Jesuiten über zwei Jahre damit, ein Vermögen an Gold, Silber und Edelsteinen vor ihrer Vertreibung aus Südamerika Ende des 18. Jahrhunderts zu verstecken.

Auf Stratford Jollys Kartenskizze sind alle wichtigen Stellen von Plazuela aufgeführt. Es sollte jedoch erwähnt werden, daß die Bezeichnungen der Flüsse in diesem Jahrhundert mehrmals geändert wurden.

117

halb Jahre arbeiteten 500 Indios daran, diese auszuhöhlen. Das Dach ist vierundzwanzig cordas lang. Es gibt zwei Abteile und einen langen engen Gang, der von dem Raum im Osten zum Haupteingang führt, der zweihundert cordas entfernt liegt. Wenn man die Tür erreicht hat, muß man beim Öffnen sehr viel Sorgfalt aufwenden. Die Tür ist groß und aus Eisen, und zur Rechten im Inneren, nahe der Wand, werden Sie das Abbild einer aus reinem Gold gefertigten Madonna sehen, die drei Fuß hoch ist und deren Augen aus zwei großen Diamanten bestehen; diese Statue wurde zu Ehren des Guten im Menschen dort aufgestellt. Wenn Sie weiter durch diesen Gang gehen, werden Sie im ersten Raum 37 Goldhaufen und viele wertvolle Gold- und Silberornamente sowie Edelsteine entdecken. Beim Eintritt in den zweiten Raum werden Sie in der rechten Ecke eine große, mit Eisenstangen verschlossene Kiste erkennen; in dieser Kiste sind 90 000 duros reales in Silbergeld und 30 Beutel mit Gold. In den Aushöhlun-

gen auf beiden Seiten des Tunnels und in den beiden Räumen liegen insgesamt 160 Goldhaufen, deren Wert auf 60 Millionen duros reales geschätzt wurde. Beim Betreten dieser Räume muß große Sorgfalt aufgewandt werden, da genügend Gift ausgestreut wurde, um ein ganzes Regiment des Königs zu töten. Die Wände der beiden Räume wurden durch große Granitblöcke verstärkt; die Entfernung vom Dach nach unten beträgt weitere 5 cordas. Die Spitze des Daches ist in drei verschiedene Esplanaden unterteilt, und das Ganze ist bis zu einer Tiefe von fünf cordas mit Erde und Steinen bedeckt.

Wenn Sie an eine Stelle in zwanzig Fuß Höhe kommen, wo die Wände so weit auseinanderliegen, daß zwei Männer leicht nebeneinander reiten können, überqueren Sie den Fluß, und Sie werden auf das Kloster, die Kirche und andere Gebäude stoßen.

(Die corda ist eine alte spanische Maßeinheit, die in etwa 22 Fuß und 7 Zoll (6,9 m) entspricht).

Die Lehmwände der Jesuitenmission mit Aushöhlungen, verursacht durch Schatzsucher. Andere Ruinen liegen in der Nähe.

Corina San Roman schlug Prodgers vor, den Schatz mit ihm zu teilen, wenn er die Arbeit übernehmen würde, ihn zu suchen. Er war einverstanden und machte sich bald darauf auf den Weg, versehen mit dem Namen eines alten Indios, den die San Romans lange bezahlt hatten, damit er über die Stätte wache, von dem sie aber über acht Jahre nichts mehr gehört hatten.

Dieser alte Mann, José Maria Ampuera, war weit über 100 Jahre alt und lebte in einem Dorf namens Cuti, wo Prodgers ihn im Jahre 1905 fand. Er war der Enkel eines der Männer, die den Jesuiten dabei geholfen hatten, den Schatz zu verstecken. Aus einer wohlhabenden Familie stammend, hegte er aufgrund früherer Mißhandlungen einen anhaltenden Groll gegen die bolivianischen Behörden. Dies war auch der Grund, warum er den Irrtum von Präsident Melgarejo, der den Schatz auf dem Berg Negro Muerto, d.h., »Schwarzer Tod«, auf der falschen Seite des Sacambaya-Flusses suchte, nicht korrigiert hatte. Die wahre Stätte, zu der er Prodgers gerne hinführte, als er erfuhr, daß dieser die Interessen der San Romans vertrat, war ein Berg namens Caballo Cunco. Der Negro Muerto war in der Tat das Massengrab der indianischen Bauarbeiter, die angeblich an Fieber gestorben waren.

José wartete unten, als Prodgers den Berg hochkletterte. Zu seiner Freude fand Prodgers sofort den im Dokument beschriebenen eiförmigen Stein. Sobald er die Genehmigung der Regierung eingeholt hatte, an der Stätte zu arbeiten, sprengte er den Stein, der eine Höhe von 15 Fuß und einen Durchmesser von 14 Fuß hatte. Darunter fand er ein künstliches Ziegeldach und Schieferplatten, 75 Fuß lang und 30 Fuß breit. Er begann seine Ausgrabungen am südlichsten Ende. Später schrieb er darüber folgendes:

Ich fand die Knochen von Vögeln, Meerschweinchen, einige Schneckenhäuser, die man immer an Bäumen findet, und Steine und Kiesel, die unten vom Flußufer stammten, und als ich in einer Tiefe von 9 Fuß einen Holzkorken und in einer Tiefe von 12 Fuß eine gelbe Altarplatte mit eingravierten Blumen entdeckte, hatte ich kein Zweifel mehr...«

Er erfuhr ebenfalls, daß der indianische Besitzer des Caballo Cunco im Laufe vieler Jahre an die 20000 Pfund auf dem Hügel gefunden hatte. Nachdem José zu Prodgers Vertrauen gefaßt hatte, erzählte er ihm, daß er und seine Söhne einige Jahre vor Melgarejos Expedition eine 40 Pfund schwere goldene Glocke gefunden hatten, allerdings erwähnt Prodgers nicht, wo.

All das war sehr ermutigend, aber fünf cordas tief hinunter graben, erfordert seine Zeit. Ende des Jahres 1907, nachdem er drei Sommer hindurch gesucht und eine Anzahl aufregender Abenteuer erlebt hatte und zweimal knapp dem Tode entronnen war – einmal, als giftiges Gas entströmte, nachdem er ein Bambusrohr in den Berg getrieben und etwas Weiches getroffen hatte –, hatte Prodgers nach all seinen Bemühungen nichts weiter vorzuweisen als eine Anzahl Silberplatten, die er in einem alten Grabhügel in der Nähe des Flusses entdeckt hatte. Der Aberglaube der Indios hatte ihn fortwährend bei seinen Nachforschungen behindert. Er kehrte nach England zurück, um ein weniger abergläubisches Arbeitsteam zusammenzustellen, doch er sollte nie wieder nach Plazuela zurückkommen.

Die Suche geht weiter

Im Jahre 1913 versuchte ein unbekannter Mann aus Cornwall, den Forscher Oberst Fawcett dazu zu überreden, nach dem Schatz von Plazuela zu suchen. Fawcett besuchte die Stätte und fand genügend Spuren vorausgegangener Suchaktionen, doch seine wahren Interessen lagen auf anderem Gebiet, und er lehnte es ab, für dieses Projekt Geld und Zeit zu investieren. Dieser Mann aus Cornwall behauptete, sich bereits mit einem Engländer zusammengeschlossen zu haben. Wenn dieser Partner Prodgers war, dann muß der Mann aus Cornwall der unermüdliche und leidige Tredennick gewesen sein, der von 1921 bis 1927 völlig allein in Plazuela arbeitete und viele Tunnel und Gänge in Caballo Cunco grub. Seine bedeutendste Tat während dieser Zeit war die mißlungene Sprengung eines Minenschachts, die eine

Der Quadersteinhaufen war ein riesiges, künstliches Bauwerk, dessen Maße 618 × 128 ft (188 × 39 m) betrugen. Er wurde auf dem Caballo Cunco, einem Berg bei Plazuela, während der ersten Expedition von Sander in den Jahren 1925/1926 entdeckt.

Sanders glaubte, daß der Steinhaufen das Dach der Höhle mit dem Schatz sei. Doch zuerst begann er den Tunnel zu räumen, der vollständig mit Erde gefüllt war. Sanders glaubte, daß das Dokument, das von Vater San Roman stammen sollte, in Wirklichkeit gar nicht von ihm, sondern von seinem Bruder geschrieben worden sei, der versucht hatte, alles festzuhalten, was ihm erzählt worden war. Er war davon überzeugt, daß der eiförmige Stein nur ein Markierungszeichen war und das man sich nicht auf die im Dokument erwähnten Details verlassen sollte.

Nachdem er einige Tage in dem Tunnel gegraben hatte, stieß er auf ein Brett, auf das ein Silberkruzifix genagelt war. Knapp vier Meter tiefer stieß seine Gruppe auf eine Wand aus losen Steinen, die den Tunnel völlig blockierten. In dieser Wand war ein Loch, und darin steckte eine hölzerne Schachtel, die unter seinen Händen zerfiel. Die Schachtel beinhaltete ein Stück Pergament, das noch gut erhalten war. Es handelte sich um eine beschriebene Seite, alles in Spanisch mit Ausnahme des letzten Satzes, der in Latein verfaßt war. Sanders las in Anwesenheit der indianischen Arbeiter den Text sorgfältig vor:

Du, der Du diesen Ort erreichst, ziehe Dich zurück. Diese Stätte ist Gott geweiht, und denjenigen, der es wagt einzutreten, erwartet ein schmerzlicher Tod in dieser Welt und ewige Verdammnis in der Welt, in die er dann eingeht. Die Reichtümer, die Gott unserem Herrn gehören, sind nicht für den Menschen bestimmt. Ziehe Dich zurück, und Du wirst in Frieden leben, und der Segen des Herrn wird Dein Leben versüßen, und Du wirst reich an den Gütern dieser Welt sterben. Gehorche dem Befehl Gottes des Allmächtigen, unseres Herrn im Leben und im Tod. Im Namen des Vaters, des Sohnes und des Heiligen Geistes. Amen.

Sanders stand, so schien es, an der Schwelle der Schatzhöhle, doch er hatte einen fatalen Fehler begangen, als er diese Worte laut verlas. Die Indios, voller Angst und Aberglauben, weigerten sich, weitere Arbeiten im Tunnel auszuführen. Da die Regenzeit kurz bevorstand, mußte Sanders die Arbeiten für dieses Jahr einstellen.

Sanders hatte bereits viele tausend Pfund in dieses Unternehmen gesteckt, doch er war voller Hoffnung. Wieder zurück in England, hatte er

gewaltige Erschütterung zur Folge hatte, die über eineinhalb Stunden anhielt. Man sagt, daß Tredennick auf den Rat seines Hindu-Yogis hin so lange an der Stätte ausgehalten habe.

Prodgers starb im Jahre 1923, doch im Jahre 1920 hatte er sein Wissen an den Bergbauexperten Dr. Edgar Sanders weitergegeben, unter der einzigen Bedingung, daß Sanders Prodgers Verpflichtungen gegenüber Corina San Roman erfüllen würde.

Sanders organisierte im Jahre 1925 eine kleine Expedition und untersuchte in jenem und dem darauffolgenden Jahr systematisch den gesamten Berg. Er machte zwei Entdeckungen. Ungefähr 900 Fuß unterhalb der Stelle mit dem eiförmigen Stein fand er ein riesiges vollkommen rechteckiges Bauwerk mit den Maßen 618 × 128 ft (188 × 39 m), daß später als »Quadersteinhaufen« bekannt wurde. Genau gegenüber von den Missionsruinen, unweit des Steinhaufens, befand sich ein Tunnel.

zuallererst eine Broschüre veröffentlicht mit dem Ziel, eine Gruppe zu bilden, die in der Lage wäre, eine neue Expedition so perfekt wie nur möglich auszurüsten. Schließlich wurden 20 000 Pfund aufgebracht, mit denen 45 Tonnen Ausrüstung gekauft werden konnten. Darunter waren vier Kompressoren, zwei Generatoren, sechs Kräne, zwei dreiachsige Morris-Traktoren, eine hydraulische Pumpe und ein großes Zelt von 9 × 15 m. Im März 1928 fuhren Sanders und weitere zweiundzwanzig Männer mit dem Schiff aus Liverpool ab.

Die Gruppe begann am 15. Juni mit der Arbeit und verbrachte die ersten zehn Tage damit, die dicke und nasse Erde aus dem Tunnel zu entfernen. Zu ihrem Erstaunen und Schrecken, erwies sich der Tunnel als Sackgasse. Obwohl es sich natürlich auch um einen Versuchstunnel handeln konnte und es durchaus im Bereich des Möglichen lag, daß ein anderer Tunnel in den Steinhaufen führte, war Sanders davon überzeugt, daß es sich hierbei um ein Ablenkungsmanöver der Jesuiten handelte, um Sucher in die Irre zu führen.

Danach erforschten sie die Ruinen der alten Festung, die von dem Steinhaufen ebenso weit entfernt war wie der erste Tunnel, doch sie konnten keinen Hinweis auf einen anderen Tunneleingang entdecken und richteten daher ihre Aufmerksamkeit auf den eigentlichen Steinhaufen. Sie gruben auf der Suche nach der Schatzhöhle senkrecht nach unten, stießen Ende Juli aber auf unberührten Fels. Eine Art Hoffnungslosigkeit verbreitete sich. Der Berg – das Gebiet, auf das sich ihre Suche konzentrierte – war einfach zu groß. Jeder der Marksteine hatte derartige Erwartungen erweckt, daß jeder Fehlschlag sie mehr und mehr entmutigte, wenn ihre Hoffnungen nach Wochen harter Arbeit enttäuscht wurden.

Ihr Aufenthalt war jedoch nicht völlig ergebnislos. Um ihre Enttäuschung zu überwinden, begannen sie, andere Stätten in der Nachbarschaft zu erkunden. Sie ritten beispielsweise zu einer Höhle, die nur drei Stunden entfernt war, wo die Skelette weiterer dreihundert Indios lagen. Außerdem besuchten sie das Kloster von Cuticutini, das nur eine Meile von den Ruinen der Festung,

Das Silberkruzifix, das Sander in einem Tunnel genau gegenüber von den Klosterruinen entdeckte. Dabei lag ein Stück Pergament, das besagte: »Du, der Du diesen Ort erreichst, ziehe Dich zurück...«

allerdings auf dem anderen Ufer des Sacambaya-Flusses, stand, wo sie Goldreliquien unter dem Altar einer Kapelle fanden. Ein Geologe, der sie nach Monte Sapo, einer Goldmine in der Nähe von Cuticutini, begleitete, befand die Mine für sehr ergiebig.

All dies bestätigte ihe Wissen und erhärtete ihren Verdacht. Die Jesuiten hatten extrem ergiebige Minen betrieben. Es war unvorstellbar, daß es ihnen trotz der Blockade irgendwie gelungen sein könnte, ihren gesamten Reichtum an Münzen, Hostientellern und Barren über die Berge und dann auf dem Seeweg nach Spanien zu zaubern. Daher müssen die Schätze irgendwo in der Nähe der Mission sein. Viele Indios waren zu dieser Zeit und an diesem Ort gestorben. Es hatte umfassende Arbeiten im Berg gegeben. Der

Schatz mußte irgendwo dort liegen. Sanders überzeugung, daß der Steinhaufen die Ausgangsbasis für ihre Suche sein müsse, wurde durch eine wichtige Information von ihrem Schmied bekräftigt. Er erzählte ihnen, daß im Jahre 1927 eine Gruppe Türken oder Armenier Plazuela, Negro Muerto und Caballo Cunco mit einem Metalldetektor abgesucht, jedoch nur beim Steinhaufen positive Reaktionen erhalten habe. Als wollte er sie noch mehr auf die Folter spannen, erzählte ihnen ein sehr alter Indio, daß sein Vater dabei gewesen sei, als die Jesuiten an dieser Stelle umfangreiche Arbeiten durchgeführt hatten. Er sagte, daß es drei Eisentüren in einem Gang gebe, der zu der Schatzkammer führe.

Schließlich, mit Beginn der Regenzeit, mußten die Arbeiten eingestellt werden. »Ich kann Ihnen nicht sagen, wie ich mich gefühlt habe«, schrieb Sanders. »Ein gebrochenes Herz wäre ein zu milder Ausdruck dafür. Es gibt Momente, wo ich das Gefühl habe, daß mein Haar weiß geworden ist.« Als er sich weigerte, Schutzgelder an einen einflußreichen Erpresser zu zahlen, mußte er als letztes Mitglied der Gruppe Bolivien verlassen. Letztendlich blieb ihm keine andere Wahl, als aufzugeben und sich seinen Weg aus dem Land zu erkaufen. Über acht Monate hatte er und seine Gruppe fast 40000 Tonnen Stein völlig umsonst umgewälzt.

Die jüngsten Ereignisse

Mit Ausnahme eines einsamen Amerikaners, der zwei Jahre an der Stätte verbrachte und nichts gefunden hat, und dreier Bolivianern aus Cochabamba, von denen einer, so erzählt man sich, eines Nachts von Schätzen geträumt habe, aufgestanden sei, um danach zu graben und am nächsten Morgen von seinen Kameraden, zwei Goldbecher umklammernd und völlig von Sinnen, gefunden wurde, wurde Caballo Cunco anscheinend von niemanden mehr aufgesucht. Erst Mitte der 60er Jahre unternahmen die beiden Fernsehreporter Tony Morrison und Mark Howell eine weitere Expedition, ausgerüstet mit einem hoch-

entwickelten Metalldetektor, der auf Metall in einer Tiefe von bis zu 6 m ansprach. Sie wollten sich lediglich einen Überblick verschaffen, da eine genaue Erforschung der Stätte erst in einigen Jahren geplant war. Doch unglücklicherweise wählten sie die Regenzeit für ihre Reise.

»Die Reise war genauso, wie wir erwartet hatten«, schrieb Mark Howell später, »Erdrutsche, überschwemmte Straßen, weggespülte Wegbefestigungen. Wir marschierten durch Regen, Hagel und auf dem Cumbre auch durch Schnee, und anschließend schlitterten wir bei noch stärkeren Wolkenbrüchen die quälenden vierzig Meilen hinunter nach Quime. Das letzte Wegstück – ein steiler, gewundener Abstieg über 1200 m – bewältigten wir in der Dunkelheit.«

Als sie schließlich die Stätte sicher erreicht hatten, stellten sie fest, daß der Boden für ihren Metalldetektor ideal geeignet war. Sie kannten die Geschichte, nach der die Jesuiten den Eingang zu einem Tunnel verschlossen hatten, indem sie den Flußlauf über den Eingang leiteten. Dies veranlaßte sie, Versuche auf der Sandbank, die an das tatsächliche Flußufer grenzte, anzustellen. Doch dieses Unternehmen war mit wenig Freude verbunden. Sie untersuchten ebenfalls die kleine Kapelle, wo der irre Bolivianer angeblich die Goldbecher gefunden hatte. Die interessantesten Entdeckungen an dieser Stelle waren einige winzige Tontöpfe, Blumensträuße aus wilden Blumen, Essensreste und die angesengten Knochen eines Meerschweinchens – alles Opfergaben, die in den letzten Wochen dargebracht worden waren, und ein klarer Beweis dafür, daß diese Stätte, obwohl sie viele Meilen von der nächsten, selbst unbedeutendsten Indianersiedlung entfernt war, noch immer besucht wurde und von einiger Bedeutung war.

Morrison und Howell bestiegen als nächstes einen Berg, der ihrer Meinung nach der Caballo Cunco war, in der Erwartung, auf dessen Spitze den eiförmigen Stein zu entdecken. Doch der nur 120 m hohe Hügel war eindeutig nicht der Caballo Cunco, der mindestens doppelt so hoch ist, und selbst wenn es sich um den Caballo gehandelt hätte, wäre von dem Stein nur noch ein Bruchteil seiner einstigen Größe zu sehen gewesen.

Auf dem gegenüberliegenden Flußufer erforschten sie die Ruinen verschiedener Gebäude, darunter eine Kirche. Hier, knapp 5 m neben der Ruine eines Hauses, ortete Howell einen Metallgegenstand von ungefähr 50 cm Kantenlänge in einer Tiefe von ca. 1,4 m. Er informierte eiligst seinen Partner darüber, der ihm jedoch mitteilte, daß sie unverzüglich abreisen müßten. Die Regenzeit stand bevor. Sie gruben wie verrückt und bargen gerade, als die ersten Regentropfen fielen, eine alte trapezförmige Kupferplatte mit drei Löchern aus der Erde. Die Platte wog vier Pfund. Obwohl der Fund an sich unbedeutend war, bestärkte er sie in ihrer Annahme (ein Irrtum, wenn wir Sanders glauben), daß vor ihnen noch niemand die Stätte mit einem Metalldetektor abgesucht habe. In diesem Moment hatten sie jedoch

Diese schwere Kupferplatte wurde in Plazuela von Mark Howell mit einem Metalldetektor entdeckt. Er ortete es gerade, als die ersten Regenfälle begannen, und hatte kaum noch Zeit, es zu bergen, bevor er mit seinem Kameraden aus dem Tal floh.

Mark Howell war einer der Forscher, die Plazuela Mitte der 60er Jahre besuchten. Der Experte für die Suche nach Bodenschätzen ist hier mit dem Prototyp eines Metalldetektors abgebildet.

nur noch eine Sorge – so schnell wie möglich aus dem Tal zu kommen.

Nachdem sie selbst erlebt hatten, wie gefährlich und nutzlos eine Suche aufs Geratewohl in einem derartig großen und feindseligen Gebiet ist, beschlossen die beiden Reporter für ihren nächsten Besuch, die Suche umfassender und organisierter zu gestalten. Sie sprachen mit mehreren Indios, die behaupteten, das Geheimnis um das Schatzversteck zu kennen, maßen diesen Aussagen jedoch wenig Wert bei. Viel interessanter allerdings war ein altes und wunderbar beschriebenes Dokument, daß ihnen ein bolivianischer Freund zeigte. Das Dokument enthielt anscheinend die Verstecke großer Mengen an Gold und Kommuniontellern. Verschiedene Marksteine, von denen die beiden keinen identifizieren konnten, waren als Orientierungshilfen angegeben – der Schatten, der mittags vom Kirchturm an einem Mitsommertag geworfen wird ist von keiner allzugroßen Hilfe. Der Verfasser des Dokuments hatte vielleicht nur zu recht mit seiner pessimistischen Voraussage: »Nicht einmal in tausend Jahren könnte man die Kammern finden.«

WEITERE SCHRITTE

Wie vorhergehende Schatzsucher entdeckt haben und wie die Abbildungen zeigen, sind die Abhänge des Sacambaya-Tales so steil, daß es während der Regenzeit zwar möglich ist, in das Tal vorzudringen, der Rückweg jedoch aufgrund der Erdrutsche und Schlammassen mit großen Gefahren verbunden ist. Um Aussicht auf Erfolg zu haben muß, der heutige Schatzsucher seine Expedition so vorbereiten, daß sie für einen längeren Aufenthalt während der Sommermonate im Dschungel ausgerüstet ist.

Wie unzuverlässig Vater Gregorios Dokument auch sein mag, es gibt genug Beweise wie zum Beispiel Sanders silbernes Kruzifix, die vermuten lassen, daß eine weitere Erforschung der Stätte lohnend sein dürfte, vor allem, wenn für die Suche nach einem weiteren Tunnel fortschrittliche Meßgeräte eingesetzt werden. Mark Howell, nun Fachmann für Geophysik, der keine Gelegenheit mehr hatte, an die Stelle zurückzukehren, hat die letzten sechs oder sieben Jahre damit verbracht, ein neues Gerät zu entwickeln, das in der Lage ist, unter der Erde liegende Formen und Konturen mit Hilfe der Vibrationstechnik zu analysieren.

Obwohl weitere Recherchen von Schriftmaterialien in diesem Fall weniger vielversprechend sind als gewöhnlich, enthalten C.H. Prodgers Adventures in Bolivia (Abenteuer in Bolivien) und Stratfort Jollys The Treasure Trail (Der Schatzpfad) eine gute Übersicht über die von den genannten Autoren durchgeführten Expeditionen. Es gibt weitere Werke über Sanders Expeditionen, verfaßt von Ralph Stead und T.C. Bridges.

RENNES-LE-CHATEAU, AUDE (FRANKREICH)

Ein Westgoten- oder Merowinger-Schatz

Das Geheimnis von Rennes-le-Chateau ist bereits zu einem Kult geworden, nicht zuletzt, weil es – wie die Beale-Codes – aus einer Reihe verschlüsselter Rätsel besteht, die anscheinend von einem Laien in seinem Büro oder Wohnzimmer ebenso leicht gelöst werden können wie von einem Experten. Während die Beale-Codes jedoch tatsächlich recht einfacher Natur sind, zeigen sich die Rätsel von Rennes-le-Chateau labyrintisch in ihrer Komplexität – oder sollen zumindest diesen Anschein erwecken. In ihrem inzwischem zum Bestseller gewordenen Buch The Holy Blood and The Holy Grail (Das heilige Blut und der heilige Gral) haben Michael Baigent, Richard Leigh und Henry Lincoln Häresie und hohe Politik, große Namen aus der Geschichte, Dynastien und Geheimbünde, vieldeutige Schriften und Gemälde und ein ganzes Potpourri faszinierender Zutaten, die auf eine geheimnisvolle Art miteinander verbunden erscheinen, vermischt.

Dies ist jedoch ein Buch für Schatzsucher, und es steht außer Zweifel, daß Rennes-le-Chateau das Versteck eines bedeutenden Schatzes und großen Vermögens ist oder war. Baigent und seine Mitarbeiter kommen zu dem Schluß, daß dieser Schatz das königliche Blut, das sang réal der Merowinger-Dynastie ist, das sie auf originelle Weise mit dem Heiligen Gral gleichsetzen. Überdies sind sie der Meinung, daß dieses Blut – diese königliche Erbschaft – für den europäischen status quo besonders wichtig und gefährlich ist, weil die Merowinger-Könige direkte Nachfahren von Jesus und seiner Frau waren, die sie versuchsweise als Magdalena identifizieren. All dies ist faszinierend und spannend, doch unser Hauptanliegen muß es sein, Fakten von Spekulationen zu unterscheiden.

Geschichte des Dorfes

Rennes-le-Chateau ist ein winziges Dorf mit zweihundert Einwohner. Es krönt ein Hügelplateau in einem entlegenen und wunderschönen Teil Südfrankreichs. Wandert man seine enge Hauptstraße entlang, so kann man sich kaum vorstellen, daß dies einst ein wichtiges geschäftiges Zentrum und Heimat von 30000 Menschen war. Hier errichteten die Westgoten im fünften Jahrhundert eine große, gut befestigte Siedlung. Mit Carcassonne als ihrem Hauptstützpunkt zogen sie anschließend aus, um das gesamte römische Gallien zu unterwerfen.

Ein anderer Stamm, die Franken, vertrieb die Westgoten im Verlauf der Zeit aus dem größten Teil Frankreichs. Die Westgoten zogen sich in das spätere Königreich Septimania zurück, ein großes Gebiet im Südosten, das Rhedae – wie Rennes-le-Chateau damals genannt wurde – einschloß. Amalarich, einer ihrer Könige, hat Rhedae nach seiner Heirat mit einer fränkischen Prinzessin angeblich den Status einer Königlichen Stadt verliehen, und für eine Zeitlang war es sogar mit Carcassonne zu vergleichen.

Lange nachdem die Westgoten ihre Macht ver-

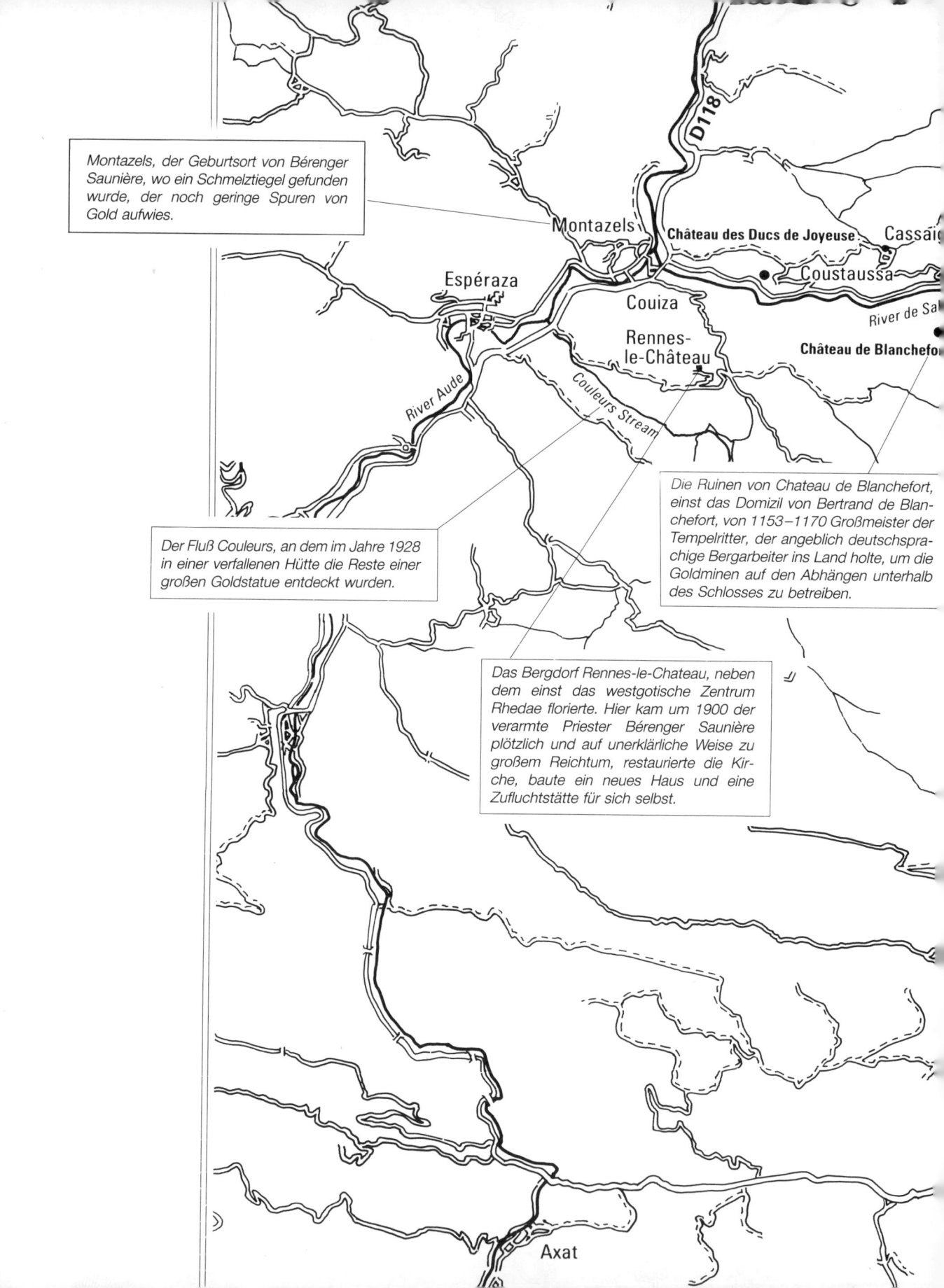

Montazels, der Geburtsort von Bérenger Saunière, wo ein Schmelztiegel gefunden wurde, der noch geringe Spuren von Gold aufwies.

Montazels

Château des Ducs de Joyeuse · Cassai

Espéraza

Coustaussa

Couiza

Rennes-le-Château

River de Sa

Château de Blanchefo

River Aude

Couleurs Stream

Der Fluß Couleurs, an dem im Jahre 1928 in einer verfallenen Hütte die Reste einer großen Goldstatue entdeckt wurden.

Die Ruinen von Chateau de Blanchefort, einst das Domizil von Bertrand de Blanchefort, von 1153–1170 Großmeister der Tempelritter, der angeblich deutschsprachige Bergarbeiter ins Land holte, um die Goldminen auf den Abhängen unterhalb des Schlosses zu betreiben.

Das Bergdorf Rennes-le-Chateau, neben dem einst das westgotische Zentrum Rhedae florierte. Hier kam um 1900 der verarmte Priester Bérenger Saunière plötzlich und auf unerklärliche Weise zu großem Reichtum, restaurierte die Kirche, baute ein neues Haus und eine Zufluchtstätte für sich selbst.

Axat

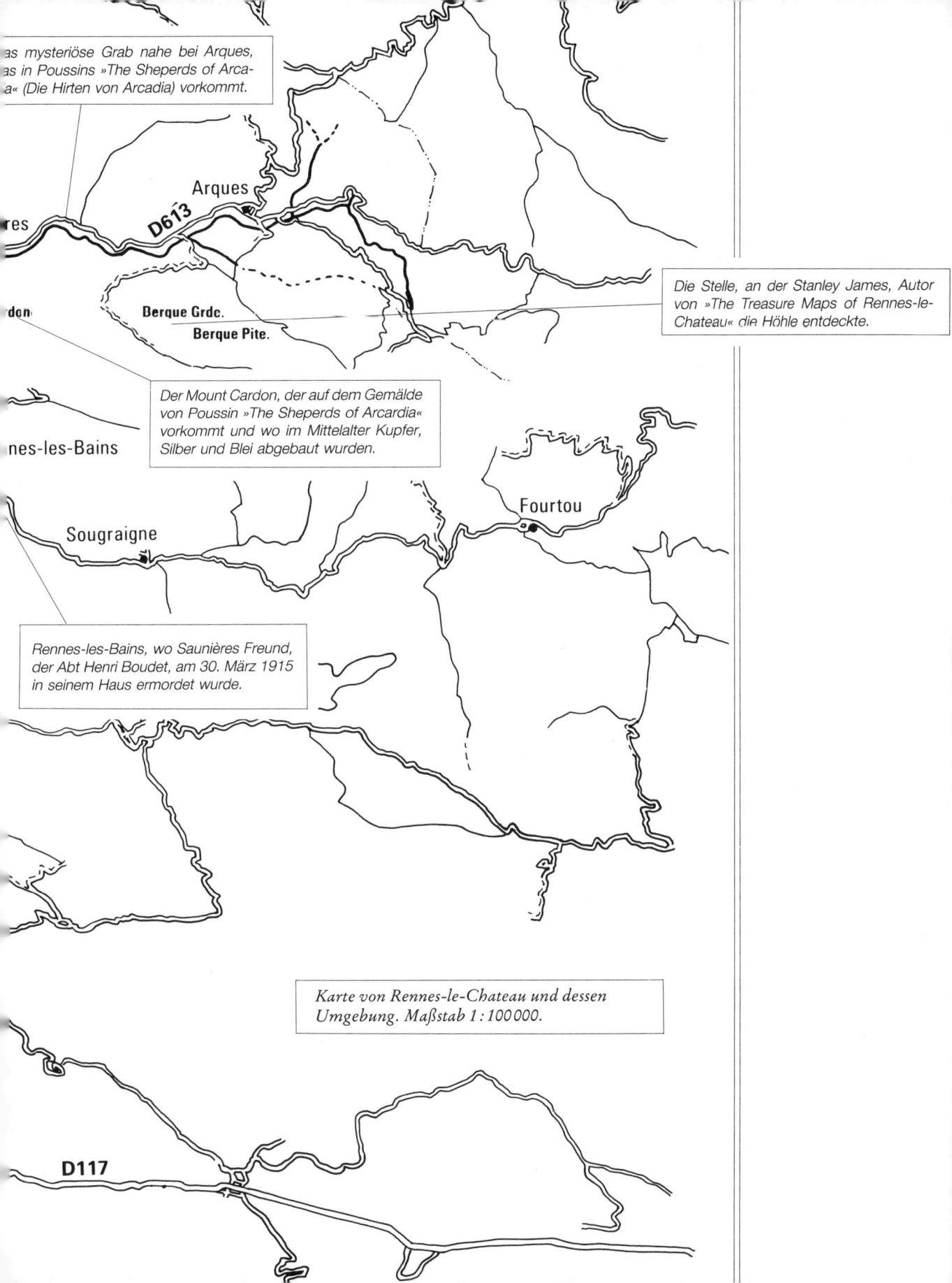

Das mysteriöse Grab nahe bei Arques, das in Poussins »The Sheperds of Arca-dia« (Die Hirten von Arcadia) vorkommt.

Arques

D613

Berque Grde.

Berque Pite.

res

don

Die Stelle, an der Stanley James, Autor von »The Treasure Maps of Rennes-le-Chateau« die Höhle entdeckte.

Der Mount Cardon, der auf dem Gemälde von Poussin »The Sheperds of Arcardia« vorkommt und wo im Mittelalter Kupfer, Silber und Blei abgebaut wurden.

nes-les-Bains

Fourtou

Sougraigne

Rennes-les-Bains, wo STaunières Freund, der Abt Henri Boudet, am 30. März 1915 in seinem Haus ermordet wurde.

Karte von Rennes-le-Chateau und dessen Umgebung. Maßstab 1 : 100 000.

D117

loren hatten, war Rennes noch immer eine blühende Stadt. Sein Niedergang begann mit der Entscheidung Ermengards, einer Adelsfrau aus dem elften Jahrhundert, die Grafenwürde von Razès (dessen Zentrum Rennes war) an das Haus von Barcelona zu verkaufen. Obwohl ihre Enkel es später zurückgewannen, hatte es seinen Status als Königliche Stadt für immer verloren.

In den folgenden Jahrhunderten wurde es zweimal zerstört und zweimal wiederaufgebaut, bis es schließlich um 1360 von der Pest und den Routiers, notorischen Plünderern unter dem Kommando des schrecklichen Henri, des Grafen von Trastamare, verwüstet wurde.

Danach ging die Geschichte an Rennes-le-Chateau vorbei, doch aufgrund seiner Bodenschätze wurde es nicht völlig vergessen. Lamoignon de Basville teilt uns mit, daß die Minen im benachbarten Berg schon seit Zeiten der Römer betrieben wurden. Gensanne äußert sich vierzig Jahre später etwas genauer und bemerkt, daß »besonders in den Bergen von Cardun und Roquenègre« Kuper, Blei und Silber zu finden sind. Er bezieht sich außerdem auf die Gerüchte über Gold- und Silberminen auf dem Mont Blanchefort.

Welche Reichtümer die Berge auch enthalten haben mögen, sie waren um 1600 erschöpft, und De Basville konnte schreiben: »Soit que les mines aient été euisées ou que l'art de les trouver se soit perdu, les tresors, si il'y en a, sont maintenant si cachés que l'on ne pense plus a les chercher.« (Ob die Minen nun erschöpft waren oder die Kunst, sie zu finden, verlorenging, Schätze, wie es sie dort gibt, sind vielleicht so versteckt, daß niemand mehr daran denkt, sie zu suchen).

Gérard de Sède fügte dem im Jahre 1967 hinzu: »le filon d'or, orienté sud-nord et long de cinquante mètres, se trouve sur les parcelles 625 et 626 de la section A du cadastre; ce filon commençait à fleur de terre sur la parcelle 633«. (Die Goldader, die von Süd nach Nord verläuft und eine Länge von 50 Metern hat, liegt in den Flurstücken 625 und 626 des Abschnitts a des Katasters; einst begann diese Ader an der Erdoberfläche in Flurstück 33).

Das Geheimnis der Merowinger

Der zweite Satz Fakten betrifft das Erbe der Merowinger und die Priorei von Sion. Der letzte König der Merowinger (das Geschlecht der Merowinger herrschte über die Franken), Dagobert II., wurde heimtückisch von einem seiner Untertanen im Jahre 679 ermordet. Dies ist fast die einzige wirklich belegte Tatsache aus einer Epoche der französischen Geschichte, die für ihre Verschwommenheit bekannt ist.

Die Priorei von Sion war – zumindest vorgeblich – ein alter Geheimbund. Bereits im Jahre 1116 findet sich eine Charta, die von einem Prior des Ordens Notre Dame de Sion unterzeichnet ist. Die Anfänge des Ordens liegen im Dunkeln, doch man kann durchaus davon ausgehen, daß er sich ebenso wie viele andere aus der Zeit der Kreuzzüge aus kriegerischen heiligen Männern zusammensetzte. Frömmigkeit war nicht das einzige Motiv für ihre Gründung. Der legendäre Reichtum des Ostens veranlaßte viele Europäer dazu, sich Orden anzuschließen, die in Wirklichkeit oft nicht mehr als Banden von Abenteurern waren, vereint durch Rituale und mit dem Segen des Papstes. Schon von Anfang an, so scheint es, stand der Orden Notre Dame de Sion mit den berüchtigten Tempelrittern in Verbindung.

Die Priorei von Sion, ob sie nun direkt von dem früheren Orden abstammt oder nur dessen Namen übernommen hat, existiert noch heute und rühmt sich vieler erlesener Mitglieder. Vor noch nicht langer Zeit, unter dem Deckmantel einer ganzen Reihe unerforschlicher Pseudonyme, »traten sie hervor« und gaben gewissermaßen Stück für Stück Informationen in bezug auf ihre letztendlichen Ziele preis. Die Mitglieder des Ordens behaupten, daß Dagoberts kleiner Sohn, Sigisbert, nicht, wie allgemein angenommen, zusammen mit seinem Vater ermordet wurde, sondern mit Hilfe seiner Schwester zum Haus seiner Mutter Giselle in Razès fliehen konnte. Wenn dies der Fall gewesen wäre, hätte er folglich die Ländereien und Titel seines Onkels geerbt und somit eine heimliche königliche Dynastie begründet.

Wir wissen, daß Dagobert tatsächlich einen Sohn hatte. Allerdings scheint Giselle, seine angeblich zweite Frau, der Geschichte unbekannt zu sein. Das eine Dokument, das die Behauptungen des Ordens vielleicht stützen könnte, eine Charta aus dem Jahre 718, die die Gründung eines Klosters durch »Sigebert, Comte de Rhédas, und seine Frau Magdalena« verzeichnet, wurde bis jetzt noch nicht aufgefunden.

Die Legitimation eines Merowingers, Anspruch auf den Thron von Frankreich zu erheben, würde heute als eine interessante historische Kuriosität betrachtet werden, wäre jedoch in politischer Hinsicht ebenso bedeutsam wie beispielsweise die Ansprüche eines Angelsachsen auf den englischen oder schottischen Thron. Es scheint, daß wir in der Tat die Identität des angeblichen Erben bereits kennen. Warum wird dann sein Anspruch von einem mächtigen und reichen Geheimbund, der auch weiterhin im Dunkel bleiben wird, unterstützt?

Der Orden verfügt angeblich über Wissen, das den christlich-orthodoxen Kirchen großen Schaden zufügen kann. Die Verfasser von »The Holy Blood and The Holy Grail« gehen sogar so weit zu behaupten, daß Jesus entweder seiner Hinrichtung entkam und nach Frankreich oder in ein anderes Land floh oder daß seine Frau und seine Kinder kurz nach seiner Kreuzigung in Marseilles ankamen und daß Dagobert der direkte Nachkomme von Jesus war. Das paßt natürlich zu einer alten europäischen Legende, nach der Magdalena nach Frankreich geflohen ist, wie auch Joseph von Arimathäa angeblich nach England gekommen sein soll. Sehr interessant sind die Argumente, mit denen Magdalena wieder zu einer ehrenwerten Person erhoben wird. Doch können wir diese Geschichte glauben? Und selbst wenn wir – bzw. die Mitglieder des Ordens – es tun, wie könnte sie jemals bewiesen werden und welchen Schaden würde sie letztendlich den christlich-orthodoxen Kirchen zufügen?

Was immer auch das Geheimnis des Ordens sein mag, uns geht es in diesem Fall nicht um Ahnenreihen, sondern um tatsächliche Schätze. Es scheint außer Zweifel zu stehen, daß ungeachtet der wahren oder vermutlichen Geheimnisse der Priorei von Sion in unmittelbarer Nähe von Rennes-le-Chateau ein Schatz von großem Wert lag und vielleicht immer noch liegt.

Der Priester und seine Codes

Im Jahre 1891 kam der Priester von Rennes-le-Chateau plötzlich auf unerklärliche Weise zu enormem Reichtum.

Bérenger Saunière war damals neununddreißig Jahre alt, ein kräftiger, extrovertierter Mann, der sich mehr durch seine Energie als sein Benehmen auszeichnete und ein leidenschaftlicher Angler und Jäger war. Er war jedoch ohne Zweifel ein sehr ambitionierter Mann, der die Sprachen des Altertums pflegte.

Drei Jahre zuvor hatte Saunière mit der Restaurierung seiner Kirche begonnen. Das kleine Gotteshaus, vor über 800 Jahren Maria Magdalena geweiht, war in äußerst reparaturbedürftigem Zustand. Nun ordnete Saunière an, einen Altarstein von zwei westgotischen Säulen abzunehmen. Eine der Säulen erwies sich als hohl. Sie enthielt vier mit Wachs versiegelte hölzerne Zylinder. Jeder dieser Zylinder enthielt ein Pergament. Saunière machte sich sofort daran, deren Sinn zu erforschen.

Zwei dieser Dokumente waren sofort und leicht verständlich. Eines schien den Stammbaum der Grafen von Razéz bis zum Jahre 1244 zu enthalten. Darin wurde behauptet, daß sie direkte Nachkommen der Merowinger-Könige seien. Das Dokument trug das Siegel von Blanche de Castille, Königin von Frankreich. Ein zweites Pergament, der letzte Wille von Francois-Pierre d'Hautpoul, Lord von Rennes und Bézu, führte den Stammbaum von 1244 bis 1644 fort.

Die beiden restlichen Dokumente waren unverständlich. Sie schienen nichts weiter als ungenaue und ziemlich verworrene lateinische Versionen zweier Geschichten aus dem Neuen Testament zu sein. Ein Text stützte sich auf Lukas VI, I-IV, und andere parallele Texte, in denen Jesus von den Pharisäern kritisiert wird, weil er am Sabbath

Im Jahre 1891 entdeckte Bérenger Saunière, ein französischer Landpriester, einige in der Kirche seiner Gemeinde versteckte Manuskripte. Kurz danach gelangte er zu außergewöhnlichem Reichtum, doch niemand hat je die Quelle seines Vermögens festgestellt.

arbeite. Der zweite Text (Johannes XII, I-XI) bezieht sich auf den Besuch Jesu im Haus von Maria und Martha, den Schwestern des Lazarus in Bethanien. Ob diese Maria mit Magdalena identisch ist, wird nicht geklärt. Das unverständliche Merkmal dieser Manuskripte bestand darin, daß hundertundvierzig überflüssige Buchstaben in den Text eingefügt worden waren. Worte gingen ineinander über. Buchstaben waren hochgestellt oder Zeilen geheimnisvoll gekürzt. Saunière erkannte, daß er es mit Codes zu tun hatte, und ihm war klar, daß er nicht das Wissen und die Fähigkeit besaß, diese zu brechen. Er konsultierte seinen Bischof, der ihm die Reise nach Paris bezahlte und ihm dazu riet, bestimmte angesehene Gelehrte der Kirche aufzusuchen, darunter einen jungen und brillanten Linguisten namens Emile Hoffet,

der für sein Interesse an Okkultismus und Geheimwissenschaften bekannt war.

Während der Wochen in Paris wurde Saunière in den breiten Freundeskreisen von Hoffet eingeführt. Es wurden Gerüchte laut, daß Emma Calvé, die berühmte Opersängerin, die Geliebte des Priesters geworden war. Ganz sicher wurde sie eine enge Freundin und besuchte Saunière in den darauffolgenden Jahren sehr häufig in Rennes-le-Chateau. Warum diese strahlende Diva ein derartig starkes Interesse an einem reizlosen Pfarrer aus der Provinz gehabt haben könnte, ist nicht bekannt. Man darf jedoch nicht vergessen, daß die Opernsängerinnen des Fin de siècle nicht unbedingt durch Tugendhaftigkeit glänzten – die Calvé war für ihre unzähligen Liaisonen bekannt – und daß Halbweltdamen ohne Schwierigkeiten, wenn auch zu einem hohen Preis, ge- und verkauft werden konnten, beispielsweise für den Sohn eines Edelmanns oder vielleicht auch für einen Priester, der ein peinliches Geheimnis entdeckt hatte und nun umworben, umschmeichelt und zum Schweigen gebracht werden mußte.

Als Saunière aus der Hauptstadt zurückkehrte, kannte er anscheinend die Botschaft der Codes und hatte außerdem noch deren genaue Bedeutung begriffen. Die hochgestellten Buchstaben aus dem ersten Text ergaben, der Reihenfolge nach (allerdings ohne die erste Zeile):

DAGOBERT II ROI ET SION EST CE TRESOR ET IL EST LA MORT

Baigent, Leigh und Lincoln übersetzten das als »Dagobert II., König, und Sion gehört dieser Schatz, und er ist da tot« – eine ziemlich merkwürdige Erklärung. Viel wahrscheinlicher und auch wortgetreuer ist die Warnung: »DAGOBERT II., KÖNIG, UND SION GEHÖRT DIESER SCHATZ, UND ER BEDEUTET TOD.« Interessanterweise führt Lincoln beide Übersetzungen in einem früheren Artikel über das Thema auf, läßt jedoch die zweite Version in »The Holy Blood and The Holy Grail« aus.

Die Entschlüsselung des zweiten Textes erwies sich als ungeheuer schwierig, ja fast entmutigend. 128 der zusätzlichen 140 Buchstaben mußten nach dem bekannten Vigenère-Codesystem aus-

```
✠

VSEVRGOANTCCSCKATPESPASCSHRCVENJTTBETBGANTAMVRAT
KAOTIZLA·VVJMOKTVVVS TVCMMSVJCTYTAVITIYESVJFCACERVNT
VTCM·TTCAENAPMTBTETOMARTHAHMINJSTRRABLTLBLSLRVSO
ROVNXVSERATTCADJSCOVMLENTATLVSCVJMMARTALERGOACBCEP
KTBRAMYNNGENTTJNLRAIPFTJTICITPRETTIOVJTETVNEXTTPE
ESTERVAETEXTESJRTTCAYPIIRTJNJVJJPCPdESCRTPTETAOMBESTM
IIAESTEEXVNGETNTTOALEREAIXALTERGOVRNVMEXAGTSCTPVRL
RVTXTVdAXQCARJORTTJQVIVERATCVbMTRAdTTTVRVJQTVARCAOSCVN
JVTVMNONXVENVTTGRECENPATJdENAARVJETAALTVMESGTE
VTESTAIXINVTCMhOECNONQVJTAdEEGAENTJPERRTINELEAT
CVTMSEAQVNAFVRELRTETLOVCVIOSHCABENJECAQVACMVTTTEbA
TVRPOTRAbETEATXTTCJRGOIESHVJJTNEPTTLLAMVNTTXADERMS
GTVRAEMSCAESERVNETILLQVAPLVPJERESENHTMJEMPGERHL
TTSNObLTTSCVMFMEAVTCTMNONSESMPERHAVEETTSCJOGNO
EROTZVRBAMVQLTREXTMVdACTSTQVTATLOTTCESTXETVENE
NTNONNPROTEPRTESV·ETANT·MMJEAVTLVZLRVMPVTAER
TQVEMKSVJCTAOVTTAMORRTVTSCPOGTTAVKERVNTAHVTEMP
NCTPEJJJACEHCAOTVMVMTETLAZQARVMTNATRRFICTKRENTY
AMYLVTTPROPYTCKTLHXVMAbTbGNTCXVGTLETSNCTCRCA
LNTTTNTESVM
                                    N
                              NO ✠ IS


J·MEDELA·VVLNERVM + SPES·VNA·POENITENTIVM·
·MAGDALENA·LACHYMAS + PECCATA·NOSTRA·dILVAS·

✠
```

Dies ist eines der beiden verschlüsselten Dokumente, die Bérenger Saunière im Jahre 1891 bei Reparaturarbeiten in seiner Kirche fand. Es handelt sich um eine lateinische Version einer Geschichte aus dem Neuen Testament, aber es wurden 140 zusätzliche Buchstaben eingefügt, die, einzeln genommen, einen Code für einen merkwürdigen Text ergeben.

Schlüssel bekannte gewesen wäre. Das spricht dafür, daß die Manuskripte, obwohl sie bereits seit über hundert Jahren versteckt lagen, nach einem bekannten Prinzip verschlüsselt worden waren. Und es spricht weiterhin für die Existenz eines Bundes oder Ordens, in dem dieser Brauch bekannt war und seit Jahrhunderten überlebt hatte.

Das Resultat dieser mühevollen Prozedur lautet folgendermaßen:

BERGERE PAS DE TENTATION QUE POUSSIN TENIERS GARDENT LA CLEF PAX DCLXXXI PAR LA CROIX ET CE CHEVAL DE DIEU J'ACHEVE CE DAEMON DE GARDIEN A MIDI POMMES BLEUES

Die wörtliche Übersetzung – falls eine wörtliche Übesetzung das ist, was benötigt wird – lautet:
SCHÄFERIN KEINE VERSUCHUNG (oder, allerdings unwahrscheinlich, Schritte der Versuchung) DASS POUSSIN TENIERS DIE RUHE DES SCHLÜSSELS BEWACHT 681 (oder vielleicht 500, 100, 50, 10, 10, 10, 1) BEI DEM (oder durch das) KREUZ UND DIESEM PFERD GOTTES ERHALTE ICH DIESEN DÄMONENWÄCHTER AM MITTAG BLAUE ÄPFEL.

Saunières Gemälde

Saunière kehrte mit Reproduktionen dreier Gemälde, die seiner Meinung nach in Zusammenhang mit diesem Text standen, nach Rennes-le-Chateau zurück. Eines dieser Gemälde war ein Porträt von Célestin, einem kaum bekannten Papst und Eremit im dreizehnten Jahrhundert. Bei dem anderen könnte es sich um »Heiliger Antonius« und »Heiliger Hyronimus« in der Wüste von David Teniers – entweder dem Älteren oder Jüngeren – gehandelt haben. Das dritte war Nicolas Poussins: »Die Hirten von Arcadia«.

Der flämische Maler David Teniers der Ältere lebte von 1582 bis 1649, sein Sohn von 1610 bis 1690. Nicolas Poussin (1593–1665) war somit ihr Zeitgenosse. Wir wissen nicht mit Sicherheit, an welchem der Gemälde Saunière derartig interessiert war und ob er die richtigen Bilder gewählt

gelegt werden, anschließend war ein Schlüsselsatz anzuwenden, der eine zweite Reihe Buchstaben ergab. Diese mußten wiederum nach einem neuen Muster ersetzt werden; danach war ein neuer Schlüssel anzuwenden; schließlich mußten die Buchstaben noch zwei weitere Male ausgetauscht werden. Die nun erhaltenen Buchstaben wurden in der Form von zwei Schachbrettern ausgelegt. Ein imaginärer Bauer machte seine Züge über die Bretter und lieferte schließlich den Endtext. Es ist undenkbar, daß diese Technik innerhalb von drei Wochen entdeckt und angewandt werden konnte, ohne daß der Person bzw. den Personen, der

Dieses Gemälde von Nicolas Poussin aus dem 17. Jahrhundert ist angeblich von großer Bedeutung für die Geschichte von Rennes-le-Chateau. Vielerlei Gründe sprechen für diese Annahme, wie ein Hinweis auf Poussin in einem dort aufgefundenen Dokument, daß Saunière eine Kopie des Gemäldes besaß, dessen ungewöhnliche geometrische Anordnung, Poussins Behauptung, ein großes Geheimnis zu kennen, und die Existenz eines ähnlichen Grabes unweit des Dorfes.

hatte. Allein Teniers dem Jüngeren werden mehr als 2000 Werke zugeschrieben – viele davon fälschlicherweise. Was jedoch Poussin betrifft, gibt es Hinweise dafür, daß das Gemälde – zumindest die Ausgabe, die sich im Besitz von Saunière befand – einen Bezug zum Geheimnis von Rennes-le-Chateau aufweist.

Erstens ist das gesamte Gemälde um ein regelmäßiges Fünfeck konzipiert, von dem aus ein Fünfstern gebildet werden kann, dessen Zentrum genau über dem Kopf der Schäferin liegt. Zweitens ist die Landschaft bei weitem nicht so imaginär, wie früher angenommen, sondern erinnert vage an eine Stelle, die sechs Meilen östlich von Rennes-le-Chateau liegt. Alle dortigen Felsformationen stimmen mit dem Gemälde überein,

darunter der Gipfel des Cardou, der rechts neben den Bäumen und links neben dem kleineren, etwas weiter entfernten Berg von Rennes-le-Chateau dargestellt ist. Selbst den Stein vor dem Grab und den Baum (quercus ilex) dahinter soll es an der Stelle geben.

Auch das Grab selbst existiert und kann in der Nähe von Arques besichtigt werden. Einem eher fragwürdigen Bericht zufolge besteht das Grab angeblich seit dem Jahre 1709. In den 20er Jahren wurde es geöffnet; merkwürdigerweise war es leer. Zwei Amerikaner liegen seitdem dort begraben.

Die einfachste Erklärung für diesen Verlauf der Ereignisse basiert auf der Legende um das Grab auf Poussins Gemälde. »Et in Arcadia Ego« (d.h.

Auch ich (bin) in Arcadia). Obwohl es sich hier an sich schon um ein übliches »memento mori« handelt, deutet der Hirte auf dem Gemälde eindeutig auf das ARC in ARCADIA. Könnte das nicht einfach bedeuten, daß Poussin damit sagen wollte: »Ich bin in Arques«? Allein das Vorhandensein eines leeren Grabes – das allerdings mehr einem Bunker als einem Grab ähnelt – muß unseren Verdacht erwecken. Es mußte denjenigen, die das Versteck des Schatzes kannten, klar gewesen sein, daß Saunière sofort nach der Dechiffrierung der Dokumente das Gemälde von Poussin betrachten, den Hinweis verstehen und in Arques nach dem Grab auf dem Gemälde suchen würde. Deshalb mußten sie ihm zuvorkommen und den Schatz an einen sicheren Ort bringen. Andererseits kann es natürlich auch sein, daß Saunière das Grab tatsächlich erforscht, den Schatz des Ordens entdeckt und ihn für sich behalten hat.

Wir haben zweifelsohne Beweise dafür, daß Poussin in ein bedeutendes Geheimnis eingeweiht war – oder zumindest dieser Meinung war. Ein Brief, den sein Bruder im Jahre 1656 an Nicolas Fouquet schrieb, lautete:

Er und ich besprachen gewisse Dinge, die ich Ihnen ohne weiteres genauer erklären kann. Dinge, die Ihnen durch M. Poussin Vorteile verschaffen werden, die selbst Könige nur unter großen Mühen von ihm erhalten könnten und die möglicherweise in den kommenden Jahrhunderten von niemandem mehr entdeckt werden. Und außerdem sind diese Dinge so schwierig zu entdecken, daß sich heute nichts auf Erden als besseres oder vergleichbares Vermögen erweisen könnte.

Nur wenige Jahre zuvor, nämlich 1645, war ein Hirte namens Ignace Paris aufgeregt und die Hände voller Goldmünzen in sein Dorf gerannt. Er wurde sofort von den Dorfbewohnern ausgefragt und erzählte ihnen, daß er auf der Suche nach einem entlaufenen Schaf eine enge Schlucht ganz in der Nähe des Dorfes hinuntergeklettert sei. Das Schaf war in eine Höhle geflüchtet, in der er, wie er sagte, viele Kisten voller Gold und einige menschliche Skelette entdeckt habe. Die Dorfbewohner glaubten ihm nicht und henkten ihn wegen Diebstahls.

Offensichtlich hatten die Dorfbewohner Paris dazu aufgefordert, ihnen diese Höhle zu zeigen, und er hatte sich geweigert. Die Tatsache, daß er sich mit einer Schlinge um den Hals weigerte, ihrer Aufforderung Folge zu leisten, bedeutet entweder, daß er ein ausgesprochen dummer Hirte war, oder, daß eine solche Höhle gar nicht existierte.

Nach seiner Rückkehr aus Paris setzte Saunière seine Restaurierungsarbeiten – oder inzwischen seine Sucharbeiten – in der Kirche fort. Er entdeckte eine Steinplatte, auf der ein Mann und ein Junge auf einem Pferd dargestellt waren – vielleicht eine Darstellung von Sigisberts Flucht (und deshalb vielleicht das »Pferd Gottes«, betrachtete man Sigisbert als Nachkommen von Christus). Außerdem fand er drei sehr alte Skelette und einen Krug voller Juwelen und Münzen. Der Orden möchte uns glauben machen, daß die Skelette von Sigisbert, seinem Sohn und seinem Enkel stammen, die die Eremitenprinzen gewesen seien und sich während der Invasion der Mauren

Die Ruinen des Hauses, in dem der Schafhirte Ignace Paris lebte, sind immer noch auf einem Hügel in der Nähe von Rennes-le-Bains zu sehen. Im Jahre 1645 kam er, die Hände voller Goldmünzen, in sein Dorf gerannt. Er gab an, die Münzen in einer Höhle einer engen Schlucht gefunden zu haben. Doch die Dorfbewohner glaubten ihm nicht, er weigerte sich, sie zu dem Schatz zu führen, und wurde wegen Diebstahls gehenkt.

in den Höhlen bei Rennes-le-Chateau verborgen hätten.

Saunière verwischte auch die Inschriften auf dem Grabstein und der Steinplatte des letzten der d'Hautpouls. Er wußte nicht, daß diese bereits abgeschrieben worden waren. Dieser Akt von Vandalismus ist darauf zurückzuführen, daß die Inschriften Anagramme und Hinweise auf die Texte der verschlüsselten Dokumente beeinhalteten.

Dann fing er an, längere Reisen zu unternehmen, auf denen er immer einen Koffer mit sich führte. Manchmal war er bis zu einer Woche abwesend. Etwa zu dieser Zeit begann auch eine Flut von Geldanweisungen einzutreffen, adressiert an Marie Desnarnaud, seine Haushälterin, Geliebte und Vertraute.

Auf irgendeine Weise war Saunière zu Reichtum gelangt.

Er beendete die Restaurierung der Kirche und erwarb im Jahre 1900 Land für den Bau eines neuen Hauses, der Villa »Bethania«. Außerdem errichtete er sich ein privates Domizil, die Tour Magdala (die Signifikanz dieser Namen ist offensichtlich), in der er seine umfassende Bibliothek einrichtete. Er gestaltete die Kirche in einem auffälligen, merkwürdig heidnischen Stil um. Er errichtete ein Gewächshaus und schuf einen zoologischen Garten. Er veranstaltete großartige Feste für die Dorfbewohner und empfing Gäste wie den Cousin des österreichischen Kaisers, Erzherzog Johann von Habsburg.

Im Jahre 1902 wurde Monseigneur de Beauséjour zum neuen Bischof von Carcassone ernannt. Er hatte eine äußerst schlechte Meinung von Saunière und forderte von ihm eine Erklärung für seinen Reichtum. Die beiden lieferten sich eine erbitterte Schlacht, bis Rom im Jahre 1915 einschritt und Saunière wegen Simonie mit dem Kirchenbann belegte.

Im Jahre 1903 überwarf sich Saunière auch mit seinem engen Freund Abbé Henri Boudet, Priester im benachbarten Rennes-les-Bains, der ihm viel über die Geschichte der Gegend erzählt und ihn auch zu seiner Arbeit an der Kirche ermutigt hatte. Plötzlich war Saunière auch in finanziellen

Schwierigkeiten und mußte viele seiner wertvollen Besitztümer verkaufen. Unmittelbar vor Boudets Tod am 30. März 1915 verkaufte Saunière Münzen und Rosenkränze an versehrte Soldaten.

Am 26. März 1915 schrieb Boudet an den Bischof. Er glaube, etwas Licht in das Dunkel um den Tod von Fr. Rescanière bringen zu können, schrieb er. Dabei handelt es sich um einen weiteren Priester, dessen Leichnam am Morgen des 1. Februar aufgefunden wurde, nachdem er um 1 Uhr morgens von zwei unbekannten Personen einen Besuch erhalten hatte.

Der Abgesandte des Bischofs erreichte Boudets Haus am 30. März, doch zwei andere Besucher waren ihm zuvorgekommen. Sie hatten Boudet ermordet. Nichts war aus dem Haus entfernt worden. Es gibt guten Grund zu der Annahme, daß Boudet der Zahlmeister von Saunière war und vielleicht sogar, wie die Autoren von »The Holy Blood and The Holy Grail« vermuten, als Mittelsmann zwischen Saunière und der Priorei von Sion agierte.

Boudet bleibt eine Schlüsselfigur in dem Geheimnis. Die Geschichte, daß er ein wichtiges Geheimnis aus zweiter Hand von Abbé Cauneille erhalten hat, mag durchaus den Tatsachen entsprechen. Cauneille war der Verfasser von zwei Büchern, die er angeblich dem Geheimnis gewid-

Eine der eigenartigen Illustrationen von Felsformationen aus La vraie langue celtique. (Boudet signierte seine Illustrationen mit Edmont Boudet.) Mehrere Neuauflagen dieses Werkes sind erschienen, darunter eine mit einem Vorwort von Pierre Plantard, dessen Großvater mit Saunière befreundet war.

met hat – The »Ray of Gold« (Die Strahlen des Goldes) und The Line of Fire (Die Spur des Feuers); die Bücher sind von absoluter Seltenheit. Er selbst soll das Geheimnis von Antoine Bigou erfahren haben, der im 18. Jahrhundert Priester von Rennes-le-Chateau war und von dem allgemein angenommen wird, daß er der Verfasser des verschlüsselten Materials war, mit dem sich Saunière auseinandersetzte. Heutzutage greifen viele zu Boudets merkwürdigem Buch »La vraie langue celtique« und suchen nach versteckten Bedeutungen. Die französische Schatzforscherin Mme. Tatjana Kletzky-Pradère hält es für den zentralen Text. Zweifelsohne sollten die aus der Feder von Boudet stammenden Zeichnungen und Karten, die als Illustrationen für sein Buch dienen, näher betrachtet werden.

In den letzten zwei Jahren seines Lebens kam Saunière wieder zu Geld und gab es so verschwenderisch aus wie früher. Am 17. Januar 1917 erlitt er einen schweren Schlaganfall und wurde vor der Tour Magdala gefunden. Er lebte noch fünf Tage. Vor seinem Tod legte er bei seinem Freund Rivière, dem Priester von Esperaza, die letzte Beichte ab. Seine Enthüllungen versetzten Rivière einen derartigen Schock, daß er für Monate ein anderer Mensch war. Er verweigerte Saunière die tröstenden Sterbesakramente, was nur bedeuten kann, daß der alte Priester, welche Sünden er auch immer begangen hatte, bis zum Schluß keine Reue zeigte.

Die Quelle von Saunières Reichtum

Es gibt genügend Hinweise auf Sauniers Reichtum, und obwohl einiges davon aus zeitgenössischen Quellen gestammt haben mag (der Orden von Sion, das Haus Habsburg und der Vatikan wurden in Erwägung gezogen), war ein Teil mit Sicherheit antiker Herkunft und entstammte aller Wahrscheinlichkeit nach einem Schatz. Beispielsweise schenkte er dem Priester Grassaud einen herrlichen und sehr alten Abendmahlkelch und laut Gérard de Sède, der angibt, Augenzeuge gewesen zu sein, dem Abbé Courtauly eine beträchtliche Menge seltener Münzen aus dem 6. und 7. Jahrhundert.

In der Gegend wurden auch andere Funde gemacht. Im Jahre 1860 fand man auf einem nahen Feld einen Goldbarren mit einem Gewicht von 50 Kilogramm. Ein weiterer Barren, der aus grob eingeschmolzenen arabischen Münzen bestand und ein Gewicht von fast 20 Kilogramm besaß, wurde in einem Wald entdeckt. Im Jahre 1928 wurde in einer zerfallenen Hütte in der Nähe des Flusses Couleurs eine große Goldstatue gefunden, die teilweise eingeschmolzen und nur nach an den Füßen als solche erkennbar war. In Montazels, wohin Saunière oft mit einem Koffer gereist war, fand man einen Schmelztiegel, der noch einige Goldspuren aufwies.

Offensichtlich hat Saunière zur selben Zeit einen Schatz gefunden, als er das Geheimnis – was es auch immer sein mag –, des Ordens von Sion entdeckt hat. Ob heutzutage noch ein Schatz vorhanden ist, woraus er bestehen könnte und ob sich eine Suche danach lohnen würde, ist eine andere Frage.

Die oberflächlich plausibelste Vermutung in bezug auf die Zusammensetzung des Schatzes wurde von Henry Lincoln in einem Artikel zusammengefaßt, der sich auf die erste »BBC Chronicle«-Sendung über das Thema Der verlorene Schatz von Jerusalem aus dem Jahr 1972 stützte:

Die Wege der Römer und Westgoten hatten sich auch schon an anderen Stellen gekreuzt, und es ist dieses Aufeinandertreffen, das einen der dramatischsten Schlüssel zu dem Geheimnis liefert. Im Jahre 410 n. Chr. plünderten die Westgoten Rom. Der Historiker Procopius hält das Ereignis fest und beschreibt, was erbeutet wurde. Seinem Bericht nach waren darunter ».... die Schätze Salomons, des Königs der Hebräer, deren Anblick lohnenswert ist. Denn sie waren größtenteils mit Smaragden verziert und in alten Zeiten von den Römern aus Jerusalem nach Rom gebracht worden.«

Dies ist ein Hinweis auf die Plünderung der Heiligen Stadt im Jahr 70 n. Chr. durch den römischen Kaiser Titus, und tatsächlich zeigt der Titusbogen in Rom noch heute, wie der Tempelschatz mit der großen Minorah – dem siebenarmigen Leuchter – im Triumphzug mitgeführt wurde. Und genau das ist der Schatz, von dem Procopius berichtet, daß er von den Westgo-

Stanley James entdeckte im Mai 1983 im Bézistal in der Nähe von Arques diese Höhle, als er einer Interpretation der Zeichnungen von Rennes-le-Chateau nachging. Im Inneren der Höhle fand er Darstellungen einer schwarzen Männerhand, eines Totenschädels mit gekreuzten Knochen und eines Kreuzes. Zu beachten ist, daß die Höhle durch den lockeren Boden und Fels leicht zur Todesfalle werden kann.

ten geraubt wurde, um der aus ihren vielen Kriegen stammenden Beute einverleibt zu werden.

Im fünften Jahrhundert herrschten die Westgoten beiderseits der Pyrenäen. Ihre angesammelte Beute war gut geschützt. Ein Teil davon wurde benutzt, um das Land zu verwalten, und in Toulouse, ihrer französischen Hauptstadt, aufbewahrt. Im Jahre 507 n. Chr. wurde dieser »Staatsschatz« von Chlodwig, dem König der Franken, geraubt. Ungefähr 50 Meilen entfernt, bei Carcassonne, lag jedoch der wertvollere Teil des westgotischen Schatzes. Das war der »uralte« oder »heilige« Schatz, der – wie die englischen Kronjuwelen – als ein Symbol der Macht, der Fortdauer und des Vertrauens in den Staat bewacht wurde. Dies war, laut Procopius, der Schatz, zu dem auch »Salomons Schatz« gehörte. Er erzählt, wie Chlodwig nach der Einnahme von Toulouse Carcassonne zu belagern begann, »... da er genau wußte, daß der Heilige Schatz dort aufbewahrt wurde. Der Schatz, den Alarich der Ältere zu früheren

Zeiten erbeutete, als ihm Rom in die Hände fiel.« Doch die Westgoten hielten in Carcassonne die Stellung, und schließlich gab Chlodwig die Belagerung auf.

Ein Teil des Heiligen Schatzes wurde später von Carcassonne nach Toledo, der spanischen Hauptstadt der Westgoten gebracht. Im Jahre 711 griffen die arabischen Mauren Toledo an, und der Schatz wurde aus

Rechts: Diese Karte von der Gegend östlich von Rennes-le-Chateau wurde von dem hochgebildeten Henri Boudet für ein allem Anschein nach absurdes Buch, La vraie langue celtique, im Jahre 1886 veröffentlicht. Viele sind der Meinung, daß sie Hinweise zu einem Schatzversteck enthält. Ein anderes Buch von Boudet mit dem Titel Lazare, veni foras (d. h. »Lazarus, komm heraus«) wurde von seinem Bischof um 1890 verbrannt.

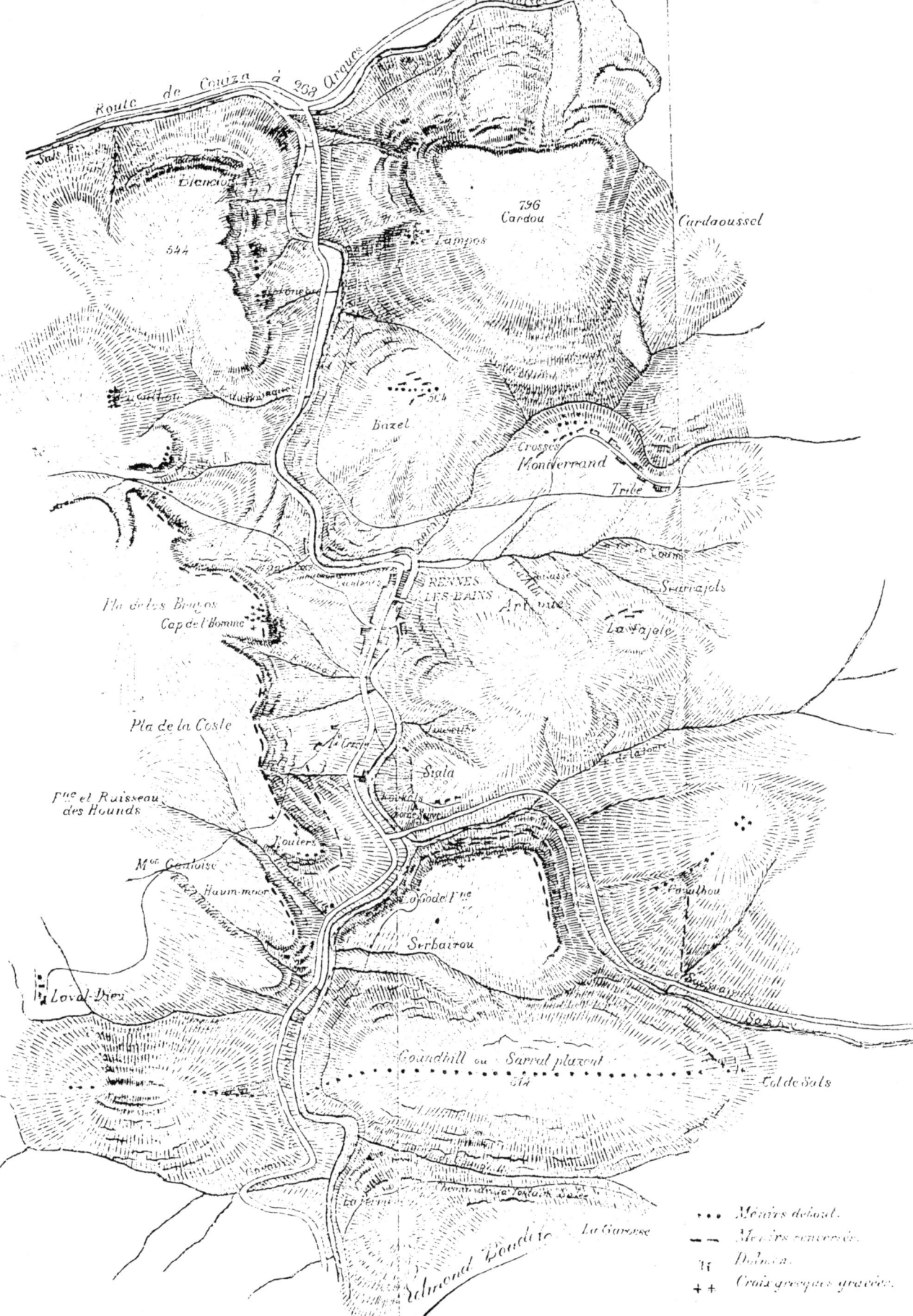

Sicherheitsgründen versteckt. In der darauffolgenden Zeit der Konflikte und Wirren ging der Schatz verloren und geriet in Vergessenheit. Im 19. Jahrhundert wurde der verlorene Schatz in Guarrazar in der Nähe von Toledo ausgegraben. Doch weder in diesem Schatz, noch in den detaillierten Berichten über arabische oder fränkische Beutezüge findet sich eine Spur des Schatzes von Jerusalem. Letzten Angaben zufolge befindet er sich in Carcassonne, knapp 20 Meilen von Aereda – Rennes-le-Chateau – entfernt. Unter den Angriffen ihrer Feinde schrumpfte das Westgotische Reich schließlich zu einem winzigen Gebiet, bekannt als Razès, zusammen. Aereda war eine der Hauptstädte in diesem Gebiet und einer der wenigen Stützpunkte ihrer schwindenden Macht. Man könnte durchaus davon ausgehen, daß dort auch der verbliebene Reichtum aufbewahrt wurde. Könnte dies die endgültige Ruhestätte des Heiligen Schatzes gewesen sein?

Hierzu ist jedoch zu bemerken, daß Procopius zwar berichtet, daß die Westgoten den Schatz im Jahre 410 n. Chr. nach Frankreich brachten, doch gleichzeitig in De Bello Vandalico, Buch II, die Aussage macht, daß Belisar den Schatz in Karthago erbeutet (wohin er im Jahre 455 von Genserich, dem Vandalenkönig, gebracht wurde) und nach Byzanz gebracht habe, von wo aus Kaiser Justinian »diese Schätze geradewegs zu den Heiligtümern der Christen nach Jerusalem sandte«. Weiterhin berichtet er, daß der westgotische General Ibbas, nachdem Chlodwig die Belagerung beendet hatte, »alle die Schätze, die in der Stadt Carcassonne lagen, sammelte und eilig nach Ravenna zurückmarschierte.«

In einer Epoche, in der man der tiefbeeindruckten Masse »Reliquien« wie den Speer des Longinus, den Kelch und das Messer unseres Herrn beim letzten Abendmahl, und die Dreißig Silberlinge präsentieren konnte, störte man sich auch nicht daran, daß die verschwundenen Tempelschätze von Jerusalem, einschließlich der Schätze, die nach eigenen Aussagen der Juden bei der Zerstörung des Ersten Tempel verlorengegangen waren, an zwei Stellen gleichzeitig auftauchten.

Während der dunklen und turbulenten Jahre, die dem Zusammenbruch des römischen Reiches folgten, wechselten die von den Kriegerkönigen erbeuteten Schätze konstant die Besitzer. Jeder bedeutende Schatz, der der Überlieferung nach

irgendeinen Zusammenhang mit der Plünderung von Rom aufwies, wurde fast automatisch Teil des verlorenen Schatzes von Jerusalem. Sämtliche Vermutungen in bezug auf den Inhalt des Schatzes von Rennes-le-Chateau sind daher reine Spekulationen. Außer Zweifel steht nur, daß während des fünften und sechsten Jahrhunderts beträchtliche westgotische Reichtümer in dieses Gebiet gelangten und anschließend verschwunden sind.

Ob an dieser Stelle heutzutage noch ein Schatz vorhanden ist, hängt davon ab, ob Saunières Reichtum aus Schatzverkäufen stammte oder ob er von irgendjemandem bezahlt wurde. Nachdem er nur eine Woche vor seinem Tod einen Vertrag über acht Millionen Francs für den Bau eines neuen Hauses abgeschlossen hat, können wir vermuten, daß seine ursprüngliche Einkommensquelle noch nicht versiegt war. Der Sprecher des Ordens von Sion, Pierre Plantard, behauptet, daß es sich bei dem Schatz tatsächlich um den verlorenen Schatz von Jerusalem handelt, der allerdings nun im Besitz des Ordens sei, der ihn an Israel übergeben wolle. Betrachtet man jedoch andere Mitteilungen des Ordens, wäre es dumm, diese Behauptung für bare Münze zu nehmen.

Rennes-le-Chateau wurde zum Tummelplatz aller, die sich für durchdachte Kryptogramme und obskure Theorien über das finstere Mittelalter interessieren, die mehr auf Hypothese als Tatsachen basieren. Aber auch für die jüngsten Spekulationen, die besagen, daß »das Herz des Schatzes ein merkwürdiges Artefakt ist, eine unerklärliche Energiequelle, die vor langer Zeit, durch eine längst vergessene Technologie geschaffen oder in einem Raumschiff auf die Erde gebracht wurde...«!

WEITERE SCHRITTE

Die Aussicht, daß ein Neuling mit echtem Interesse an dem Schatz eine Lösung für die Rätsel des Ordens findet, ist minimal. Ein Beispiel dafür, wie komplex und arbeitsaufwendig die Versuche, das Rätsel zu entschlüsseln, werden können, zeigt Stanley James' »The Treasure Maps of Rennes-le-Chateau« (Die Schatzkarten von Rennes-le-Chateau). Allerdings zieht er einen Schluß, dem nachzugehen durchaus lohnend sein könnte. Er fand Hinweise auf eine Stelle im Bézistal unweit von Arques, zwischen den Erhebungen Berco Grande und Berco Petite, und genau an der Stelle, wo er erwartet hatte, etwas zu finden, stieß er auf eine Höhle. Er entdeckte einige merkwürdige Zeichnungen im Felsen, darunter Darstellungen des Abdrucks einer schwarzen Männerhand, eines Totenschädels mit gekreuzten Knochen und eines Kreuzes.

Am vielversprechendsten wären weitere Recherchen auf der Grundlage von Siedlungen der Westgoten und Merowinger in diesem Gebiet und vorhergegangenen Entdeckungen. Wie jedem Sondengänger bekannt ist, lautet eine der goldenen Regeln bei der Schatzsuche, es an Stätten, an denen bereits Funde gemacht wurden, weiter zu versuchen. Die große Goldstatue, die in der Nähe des Flusses Couleurs gefunden wurde, läßt eine solche Stätte vermuten, obwohl sie offensichtlich aus der unmittelbaren Umgebung dorthin gebracht wurde.

RHOSSILI BAY, GOWER HALBINSEL (SÜD-WALES)

Das Münzenschiff

Rhossili Bay liegt am westlichsten Punkt der Gower Halbinsel in Süd-Wales. Es ist ein wilder und auch heute nur dünn besiedelter Küstenstreifen, der für seine Schönheit bekannt ist. Schwere Brecher schlagen auf Regen und

Catherine von Braganza war eine portugiesische Prinzessin, die im Jahre 1662 Charles II. heiratete. Wie man sich auf der Gower Halbinsel erzählt, soll die Galeone mit der Mitgift Catherines in der Rhossili Bay Schiffbruch erlitten haben. Eine ungeheure Menge spanischer Silbermünzen kam in den Jahren 1807 und 1833 kurz zum Vorschein.

Wind schutzlos ausgesetzten Sandstrand, der sich über fast drei Meilen erstreckt; am südlichsten Ende liegt Worms Head Point und am nördlichsten Bury Holms Island.

Das Gebiet war berüchtigt für Piraten und Strandräuber, doch die berühmteste aller Geschichten ist die des »Münzen-Schiffs«, eine spanische Galeone, die im 17. Jahrhundert irgendwo auf der Rhossili- Bank Schiffbruch erlitt. Das genaue Datum ist zwar unbekannt, doch der Vorfall ereignete sich mit großer Wahrscheinlichkeit zwischen 1660 und 1690. Der lokalen Überlieferung nach enthielt das Schiff die Mitgift von Catherina von Braganza für ihre Heirat mit Charles II.; allerdings sind keine Einzelheiten in bezug auf Namen oder Ziel der Galeone bekannt. Was wir jedoch sicher wissen, ist die Tatsache, daß das Schiff große Mengen spanischer Silbermünzen enthielt. Einigen Schätzungen zufolge waren es 400 000 Münzen.

Das Geld liegt verstreut an der Küste, versteckt im Treibsand und geschützt durch die tosende Brandung und die tückischen Gezeiten. Eine frühere Geschichte über den Schatz berichtet von einem Mann namens Mansell von Hellys, der sich angeblich einer großen Menge des Geldes bemächtigte und anschließend die Flucht ergriff. Der hiesigen Überlieferung nach gehört ihm die Geisterkutsche von Rhossili Sands – eine von vier Rappen gezogene Kutsche, die den Strand entlang rasen soll. Ob daran etwas Wahres ist, spielt keine Rolle, da er sicherlich nicht den ganzen Schatz erbeutet hat.

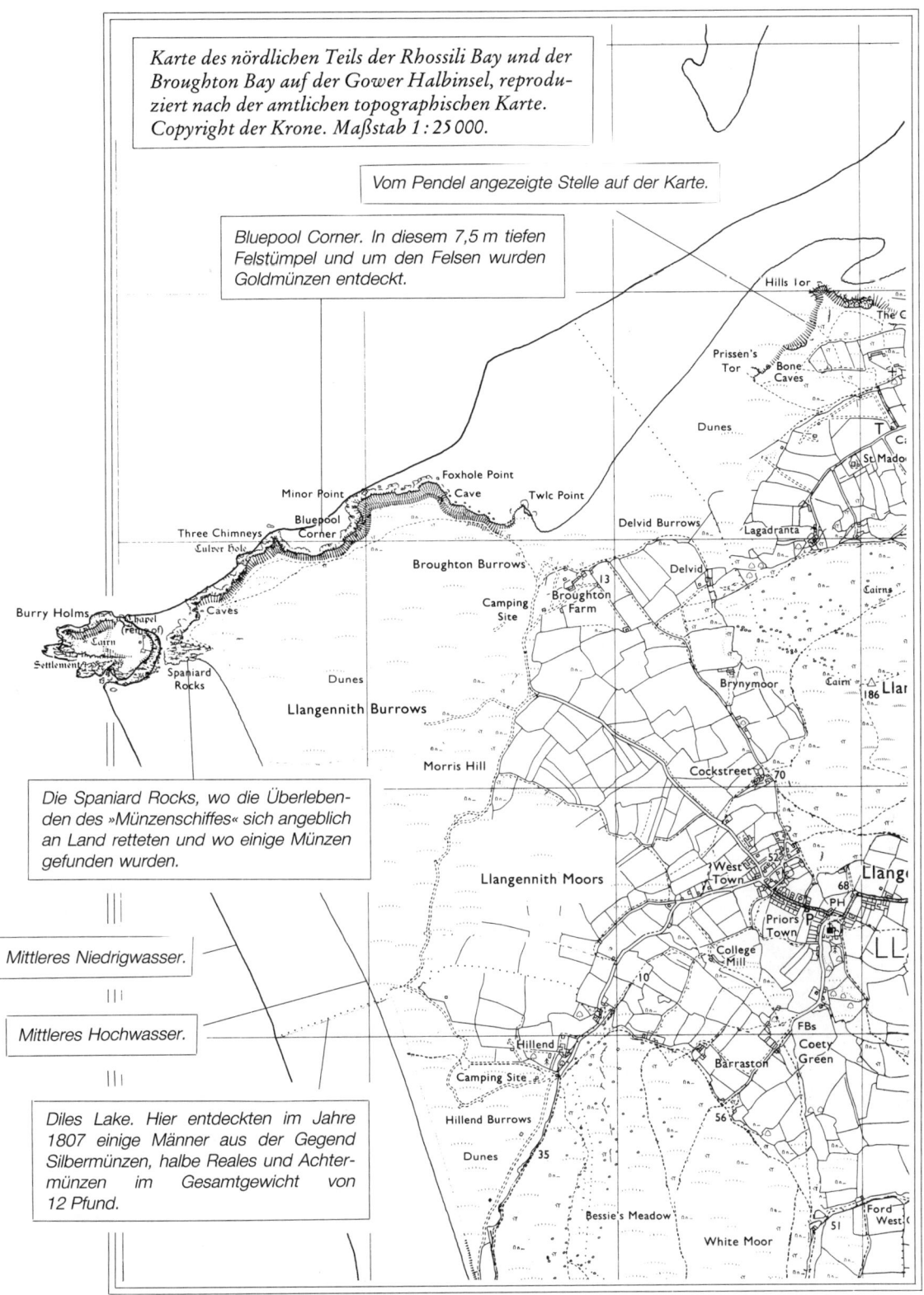

Karte des nördlichen Teils der Rhossili Bay und der Broughton Bay auf der Gower Halbinsel, reproduziert nach der amtlichen topographischen Karte. Copyright der Krone. Maßstab 1 : 25 000.

Vom Pendel angezeigte Stelle auf der Karte.

Bluepool Corner. In diesem 7,5 m tiefen Felstümpel und um den Felsen wurden Goldmünzen entdeckt.

Die Spaniard Rocks, wo die Überlebenden des »Münzenschiffes« sich angeblich an Land retteten und wo einige Münzen gefunden wurden.

Mittleres Niedrigwasser.

Mittleres Hochwasser.

Diles Lake. Hier entdeckten im Jahre 1807 einige Männer aus der Gegend Silbermünzen, halbe Reales und Achtermünzen im Gesamtgewicht von 12 Pfund.

Hills Tor

The C

Prissen's Tor

Bone Caves

Dunes

T C:

St. Mado

Foxhole Point

Cave

Twlc Point

Delvid Burrows

Lagadranta

Minor Point

Bluepool Corner

Three Chimneys

Culver Hole

Broughton Burrows

Delvid

Camping Site

Broughton Farm

13

Cairns

Burry Holms

Chapel (remains of)

Caves

Cairn

Settlement

Spaniard Rocks

Dunes

Llangennith Burrows

Brynymoor

Cairn

186

Llar

Morris Hill

Cockstreet

70

Llangennith Moors

West Town

52

68

Llang

PH

Priors Town

LL

College Mill

10

FBs

Coety Green

Hillend

Barraston

Camping Site

56

Hillend Burrows

Dunes

35

Ford West

51

Bessie's Meadow

White Moor

Das Auftauchen der Münzen

Im Jahre 1807 bemerkten William Bevan und einige andere Männer aus der Gegend, daß der Sand während einer außergewöhnlich starken Ebbe etwa in der Mitte der Bucht unweit von Diles Lake weggespült worden war. Als sie die Stelle erreichten, entdeckten sie eine Unzahl von Münzen. Sie versuchten hektisch, so viele Münzen wie nur möglich einzusammeln, bevor die Flut kam und sie an die Küste zurücktrieb – William Bevan zog sogar seine Hose aus, band die Beine zusammen und benutzte sie, um die Münzen zu tragen. Als sie schließlich aufgeben mußten, waren sie im Besitz von Silbermünzen, halben Realen und Achtermünzen mit einem Gewicht von zwölf Pfund. Außerdem hatten sie eine Kiste mit Eisendraht und etwas Zinn gefunden.

Das Silber wurde die nächsten fünfundzwanzig Jaher nicht mehr gesehen. Dann, im Jahre 1833 nach einem starken Sturm, hatten vier hiesige Männer das Glück, zur richtigen Zeit am richtigen Ort zu sein, als die Münzen ein weiteres Mal zu sehen waren. Die Nachricht über ihren Fund verbreitete sich bald, und Massen von Schatzsuchern strömten zum Strand. Das Ereignis hatte sich zu einem kleinen Goldrausch ausgeweitet, und zweifellos gab es Streitereien und Kämpfe, als die Leute ihre Ansprüche geltend machten. Es braucht wohl nicht betont zu werden, daß die Flut die Sache schnell ziemlich erschwerte. Die Münzen wurden erneut vom Sand bedeckt. Die Suchenden versuchten, die Stelle mit einer Korkboje zu markieren, doch als sie wiederkamen, war diese fortgerissen worden. Wiederum gibt es keinen Zweifel daran, daß sie nicht alle Münzen einsammeln konnten. Die Männer erzählten, wie das Wasser hunderte von Silbermünzen von ihren Schaufeln gespült habe, als sie gegen die steigende Flut ankämpften. In der lokalen Zeitung »The

Rhossili Sands. Neben den Entdeckungen in den Jahren 1807 und 1833 wurde eine Reihe kleinerer Funde in den Tümpeln bei den Spaniard Rocks und bei Bluepool Corner gemacht.

Cambrian« wurde berichtet, daß der dortige Gutsherr, C. R. M. Talbot Esquire, auf jeglichen Anspruch auf das Silber verzichtet habe, was vielen der ärmeren Gemeindemitglieder sehr zugute kam. Das war auch schon bei dem früheren Fund im Jahre 1807 der Fall gewesen.

Die gefundenen Münzen stammten aus den Jahren 1625 bis 1639, aus der Regierungszeit Philips IV.; es handelte sich Berichten zufolge um peruanische Pesos aus der Münze in Potosi. Seither wurden keine größeren Funde mehr gemeldet; ein paar Münzen wurden allerdings in einer Gruppe von Felstümpeln gefunden, die am nördlichsten Ende der Bucht liegen und Spaniard Rocks (Spanierfelsen) heißen, weil dies die Stelle ist, an der sich die Überlebenden des Schiffbruchs an Land retteten. Dieser Mangel an Erfolg liegt hauptsächlich darin begründet, daß das Ufer der Bucht im Laufe der letzten zwei Jahrhunderte stark ausgewaschen wurde und das Wrack nun ständig von mehreren Fuß tiefem Wasser bedeckt ist. Die Münzen müssen jedoch durch die starken Gezeiten in den darauffolgenden Jahren verlagert worden sein, und wenn jemand herausfinden könnte, wo genau sie in diesem riesigen Areal von Sand von den vorherrschenden Strömungen abgesetzt worden sind, könnte er auf bis zu 200 000 Münzen stoßen.

Bluepool Corner

Ein vielleicht weniger entmutigendes, jedoch nicht weniger kompliziertes Unterfangen ist die Suche nach dem Schatz in Bluepool Corner, einer kleinen Bucht jenseits der Landspitze hinter den Spaniard Rocks. Dort befindet sich ein großer Felstümpel von 7,5 m Tiefe am Fuße hoher Klippen. Die Leute aus der Gegend schwimmen gelegentlich darin, und sowohl in den umliegenden Felsen als auch im Tümpel selbst sind Goldmünzen gefunden worden. Diese Münzen stammen aus einer etwas späteren Zeit als die des »Münzenschiffes«, sind jedoch ebenfalls spanischen Ursprungs. Wiederum sind es die Gezeiten, die größere Funde verhindert haben – da die Bucht nur

bei Ebbe über die Broughton Sands erreicht werden kann, sitzt jeder, der sich noch darin befindet, wenn die auflaufende Flut Minor Point am Ostende der Bucht erreicht hat, in der Falle.

John Howland, der viele Informationen zu diesem Bericht beigesteuert hat, hofft, diese Schwierigkeit dadurch zu überwinden, daß er eine Gruppe erfahrener Bergsteiger zusammenstellt. Diese könnten die steilen Klippen hinabsteigen und die Bucht wieder auf demselben Weg verlassen, sobald die Flut zurückkehrt.

WEITERE SCHRITTE

Winter und Frühjahr sind die besten Jahreszeiten, wenn man mit einem unterscheidungsfähigen Metalldetektor nach den in den Sands verborgenen Münzen suchen will. Zu dieser Zeit sind große Mengen Sand von den Gezeiten fortgespült. Allerdings ist dann das Wetter an dieser ungeschützten Küste nicht sehr günstig. Im Sommer ist der Strand zwar nicht überfüllt, aber recht belebt, und daher muß mit einer gewissen Menge Abfall gerechnet werden. Ein weiteres Hindernis für den Sondengänger ist das riesige Areal, das bei Ebbe offen daliegt. Möglicherweise könnte man in etwa die Stelle ausmachen, wohin die Münzen durch die Strömungen getrieben wurden, indem man sorgfältig die im örtlichen Register aufbewahrten Gezeitentafeln und die Seekarten der Britischen Admiralität studiert, was allerdings eine langwierige Aufgabe wäre. Lassen Sie sich nicht durch die zwei Wracks irreführen, die bei Ebbe ausgemacht werden können – bei dem einen handelt es sich um ein Passagierschiff, das vor 160 Jahren unterging, und das andere, vor den Klippen von Rhossili, ist der Überrest eines Schiffes, das eine Ladung Holz beförderte.

Falls Sie sich für Bluepool Corner interessieren, können Sie John Howland über die Zeitschrift »The Searcher«, kontaktieren.

»The Gower Coast« (Die Gowerküste), verfaßt von John Edmunds, ist wohl der nützlichste und verläßlichste Führer für diese Gebiet.

SAN-SABA-MINE, MENARD, TEXAS (USA)

Die vergessene Silbermine

Die Geschichte der Minen von San Saba ist eine eigenartige Mischung aus Tatsachen, Fiktion, Spekulation und glatter Lüge. Wir haben keine seriöse Quelle für die Existenz dieser Mine, und der einzige Grund für die Aufnahme der Geschichte in dieses Buch ist die schiere Unverwüstlichkeit der Legende. Die Geschichte von San Saba will nicht in Vergessenheit geraten.

Der San-Saba-Fluß mündet nordwestlich von Austin, Texas, in den Colorado River. Er wurde von den Spaniern im Jahre 1732 während einer militärischen Expedition entdeckt, die tief ins Gebiet der östlichen Apachen führt. Die Spanier, die zuvor den Süden und Westen kolonisiert hatten, beabsichtigten schon lange, die San-Saba-Region zu annektieren. Bereits im Jahre 1725 hatte Francisco Hidalgo, ein Franziskanermönch, einen Plan zur Christianisierung der Lipan-Indianer, eines Stammes der östlichen Apachen, vorgelegt.

Die Geschichte des Generalleutnants

Unsere erste Quelle – und vermutlich der Urheber der Geschichte – ist Don Bernado de Miranda, Generalleutnant von Texas. Im Jahre 1756 verließ er mit einer kleinen berittenen Gruppe San Fernando (heute San Antonio), um das Territorium der Lipan zu erkundigen. Im Llano-Gebiet, nahe beim Honey Creek, entdeckte seine Gruppe einen an Silber reichen Hügel, den sie Cerro del Almagre nannten. Miranda schrieb einen überschwenglichen Bericht: »Die Minen, die im Cerro del Almagre liegen, sind so zahlreich, daß ich jedem Siedler in der Provinz Texas einen Claim garantiere...« Weiterhin berichtete er, daß ihm Apachen von reichen Silberminen nördlich des Llano Estacado erzählt hätten, die sechs Tagesritte entfernt im Gebiet der Comantschen lägen, deren Erforschung er jedoch nicht durchführen könne bzw. nicht wage.

Drei Wochen später kehrte er mit Erzproben nach San Fernando zurück und empfahl sofort, die Spanier sollten ein presidio, ein Fort, in dem Gebiet errichten. Trotz der Ergiebigkeit der Proben zögerten die Behörden. Vielleicht wollten sie sehen, wie die Öffentlichkeit auf Mirandas Geschichte reagieren würde. Vielleicht erregte ein solch günstiger Fund in Ihnen denselben Verdacht wie in uns, und Miranda erzählte entweder die Wahrheit oder betrieb ein wenig privaten Expansionismus.

Nach weiteren zwanzig Monaten stellten sie Mirandas Aufrichtigkeit auf die Probe, ähnlich wie Elisabeth I. die Wahrheit von Ragleighs Behauptungen testete: Miranda mußte eine Expedition auf eigene Kosten ausrüsten. Sollte es ihm gelingen, mit dreißig Maultierladungen Erzproben nach Camp Mazapil (700 Meilen vom Cerro del Almagre entfernt) zurückzukehren und soll-

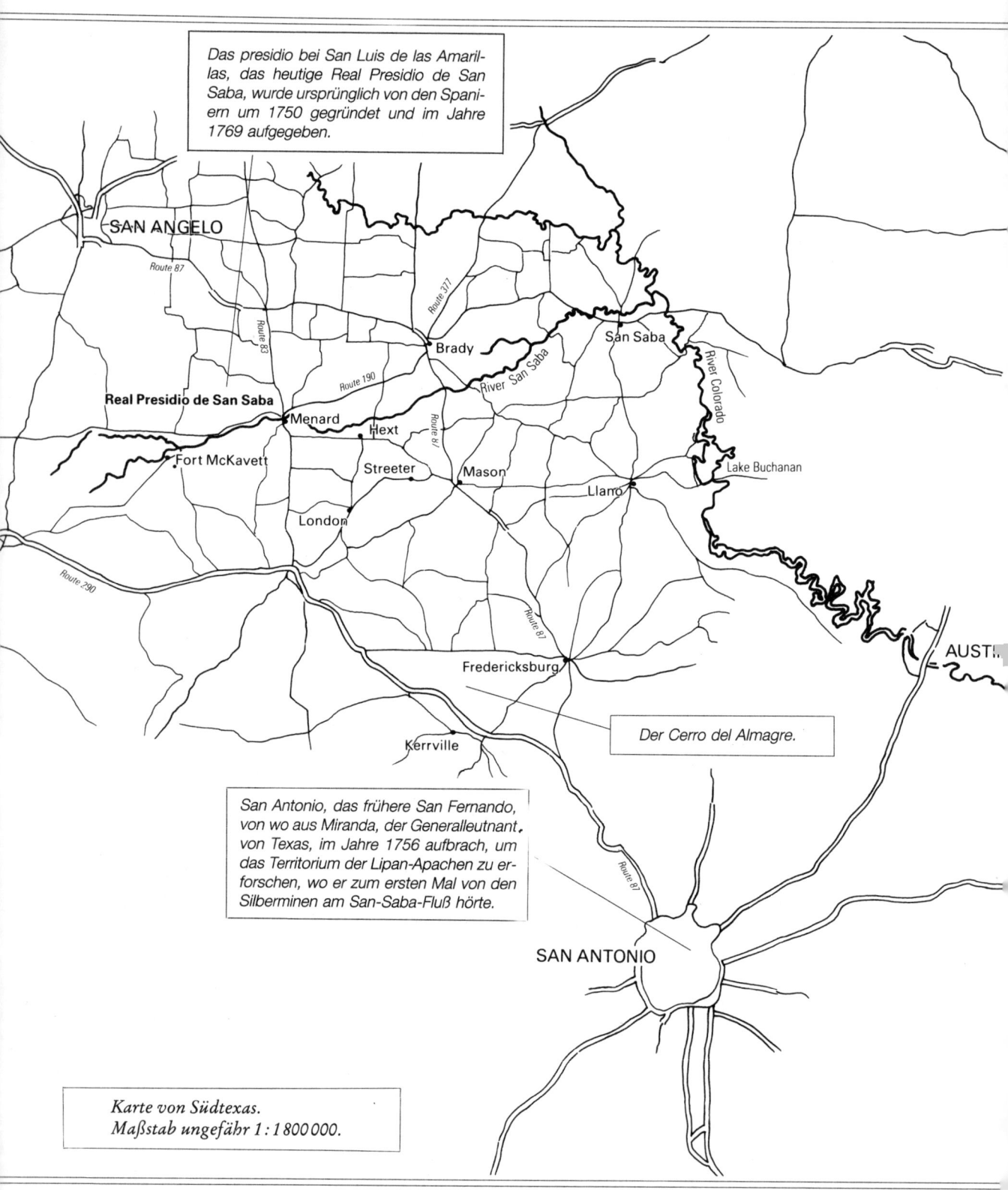

Das presidio bei San Luis de las Amarillas, das heutige Real Presidio de San
Saba, wurde ursprünglich von den Spaniern um 1750 gegründet und im Jahre
1769 aufgegeben.

Der Cerro del Almagre.

San Antonio, das frühere San Fernando,
von wo aus Miranda, der Generalleutnant,
von Texas, im Jahre 1756 aufbrach, um
das Territorium der Lipan-Apachen zu erforschen, wo er zum ersten Mal von den
Silberminen am San-Saba-Fluß hörte.

Karte von Südtexas.
Maßstab ungefähr 1 : 1 800 000.

SAN ANGELO

Route 87

Route 83

Route 377

Brady

San Saba

River San Saba

River Colorado

Real Presidio de San Saba

Route 190

Menard

Hext

Route 87

Fort McKavett

Streeter

Mason

Llano

Lake Buchanan

London

Route 290

Route 87

Fredericksburg

Kerrville

AUSTIN

Route 87

SAN ANTONIO

ten sich diese als ebenso reichhaltig erweisen wie die ersten Proben, dann würden die Behörden in Erwägung ziehen, ein presidio zu errichten und ihn zum Kommandanten zu machen.

Im November 1757 machte sich Miranda erneut auf den Weg und kehrte niemals wieder zurück.

San Saba

Obwohl Mirandas Schicksal nicht bekannt ist, lebt seine Geschichte fort. Ein spanisches presidio war bei San Luis de las Amarillas nördlich des San-Saba-Flusses und ungefähr fünfundachtzig Meilen nordwestlich des Cerro del Almagre errichtet worden. Sein erster Kommandant, Hauptmann Diego Ortiz de Parrilla, bat um Erlaubnis, diese Garnison in das Llano-Gebiet des Flusses zu verlegen, noch bevor der Bau des presidio vollendet war. Sein Ersuchen wurde abgelehnt.

Parrilla wußte offensichtlich von Mirandas Expedition. Im Jahre 1758 wiederholte er sein Ersuchen und erwähnte, daß es notwendig sei, die Arbeiten an einigen ergiebigen Silberadern zu schützen, »die angeblich entdeckt worden sind…« Und wiederum lehnten die Behörden seine Bitte ab. Im Morgengrauen des 16. März 1758 war eine nur drei Meilen flußabwärts liegende Mission von 2000 Comantschen überfallen worden, die die meisten Priester ermordet und das Gebäude dem Erdboden gleichgemacht hatten. Ständig unterbesetzt und von Indianern bedroht, hielt sich Parrillas presidio noch weitere zwölf Jahre. Es war das größte Fort in Texas, doch seine Existenz schien kaum berechtigt. Der Marquis de Rubi, Generalinspizent unter Karl III., besuchte es im Jahre 1766: »Es leistet für den Schutz der Interessen Seiner Majestät in Neuspanien viel, wie ein Schiff leistet, das mitten im Atlantik ankert und versucht, den Handel fremder Nationen mit Amerika zu verhindern.« Drei Jahre später gaben die Spanier das Fort auf.

Ein gewisser Leutnant Juan Padilla besuchte im Jahre 1810 sowohl den Cerro del Amagre wie auch San Saba. Der Verfasser des Berichts über diese Expedition, José Maria Garcia, setzte sich mit dem dortigen ergiebigen Erzvorkommen auseinander. Beeindruckender waren die von Ignacio Obregon, dem Mineninspektor, im Jahre 1812 gesammelten Erzproben. Er schlug eine Neubemannung des presidio vor. Die mexikanische Revolution und die Vertreibung der Spanier verhinderten, daß diese Vorschläge in die Tat umgesetzt wurden.

Diese beiden Berichte trugen hauptsächlich zur Legende um den Schatz bei, obwohl keiner nähere Angaben darüber enthielt, wo diese Vermögen an Erzen zu finden war.

Die Jim-Bowie-Expedition

Im Jahre 1829 erfuhr Jim Bowie, der Sklavenhändler, Pionierscout und Landspekulant, der glorreich auf den Wällen von Alamo sein Leben

Angeblich zeigten Lipan-Indianer im Jahre 1829 Jim Bowie, bekannt für das Bowie-Messer und seinen Tod bei der Verteidigung von Alamo, eine Menge Silber in der Nähe des San-Saba-Flusses. Im Jahre 1831 kehrte er mit einer gutbewaffneten Gruppe zurück, wurde jedoch von einer Übermacht Indianer zurückgeschlagen. Seitdem wird nach der »Bowie-Mine« gesucht.

lassen sollte, daß die Lipan-Indianer aus dem Llano-Gebiet zweimal im Jahr nach San Antonio kamen, um Silber einzutauschen. Bisher war es niemanden gelungen, die Herkunft dieses Silbers zu entdecken. Die Indianer hatten unter Androhung des Todes geschworen, nichts zu verraten.

Auf heimtückische Weise erwarb Bowie das Vertrauen und die Freundschaft des Stammes. Er schenkte Xolic, dem Häuptling, in krasser Übertretung des Gesetzes, ein mit Silber beschlagenes Gewehr und wurde nach einem Treffen in San Pedro Springs in den Stamm aufgenommen. Nach einigen Monaten, so behauptete er, hätten ihm seine Stammesbrüder das gezeigt, weswegen er gekommen war. Er machte jedoch keine Angaben darüber, ob es sich dabei um eine Anzahl von Silberbarren oder eine reiche Silberader handelte. Bei der nächsten Gelegenheit verließ er sie, floh nach San Antonio und bereitete seine Rückkehr mit einer kleinen, aber schwer bewaffneten Gruppe vor.

Eine andere Version dieser Geschichte wird von einem Freund, Cephas K. Ham, überliefert. Ham behauptet, daß es Jims Bruder, Rezin P. Bowie, gewesen sei, der den Herkunftsort des Silbers gesehen habe. »Er war nicht weit vom Fort entfernt. Der Schacht war ungefähr 8 Fuß tief.« Ham sagt außerdem, daß er und nicht Jim Bowie von den Indianern – Comantschen, nicht Lipan – aufgenommen, und beinahe zu der Mine geführt worden sei.

Wie dem auch sei, Bowies verräterische Gruppe aus dem Jahr 1831 war elf Mann stark, zu denen auch sein Bruder Rezin und Ham gehörten. Sie verließen San Antonio am 2. November und standen nach zwanzig Tagen immer noch einen Tag vor ihrem gerade 150 Meilen entfernten Ziel. Es ist anzunehmen, daß sie unterwegs irgendwo haltgemacht haben. Vielleicht machten sie sogar, einen Umweg über den Cerro del Almagre, weil sie sich des Vermögens am Ende der Reise doch nicht so sicher waren, wie sie vorgaben.

Am 21. November schlug die Gruppe ihr Lager in einem Eichenwäldchen auf, das an einer scharfen Flußbiegung lag. Im Morgengrauen wurde sie von 164 Indianern angegriffen. Der Kampf hielt den ganzen Tag an. Als die Indianer schließlich den Rückzug antraten, war das Schlachtfeld von 50 toten und 35 verwundeten Kriegern übersät. Die Texaner hatten ihre Deckung und überlegene Feuerkraft zu nutzen gewußt. Sie hatten nur einen Toten und drei Verletzte zu beklagen. Doch dies bedeutete das Ende ihrer Expedition.

Für den Rückweg nach San Antonio benötigten die Männer achtzehn anstrengende Tage. Ham berichtet, daß Bowie kurze Zeit später mit dreißig Mann nach San Luis zurückkehrte. Diesmal erreichte er sein Ziel, konnte aber den geheimen Schacht nicht finden. Von nun an wurde die Legende um den Schatz von San Saba in Verbindung mit Bowie zu einem festen Bestandteil der amerikanischen Folklore. Es herrschte kein Mangel an »Autoritäten«, die die Legende noch weiter ausbauten und noch verwirrender machten.

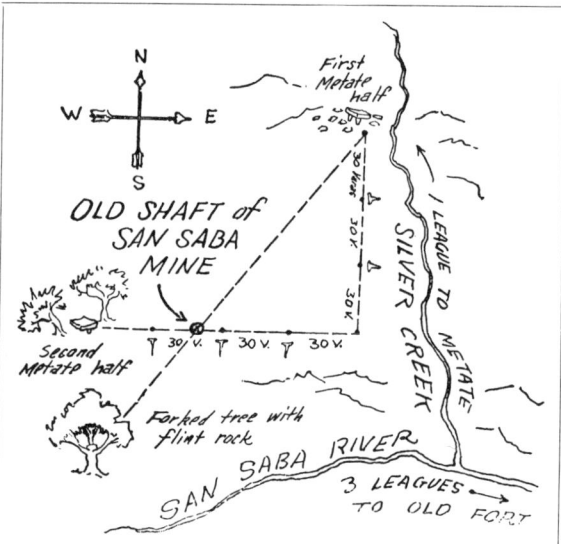

»Carlotas Karte«. Ein Mädchen namens Carlota kopierte um 1850 in den spanischen Archiven von Monclova, Mexiko, einige Dokumente und gab einen Teil dieser Information an ihre Freunde weiter. Diese Instruktionen leiteten sie zum Silver Creek, nordwestlich des alten spanischen Forts beim San-Saba-Fluß, wo sie Carlotas Aussagen zufolge einen Stapel von 2000 Silberbarren finden würden. Die Karte enthält die Information, die sie weitergab.

Die Apachen erwiesen sich für die weißen Siedler als die widerspenstigsten aller Indianerstämme. Ihr oft heftiger Widerstand zeigte sich insbesondere bei Tayopa und Superstition Mountain wie auch bei San Saba.

Im Jahre 1828 beispielsweise zeichnete ein Landvermesser die ungefähre Lage der San-Saba-Mine auf einer Landkarte ein und beschrieb sie in den schillerndsten Farben. Der englische Erzähler Captain Marryat schrieb im Jahre 1843: »Die Comantschen besitzen große Mengen Gold, das sie aus der Gegend um die San-Saba-Berge bezie-

hen und selbst zu Armbändern, Halsketten und Diademen verarbeiten...« Dies steht nicht nur im Widerspruch zu dem, was wir über die Indianer wissen, sondern markiert auch eine weitere Stufe in der Entwicklung der Geschichte. Der Volksmund hat das angebliche Silber in Gold verwandelt. Ein gewisser Dr. Roemer aus Deutschland,

149

der das presidio im Jahre 1847 besuchte, berichtete von »anhaltenden Gerüchten unter den texanischen Siedlern, daß die Spanier in der Nähe des Forts Silberminen betrieben hätten«. Die Ruinen des presidio bereiteten Schatzsuchern wenig Freude. Ein Schmelztiegel und elf Silberbarren liefern als Funde den einzigen Hinweis auf einen angeblichen Reichtum an Bodenschätzen in dieser Gegend. Es wird angenommen, daß der Schmelztiegel Perilla gehörte. Natürlich sind auch die üblichen Gerüchte im Umlauf, die dem Leser inzwischen vertraut sein werden. In der Nähe der Mission sei eine Glocke aus Gold und Silber gegossen worden, die nun in einem Flußbett vergraben liege. Ein nicht weit von der Stelle entfernter See sei von den Spaniern künstlich angelegt worden, um die Schätze darin zu verstecken. Ein direkter Weg habe einst in nordwestlicher Richtung vom Fort nach Silver Creek, auch Silver Mine genannt geführt. Diese Legenden sind für lateinamerikanische Schatzgeschichten typisch, insbesondere die Erwähnung der Glocken. Dies könnte dadurch begründet sein, daß den Indianern vor der Ankunft der Spanier das Gießen von Metall unbekannt war und sie den seltenen und sonoren Klang des Metalls im Kirchturm mit den Edelmetallen im Inneren der Kirche in Verbindung brachten.

Es gibt Geschichten, die wahrheitsgetreuer klingen. Ein Lipan-Indianer führte um 1842 einen Bürger von Austin zu »einer alten spanischen Silbermine« und ein ehemaliger Gefangener der Comantschen wollte Kapitän Billingsley »die Bowie-Mine« zeigen, doch die Indianer ergriffen und töteten den Mitwisser ihres Geheimnisses. Es kursieren noch weitere derartige Versionen, aber es gibt auch andere, genauere Geschichten wie etwa die über Grumble.

Grumble, der Rancher

Grumble war Viehzüchter in der San-Saba-Region, als er im Jahre 1857 von einer Mexikanerin in San Antonio hörte, die einst den Comantschen beim Sammeln von Silbererz geholfen hatte. Er machte diese Frau ausfindig, die ganz offen über ihre Erfahrungen erzählte, dabei allerdings betonte, daß sie niemals die indianische Mine an sich gesehen habe.

Sie sagte aus, daß die Comantschen gewöhnlich im verlassenen presidio ihr Lager aufgeschlagen hätten und dann am Los Moros Creek entlang ungefähr zwei Meilen nach Süden gezogen seien. An einer bestimmten Stelle hätten die Männer des Stammes die anderen zurückgelassen und seien manchmal schon nach einer Stunde mit dem Silber zurückgekehrt. Die Frau glaubte, daß dieser Punkt ungefähr eine halbe Meile von der Mine entfernt gewesen sei. Grumble bat darum, zu dem Punkt geführt zu werden, und sie stimmte zu. Doch ihre Verabredung kam niemals zustande. Grumble kam bei einer Schießerei in einer Bar ums Leben. Die Frau, die große Angst vor den Comantschen hatte, weigerte sich, weitere Schatzsucher zu der Stelle zu führen.

Aurelio Gondoras Schatzkarten

Aurelio Gondora war ein schüchterner junger Spanier, der im Jahre 1896 Hauslehrer bei einem Mann namens Merchant wurde. Während einer Diskussion zeigte Gondora Merchant die Schatzkarten von Texas, Oklahoma und Neumexiko, die ihm sein Vater vererbt hatte.

Gondora hatte gehört, daß den Spaniern, kurz bevor sie im Jahre 1769 das presidio aufgaben, von den Comantschen alle Pferde gestohlen worden waren, mit der Folge, daß ihnen der Zugang zu allen Minen mit Ausnahme einer einzigen – der wichtigsten – verwehrt blieb. Diese Mine lag an der Mündung eines Baches in den San-Saba-Fluß östlich des presidio, wo ein kleines Fort der Spanier stand.

Merchant sah die Karten nur einmal, und Gondora wurde später erstochen und sein Koffer mit den Karten gestohlen. Merchant fand jedoch Gelegenheit, eine der auf den Karten vermerkten Stellen aufzusuchen, und stieß tatsächlich auf irgendeinen unbedeutenden Gegenstand. Von nun an glaubte er fest an Gondoras Karten. Er machte sich auf die Suche nach der San-Saba-Mine und identifizierte den Bach auf der Karte anhand von gewissen Ruinen, von denen er annahm, daß es sich um das von Gondora erwähnte ehemalige Fort handelte, als Calf Creek. Die Mine fand er jedoch nie.

WEITERE SCHRITTE

Das Gebiet, das nach dem San-Saba-Schatz abgesucht werden muß, ist sehr umfangreich. Der Schatz kann an vielen Stellen liegen, und den Legenden oder angeblich gemachten Funden kann man kaum Glauben schenken.

Die beste Ausgangsbasis scheint jedoch der Silver Creek zu sein. Im Jahre 1858 stieß ein Mädchen namens Carlotta, das in den spanischen Archiven in Monclova, Mexiko, arbeitete, auf einen alten derrotero (inzwischen verloren). Dieser führte einen gewissen Dixon zu dem Bach, wo angeblich ein Lager von 2000 aus spanischen Minen stammenden Silberbarren liegen sollte. Dixon und seinen Leuten war gesagt worden, daß sie bis zu einer Tiefe von 18 m graben müßten, doch sie gaben ihr Unterfangen bald auf. Sie behaupteten, Spuren entdeckt zu haben, die auf frühere Ausgrabungen hinwiesen. Ein Mann namens Longworth grub später tatsächlich 18 m tief und entdeckte unter dem Kalkstein einen unterirdischen See. Es gelang ihm niemals, das Wasser aus diesem Schacht zu pumpen. Metalldetektoren haben positiv an dieser Stelle reagiert. Für eine weitere Erforschung von Dixons Schacht braucht man viel Erfahrung in der Unterwasserarbeit.

Die Überreste des presidio finden sich heute ungefähr eine Meile der jetzigen Stadt Menard, südwestlich von Austin, Texas, an der Straße von Junction nach Eden. Von der zwei Meilen südlich von Menard gelegenen Mission ist nichts mehr zu sehen, da die Steine während einer Flurbereinigung in den San-Saba-Fluß geschafft worden sind. Einst führte ein direkter Pfad in nordwestlicher Richtung vom presidio zum Silver Creek.

Man darf nicht vergessen, daß die heutige Stadt San Saba mit unserer Geschichte nichts zu tun hat.

Miguel Peraltas verlorene Goldader und »der alte Holländer«

In Apache Junction, Arizona, herrscht immer noch das Goldfieber. Alte Schürfer offerieren den Touristen echte Schatzkarten, fleckig geworden vom Alter und von verschüttetem Kaffee, und wollen nur ein paar Dollars als Gegenwert. Natürlich würden sie die Karten auch selbst benutzen, wenn nur das unwirtliche Terrain des Superstition Mountain nicht so hart für ihre alten Knochen wäre. Und wie der Zufall es will, sehen sie dich und finden dich sympathisch. Sie erzählen Geschichten von ergiebigen Goldadern, für einen Augenblick enthüllt durch Blitze in einer Gewitternacht, von Nuggets, die gefunden und wieder verloren wurden, von der Grausamkeit der Apachen und natürlich vom alten Holländer.

Und auf dem Berg selber wird man immer eine Handvoll Leute finden, ausgerüstet mit Spitzhakken, Rucksäcken und Karten, in den unzähligen Klüften, Canyons und Schluchten nach der Hauptader suchend. Einige von ihnen werden schon nach ein paar Tagen aufgeben, von Klapperschlangen vertrieben oder durch die gefährlichen Bedingungen entmutigt. Andere bauen sich Blockhütten, treiben Schächte in die Erde und bleiben jahrelang.

Es ist nicht nur das Gold, das die Leute in die Superstition Mountains lockt, es ist auch die Faszination, die der Gedanke an einen gewaltsamen Tod in sich birgt. Es gibt Berge, die größer sind und schwieriger zu ersteigen, doch keine haben mehr Leben gefordert und mehr Qualen gesehen als diese. Auch in den letzten fünfzig Jahren wurden noch Schatzsucher tot aufgefunden, manche von ihnen enthauptet. Einst machte man die Apachen dafür verantwortlich oder, in noch gespenstischeren Erzählungen, den Donnergott der Apachen, der in den Bergen wohnen soll, doch weit häufiger erschossen sich die Männer gegenseitig im Streit um Claims oder Karten. Oder sie handelten wie Benjamin Ferreira im April 1959, der seinen Partner umbrachte, weil dieser zuerst auf eine der vielen Adern mit Katzengold gestoßen war. Ferreira wollte alles für sich selbst.

Die Superstitions haben als Schauplatz von Morden einen solchen Berühmtheitsgrad erlangt, daß Psychopaten wie Herbert LeRoy Stockley dorthin pilgerten, allein mit dem Vorsatz, jemanden umzubringen. Stockley stieß auf einen Bauarbeiter und dessen Frau, die sich während ihres Urlaubs als Schatzsucher betätigten, und durchschnitt ihnen die Kehlen.

Sierra de la Espuma

Superstition Mountain ist kein Berg, sondern eine weitläufige Kette aus Felsen und Gipfeln ungefähr fünfunddreißig Meilen östlich von Phoenix. Sie tragen exotische Namen wie Geronimo's Head, Fish Creek, Picacho Butte, the Tortilla, Miner's Needle und Bluff Springs. Sie werden allgemein als Superstition Mountains bezeichnet, weil sie von Südwesten aus wie eine einzige massige Bergkette erscheinen.

Die unwirtliche Kette aus Felsen und Gipfeln östlich von Phoenix, Arizona, die als Superstition Mountain bekannt ist, war während der letzten 150 Jahre Schauplatz vieler Tragödien. Weaver's Needle, im Vordergrund sichtbar, ist ein Ort, der immer wieder in den Geschichten auftaucht.

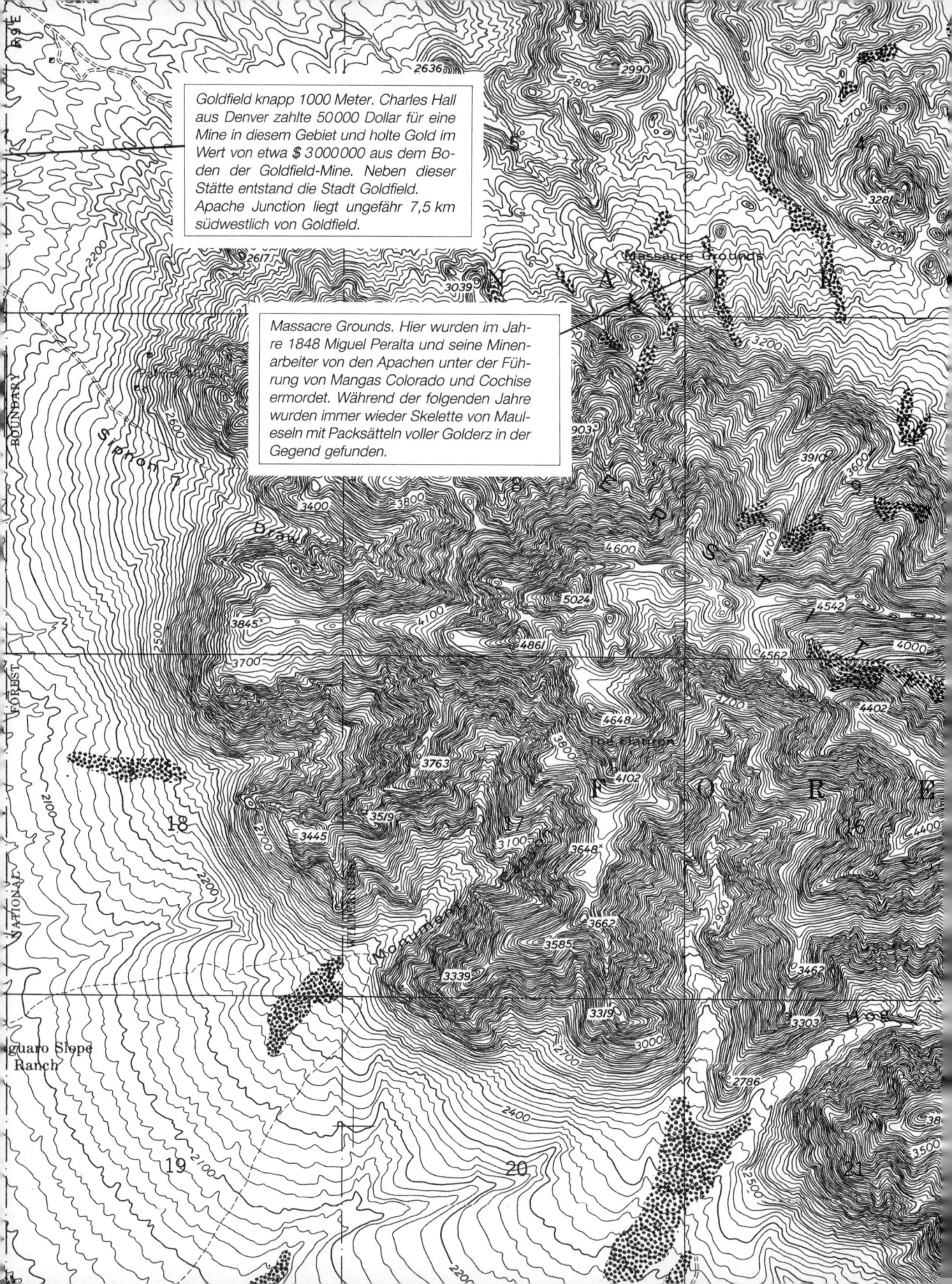

Goldfield knapp 1000 Meter. Charles Hall aus Denver zahlte 50 000 Dollar für eine Mine in diesem Gebiet und holte Gold im Wert von etwa $ 3 000 000 aus dem Boden der Goldfield-Mine. Neben dieser Stätte entstand die Stadt Goldfield. Apache Junction liegt ungefähr 7,5 km südwestlich von Goldfield.

Massacre Grounds. Hier wurden im Jahre 1848 Miguel Peralta und seine Minenarbeiter von den Apachen unter der Führung von Mangas Colorado und Cochise ermordet. Während der folgenden Jahre wurden immer wieder Skelette von Mauleseln mit Packsätteln voller Golderz in der Gegend gefunden.

West Boulder Canyon, wo der Schädel von Adolph Ruth im Jahre 1931 gefunden wurde. Ruth glaubte im Besitz von Instruktionen zu sein, die ihn zu Miguel Peraltas Mine führen würden.

Karte der westlichen Hälfte von Superstition Mountain aus USGS Quadrangle. Maßstab 1:24 000.

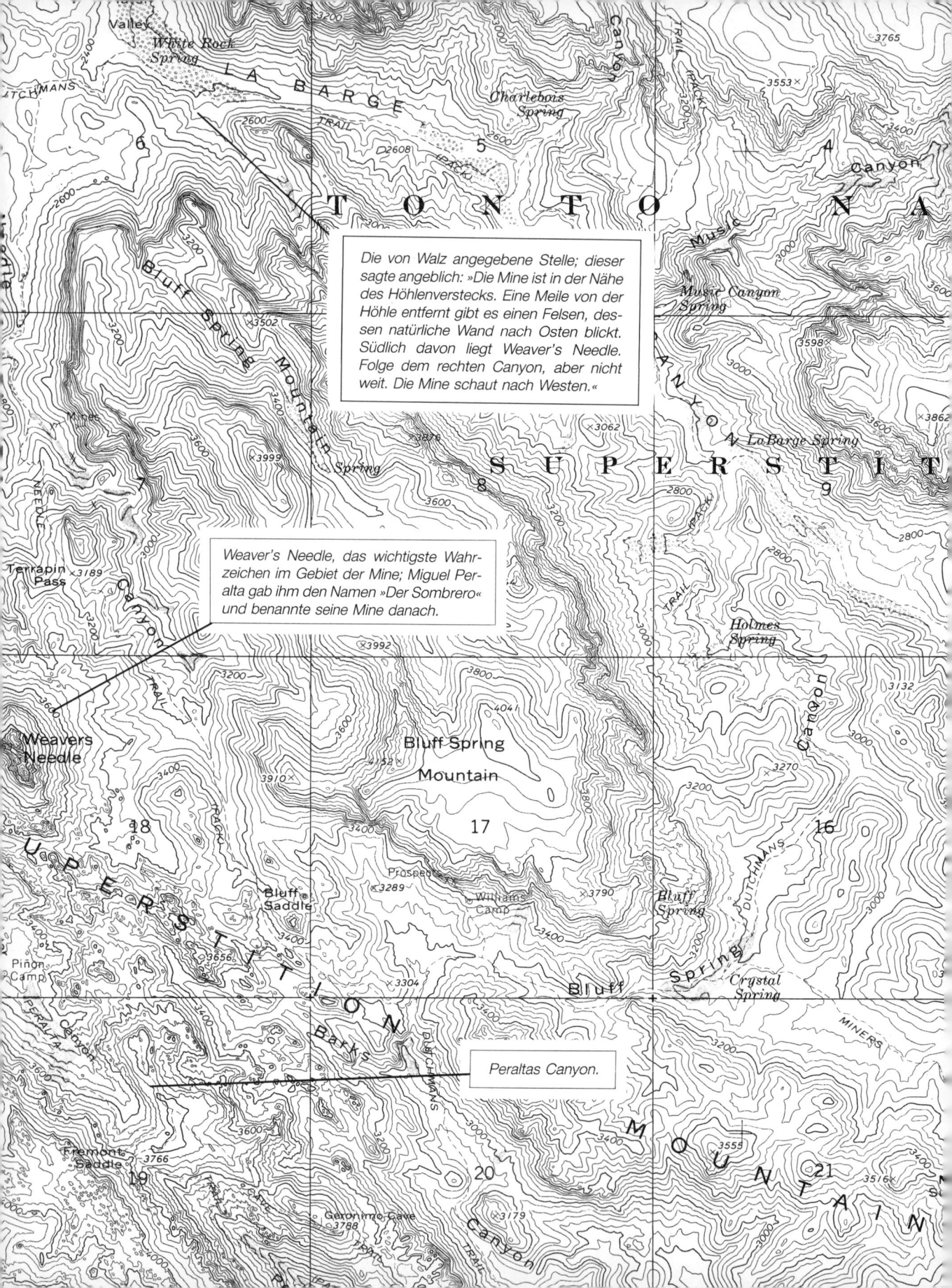

Die von Walz angegebene Stelle; dieser sagte angeblich: »Die Mine ist in der Nähe des Höhlenverstecks. Eine Meile von der Höhle entfernt gibt es einen Felsen, dessen natürliche Wand nach Osten blickt. Südlich davon liegt Weaver's Needle. Folge dem rechten Canyon, aber nicht weit. Die Mine schaut nach Westen.«

Weaver's Needle, das wichtigste Wahrzeichen im Gebiet der Mine; Miguel Peralta gab ihm den Namen »Der Sombrero« und benannte seine Mine danach.

Peraltas Canyon.

Karte der östlichen Hälfte von Superstition Mountain aus USGS Weaver's Needle Quadrangle, Arizona. Maßstab 1 : 24 000.

Franzisco Vasques de Coronado, der im Jahre 1540 auf der Suche nach den legendären Sieben goldenen Städten von Cibola aus Mexiko nach Norden kam, war wohl der erste Europäer, der diesen Berg zu Gesicht bekam. Die Indianer erzählten ihm, daß hier ihr Donnergott wohne und viel Gold zu finden sei.

Er und seine wenigen Begleiter mußten sehr schnell erkennen, mit welchen Schwierigkeiten und Gefahren eine Erkundung dieses zerklüfteten und unberechenbaren Gebietes verbunden war. Aus Angst vor ihrem Gott verweigerten die Indianer jegliche Hilfe. Mehrere der Spanier sollen umgekommen sein, als sie vergeblich nach einem Weg durch das Meer von grauem Bimsstein suchten, das sie als Sierra de la Espuma oder »Gebirge des Schaumes« kannten. Den von ihren Kameraden später aufgefundenen Leichen fehlten die Köpfe.

Es ist keine Überraschung, daß die Überlebenden von diesem gefährlichen Zeitvertreib bald genug hatten. Coronado gab dem Gebirgszug den Namen Monte Supersticion und zog weiter nach Norden, wo er bald darauf den Grand Canyon entdeckte.

Miguel Peraltas Mine

Der neue Name des »Berges« und die legendäre Wildheit der Apachen bei der Verteidigung ihrer heiligen Stätten scheinen für die nächsten zweieinhalb Jahrhunderte weitere Goldschürfer abgeschreckt zu haben.

Im Jahre 1608 wurde ein gewisser Pedro Peralta de Cordoba zum neuen Gouverneur von Santa Fe (heute in Mexiko) ernannt. Im Jahre 1776 erhielten seine Nachkommen den Titel Baron von Colorado und ein großes Gebiet, das die Sierra de la Espuma einschloß. Die Perata-Familie begann erst Anfang des 19. Jahrhunderts, als ihre Silberminen erschöpft waren, den nördlichen Teil der Sierra zu erforschen.

Im Jahre 1845 kam Miguel Peralta in die Superstitions und stieß auf oder in der Nähe der Berge auf eine ergiebige Ader, die fast pures Gold ent-

Chiricahua-Apache. In einem gemeinsamen Angriff mit Cochise massakrierten die Chiricahua-Apachen Miguel Peralta und seine Mexikaner in den Superstition Mountain, die nun den Namen Massacre Ground trägt. Früher wurden dort viele Skelette von Maultieren mit brüchigen Packsätteln voller Goldkonzentrat aus Peraltas Mine gefunden.

hielt. Um sich an die Stelle erinnern zu können, markierte er sie in Bezug auf einen eigenartigen Gipfel, der ihn, wie er sagte, an einen Sombrero erinnerte. Anschließend kehrte er nach Mexiko zurück, um Männer und Ausrüstung zu beschaffen. Er benannte seine Mine nach diesem Gipfel Sombrero. Den mexikanischen Arbeitern als »der Finger Gottes« und kommenden Genarationen von Schatzsuchern als Weaver's Needle bekannt, sollte sich dieses Wahrzeichen bei späteren Suchunternehmen als entscheidend erweisen. In den nächsten drei Jahren nach seiner Rückkehr aus Mexiko holten Peralta und seine aus mehreren Hundert Tagelöhnern bestehende Arbeiterschaft aus der Sombrero-Mine pures Goldkonzentrat im Wert von vielen Millionen Pesos und transportierten es zurück nach Sonora. Die Apachen warteten jedoch nur eine günstige Gelegenheit ab. Die Fremden hatten nicht nur die heiligen Stätten entweiht, sondern angeblich sollten auch Indianermädchen einige der Minenarbeiter im Camp aufgesucht haben. Im Jahre 1848 eilte Mangas Colorado mit einer großen Anzahl tapferer Krieger aus dem Stützpunkt in den Chiricahua Mountains herbei und schloß sich mit dem großen Cochise zusammen, um die frevlerischen Eindringlinge aus ihrem Land zu vertreiben.

Peralta erfuhr rechtzeitig von ihren Plänen. Er zog sich mit all seinen Männern und dem gesamten Viehbestand aus der Mine in ein gutgeschütztes, etwas höher gelegenes Camp zurück. Überreste dieses Lagers, wo die Schmelztiegel zur Trennung des Goldes vom Erz aufbewahrt worden waren, sind immer noch zu sehen. In einigen Versionen dieser Geschichte wird behauptet, daß Peralta eine gewisse Menge Gold in Minennähe vergraben hat, die Stelle mit Steinen markierte und eine Skizze davon anfertigte, die allerdings niemals entdeckt wurde.

Nachdem sie sich in diesem Lager provisorisch eingerichtet hatten, begann Peralta, das gesamte Gold, das bereits abgebaut worden war und auf den Weitertransport wartete, auf die Maulesel zu laden. Außerdem gab er Anweisung, den Eingang zur Mine zu überdecken und alle Spuren ihrer Bergwerkstätigkeit zu verwischen. Er hatte wahrscheinlich die Absicht, eines Tages, wenn sich der Wirbel gelegt hätte, zurückzukommen.

Arizona, Goldschürfer im letzten Jahrhundert.

Doch einer von Peraltas Tagelöhnern, der vermutlich vor seiner Rückkehr nach Mexiko noch ein letztes Stelldichein mit seinem geliebten Apachenmädchen verbringen wollte, wurde in dieser Nacht gefangengenommen und enthüllte Peraltas Pläne. Als die Mexikaner am nächsten Tag noch vor Morgengrauen das Lager verließen, lagen ihre Feinde schon auf der Lauer.

Die Falle schnappte am Fuße der steilen Felsen am nordwestlichen Ende des Berges zu. Peralta und seine bewaffnete Wache kamen in einem Pfeilhagel ums Leben. Die Packtiere scheuten. Die unbewaffneten Tagelöhner wurden mit steinernen Kriegsbeilen erschlagen. Die Gruppe wurde bis auf den letzten Mann niedergemetzelt. Die Stelle des Hinterhalts ist heute unter dem Namen Massacre Grounds bekannt. Im Jahre 1850 entdeckten amerikanische Armeetruppen die Überreste einiger der Opfer – allerdings nicht Peraltas.

Hier haben wir also einmal den Fall eines Schatzes, dessen tatsächliche Existenz wir nachweisen können, bei dem aber die einzigen, die um seine Lage wußten, erwiesenermaßen tot sind. Das Massaker begründete zudem einen zweiten Schatz – das Goldkonzentrat in den Packsätteln der Packtiere. Die Maulesel flohen in die vielen Schluchten und Spalten am Ort des Massakers. Die Apachen verfolgten sie nicht. Sie maßen dem ungereinigten Gold, das sie trugen, keine Bedeutung bei. Selbst als die Indianer in den darauffolgenden Tagen einige Tiere einfingen, um sie zu schlachten, ließen sie die Packsättel zurück. Andere Maulesel wanderten weiter weg und verendeten mit den Packsätteln auf dem Rücken.

Anfang der 50er Jahre des letzten Jahrhunderts fanden die beiden Goldsucher Hurley und O'Connor einen toten Maulesel mit vollem Packsattel. Sie wußten wohl von dem Massaker an Peralta und setzten unauffällig ihre Suche in dem Gebiet fort. Während der folgenden Wochen fanden sie noch ein Skelett und zwei weitere Packsättel. Sie waren klüger als die meisten erfolgreichen Schatzsucher in den Superstitions. Sie pulverisierten das Konzentrat und schmolzen das Gold an Ort und Stelle aus. Sie kehrten nicht nach Apache Junction zurück, wo ihnen möglicherweise das

geringste Zeichen der Erregung eine Kugel eingebracht hätte. Wie jeder erfolglose Schürfer packten sie einfach ihre Sachen und zogen weiter zur amerikanischen Münzstätte in San Francisco. Das Gold erbrachte $ 37 000.

Sie kehrten immer wieder zurück und vermehrten bei jedem Besuch ihren Reichtum. Unweigerlich schöpften scharfsinnige und neidische Leute Verdacht. Ihre Erfolgsrate hatte sich verringert und die Gefahr – durch Kriminelle und Apachen – vergrößert. Und wieder verhielten sich Hurley und O'Connor äußerst klug. Sie priesen sich und ihr inzwischen beträchtliches Vermögen glücklich und zogen sich dankbar zurück. Sie starben alt und reich. Der letzte Packsattel wurde im Jahre 1914 von C. H. Silverlocke gefunden. Die Gegend, in der die Packsättel entdeckt wurden, heißt heute Goldfield.

Der alte Holländer

Die berühmteste Figur in der Geschichte von Superstition Mountain tritt um 1860 in das Geschehen ein. Obwohl man ihn allgemein als »Der alte Holländer« kannte, war Jakob Walz (ursprünglich von Walzer) von deutscher Nationalität. Gesegnet – oder verflucht – mit dem immerwährenden Optimismus des besessenen Spielers oder Schatzsuchers, hatte er in Heidelberg eine Ausbildung zum Bergwerksingenieur absolviert und in Preußen und Australien nach Bodenschätzen geschürft, bevor er ein Schiff nach Kalifornien nahm, um sich in den großen Goldrausch im Jahre 1848 zu stürzen.

In Kalifornien und Arizona war er nicht besonders erfolgreich gewesen, bis er sich in das schöne Apachenmädchen Ken-tee verliebte. Er arbeitete damals als ganz gewöhlicher Bergarbeiter, und Ken-tee war ihm dabei behilflich, Gold aus der außergewöhnlich ergiebigen Mine zu schmuggeln, in der er beschäftigt war. Schließlich wurde Walz entlassen, obwohl ihm die Sache niemals bewiesen werden konnte.

Der beinahe 60jährige, aber noch immer kräftige und leistungsfähige Walz lebte anschließend mit Ken-tee in einem kleinen Dorf, das einige Meilen von den Superstition Mountains entfernt lag. Eines Tages verschwanden die beiden und kehrten einige Wochen später mit zwei schwer beladenen Mauleseln zurück. In dem Moment, in dem Walz Vorbereitungen traf, das Gold zur Münzstätte in San Francisco zu bringen, wurde das Geheimnis bekannt. Walz hatte Glück gehabt. Man nahm allgemein an, daß er einen der verlorenen Packsättel gefunden hatte.

Die Apachen jedoch müssen geglaubt haben, daß Ken-tee den Ort der Mine – ein streng gehütetes Geheimnis der Indianer – verraten hatte. Einige Tage später überfielen sie das Haus von Walz, griffen Ken-tee und schleppten sie mit sich. Die Nachbarn verfolgten den indianischen Stoßtrupp und entrissen sie seinen Fängen, doch die Krieger hatten ihr bereits die Zunge herausgeschnitten. Sie starb eine Stunde später in den Armen von Walz.

Walz siedelte nach Phoenix um, wo man ihn als einen verbitterten, viel trinkenden und verschlossenen Mann kannte. Er zankte sich viel, doch als die Wahrheit über seine Funde ans Tageslicht kam, wurde er ein berühmter Mann. Leute kamen von überall her, um den »alten Holländer« zu sehen, den Mann, der um das Geheimnis eines großen Schatzes wußte, doch nicht dazu überredet werden konnte, ihn zu bergen. Wohin er auch ging, überall folgten sie ihm. Er führte seine gierigen Verfolger von einer Bar zur anderen, aber niemals zur Mine.

Drei Jahre nach Ken-tees Tod kam jedoch ein weiterer Deutscher aus Phoenix. Es besteht die Möglichkeit, daß Walz nach ihm geschickt hatte. Der Zimmermann Jakob Weiser, oder Wisner, war das krasse Gegenteil von Walz. Er wurde zu einer populären und vertrauten Figur in Phoenix, bis er und Walz eines Tages heimlich verschwanden. Sie kehrten innerhalb eines Monats mit Säcken voller Goldkonzentrat zurück, brachten es zu Wells Fargo für den Weitertransport zur Münzstätte und machten sich erneut auf den Weg zum Superstition Mountain.

Dort trugen sie weiteres Gold zusammen, das sie wieder nach Phoenix bringen wollten. Die Apachen griffen an, während sie schliefen. Walz konnte, nur mit Hemd, Schuhen und Socken bekleidet, entkommen. Er riß sein Hemd in Streifen und umwickelte seine Füße damit, um über die rauhen Felsen laufen zu können. Weiser war durch einen Pfeil, der sich durch seinen linken Arm und die Brust gebohrt hatte, tödlich verletzt. Er kämpfte sich zum Haus von Dr. John D. Walker, einem von Walz' wenigen Freunden durch, und starb am darauffolgenden Morgen.

Walz kehrte nach diesem Rückschlag hin und wieder zum »Berg« zurück, aber mit zunehmenden Jahren immer seltener. Seine Geschichte war inzwischen in ganz Amerika verbreitet, und viele hätten alles darum gegeben, dieses Geheimnis zu erfahren. Nur ein gerissener und rücksichtsloser Mann wäre in der Lage gewesen, sich dieser Schar von Verfolgern, die Walz inzwischen angezogen hatte, zu entledigen. Walz war sowohl das eine wie auch das andere. Kein einziger Mord konnte ihm jemals nachgewiesen werden, aber es wurde allgemein für unklug gehalten, sich zu nah an seine Fersen zu heften. Man erzählte sich beispielsweise, daß Walz und Weiser gemeinsam zwei Mexikaner getötet hätten, die sie an ihrer Stätte ertappten. Zwischen 1879 und 1885 erhielt Walz insgesamt 254 000 $ von der Münzstätte.

Es besteht die Möglichkeit, daß in dieser Zeit ein oder zwei weitere Schatzsucher die Mine entdeckten. Ein Schürfer namens Joe Deering behauptete, daß er durch ein Loch geklettert sei, das ihn zur Mine geführt habe. Er wollte dieses Wissen mit seinen Zuhörern teilen, starb jedoch bei einem Unfall, bevor er Gelegenheit hatte, sie dorthin zu führen.

Im Jahre 1880 tauchten zwei junge Männer, vermutlich ehemalige Soldaten, in der kleinen Stadt Pinal auf; ihre Satteltaschen waren gefüllt mit außergewöhnlich reinem Gold. Sie behaupteten, in den Felsen eine trichterförmige Öffnung entdeckt zu haben, die sie zu einem ergiebigen Flöz geführt habe, dem sie soviel goldhaltiges Gestein hätten entnehmen können, wie sie tragen konnten. Sie sagten, daß sich die Öffnung in der Nähe einer spitzen Felszinne befinde.

Zu weiteren Versuchen ermutigt, machten sie

sich auf den Weg in die fünfundzwanzig Meilen entfernten Superstitions, nicht ahnend, daß dies die letzte Reise ihres Lebens sein würde. Ein Rettungstrupp fand zehn Tage später ihre nackten Körper. Obwohl die Art ihres Todes in gewisser Weise die Handschrift der Apachen trug, wurde allgemein angenommen, daß dies nur ein Täuschungsmanöver und ein interessierter Bewohner der Stadt für die Tat verantwortlich gewesen sei. Manche verdächtigten Walz, andere einen ortsansässigen Händler, der plötzlich zu unerwartetem Reichtum gekommen war.

Walz' Vermächtnis

Walz machte seine letzte Reise zum Berg im Jahre 1890. Er holte Gold im Wert von $15000 aus einem Versteck, nicht aus der Mine. Dies sollte sein Vermächtnis werden. Im Oktober des darauffolgenden Jahres starb diese pathetische, faustige Figur, die unfreiwillig Glück gegen enormen Reichtum eingetauscht hatte, im Hause einer gutherzigen schwarzen Frau namens Julia Thomas. Walz hinterließ seinen Freunden $15000 und Hinweise zur Lage der Mine. Einer von ihnen, Dick Thomas, erzählt, daß Walz auf seinem Sterbebett auch den Mord an seinem Neffen Julius gestand, den er viele Jahre zuvor aus Deutschland herübergeholt hatte, um sein Geheimnis mit ihm zu teilen, der jedoch zu viel geredet hatte.

Walz Angaben über den Weg zur Mine sind verlockend, doch letztlich verdunkeln sie mehr, als sie enthüllen. Sicherlich brachten sie denjenigen, die wie Julia Thomas den Rest ihres Lebens und Vermögens mit vergeblichen Suchen vertaten, nichts als Unglück. Er sagte, die Mine liege in einem Gebiet »so rauh, daß man mitten in der Mine sein kann, ohne sie zu sehen«. Sie sei trichterförmig, mit dem weiten Ende zuoberst. Stufen seien in den Felsen gehauen worden, damit es die Bergarbeiter leichter hätten, ihre Ladungen aus der Tiefe nach oben zu transportieren. Peralta habe auch einen Tunnel durch den Hügel angelegt, der zum Grund des Schachtes führte, um den Abtransport noch weiter zu erleichtern. Die

Mine enthalte eine 18 Zoll starke Rosenquarzader mit vielen Goldnuggets und eine weitere Ader mit Roteisenerz, die ungefähr zu einem Drittel aus Gold bestehe. Robert Petrasch, der Julia Thomas bei ihrer langjährigen Suche unterstützte, zitiert Walz folgendermaßen: »Die Mine liegt in der Nähe des Höhlenverstecks. Eine Meile von der Höhle entfernt gibt es einen Felsen, dessen natürliche Wand nach Osten blickt. Südlich davon liegt Weaver's Needle. Folge dem rechten Canyon, aber nicht weit. Die Mine schaut nach Westen.«

Das einzige Problem dabei ist der Umstand, daß Walz es unterließ, die Lage des Höhlenverstecks anzugeben, und eine Meile ist in einem solch riesigen Gebiet wie dem Norden von Weaver's Needle in der Tat »nicht weit«. Walz fährt fort: »Die Mine ist an der Stelle zu finden, auf die der Schatten der Spitze von Weaver's Needle genau um vier Uhr nachmittags fällt.« Im Laufe eines Jahres fällt der Schatten der Spitze von Weaver's Needle um vier Uhr nachmittags auf viele verschiedene Stellen. Bis zum heutigen Tag jagen die Touristen diesem Schatten nach, und ein Schatten ist alles, was sie bisher gefunden haben.

Möglicherweise hatte Julia Thomas weitere Hinweise, doch diese halfen ihr auch nicht weiter. Sie starb nach jahrelanger Suche in völliger Armut. Sie gab ihre Informationen an Jim Bark, einem Viehzüchter aus Arizona, weiter. Doch dessen fünfzehnjährige Suche blieb ebenfalls erfolglos.

Sie alle waren der Meinung, daß Walz ihnen die Wahrheit gesagt hatte, wenn diese Wahrheit auch nicht ausreichte. Es ist unmöglich festzustellen, ob ihre Leichtgläubigkeit auf ihrer Kenntnis von Walz' Charakter oder auf optimistischer Habgier beruhte. Obgleich es klar ist, daß Walz ein Misanthrop war und seinen Berühmtheitsgrad genoß, so scheint es doch unglaubhaft, daß er so unverbesserlich bösartig gewesen sein soll, sein Geheimnis mit ins Grab zu nehmen und seinen einzigen Freunden irreführende Informationen zu hinterlassen, die sie unweigerlich ins Elend stürzen mußten. Ortsansässige haben die Vermutung geäußert, daß er sein Wissen mißbraucht habe, um Julia Thomas auszunutzen, als er gegen Ende seines Lebens ein weiches Bett, regelmäßige Mahlzeiten und die Zuneigung einer Frau benötigte, jedoch niemals die Absicht gehabt habe, ihr oder anderen der von ihm verachteten habgierigen Mitläufer sein Geheimnis anzuvertrauen. Eine der vielen Legenden, die sich um Superstition Mountain ranken, besagt, daß man das Gelächter des »Alten Holländers« im Echo des durch die Canyons hallenden Donners hören könne.

Die Stimme des Donnergottes

Während Jim Bark noch dem Schatten der Spitze von Weaver's Needle nachjagte, ließ ein neuer Hinweis die Abenteurer bereits in eine andere Richtung strömen. Ein Hobbyschürfer erzählte eine der üblichen verwirrenden Geschichten. Es scheint, daß Weiser vor seiner letzten Reise zur Mine einem befreundeten Lebensmittelhändler gegenüber durchblicken ließ, daß der Schacht nur ein wenig westlich von Massacre Ground liege und durch einen riesigen Felsbrocken markiert sei. Es gab tatsächlich einen riesigen Felsblock auf der Spitze eines Hügels westlich von Massacre Ground. Unter der vielen eifrigen Schatzsuchern, die dorthin pilgerten, war auch Charles Hall aus Denver. Als die Anteile aus dem Gebiet zum Verkauf standen, wurden sie von Hall für die scheinbar irrsinnige Summe von $ 50 000 erworben.

Hinter Halls Verrücktheit steckte jedoch ein gewisses System. Als erfahrener Schürfer hatte er sofort deutliche Anzeichen dafür bemerkt, daß einst Golderz über den Hügel transportiert worden war. Ebenso war ihm aufgefallen, daß sich der Felsblock von allen anderen Gesteinsformationen der Gegend unterschied. Daraus schloß er, daß sich die Schürfstellen irgendwo auf dem Hügel befinden mußten, da es wenig Sinn gehabt hätte, daß Gold von einer unterhalb gelegenen Mine nach oben zu transportieren, und daß der Felsen daher ganz bewußt – vermutlich als Markierung – an diese Stelle gebracht worden war, und zwar von jemanden dem viele Männer zur Verfügung gestanden hatten; wahrscheinlich von Peralta.

Hall beschaffte sich das Modernste, was es an Ausrüstung gab, heuerte einige Männer an und trieb genau von der Spitze des Hügels aus einen Schacht in die Erde. Aus dieser »Goldfield-Mine« wurde im Lauf der nächsten Jahre Gold im Wert von $ 3 000 000 gefördert, und eine wilde Stadt – ebenfalls Goldfield genannt – mit Freudenhäusern, Spielhöllen, Saloons und all den anderen unvermeidlichen parasitischen Auswüchsen wuchs an der Stelle empor.

Die Apachen verhielten sich angesichts dieser Masseninvasion am Wohnsitz ihres Donnergottes ruhig. Dann, eines Nachts, ließ der Gott selbst seine Stimme erklingen. Ein schrecklicher Gewittersturm erschütterte den Berg. Die Regenfälle übertrafen alles bisher Dagewesene. Am nordwestlichen Ende des Berges, dem eigentlichen Schrein des Gottes, konnte man deutlich mehrere Wasserfälle ausmachen, die über die Felsvorsprünge herabstürzten und sich zu einem reißenden Strom vereinigten. Weitere Wassermassen überfluten die Mine und begruben alles unter tausenden Tonnen Sand und Gestein.

Die Schürfer begannen den Ort bald zu verlassen. Hall starb. Nur ein Mann war tollkühn genug, einen erneuten Versuch an der Mine zu wagen. George Young, ehemaliger Bürgermeister von Phoenix, erwarb den Clain von Halls Töchtern und investierte kräftig, indem er neue kostspielige Maschinen und noch mehr Arbeiter als Hall zur Mine brachte. Die Hauptader war durch die Wasserflut verschoben worden. Auf die Suche nach ihr trieb er einen Schacht in den Berg und stieß in 335 m Tiefe auf einen unterirdischen Fluß. Der Druck war so groß, daß der Wasserspiegel bis auf 30 m unter die Erdoberfläche anstieg, und dort liegt er noch immer. Es wurden viel Anstrengungen unternommen, aber niemanden gelang es, den Wasserspiegel auch nur um einen Zentimeter zu senken.

Veni, Vidi, Vici

Unter den vielen Schatzsuchern des 20. Jahrhunderts ist Adolph Ruth bemerkenswert, wenn auch nur aufgrund der Art seines Todes. Ruth kam in bereits fortgeschrittenem Alter im Jahre 1931 aus Washington mit einer Karte, von der er glaubte, daß sie von der Peralta-Familie stamme. Er machte sich auf den Weg zum Berg und verschwand. Sechs Monate später fand ein Suchtrupp seinen Schädel unweit des Lagers, wo ihn seine Führer am ersten Tag zurückgelassen hatten, weit unten im West Boulder Canyon. Man hatte ihm zwei Kugeln in den Kopf geschossen. Seine Leiche und sein Hab und Gut wurde einen Monat später in beträchtlicher Entfernung aufgefunden.

Bis dahin schien das ein typischer Superstition-Mountain-Mord zu sein, komplett mit der bei den Apachen üblichen Enthauptung. Es ist jedoch unwahrscheinlich, daß die Indianer dafür verantwortlich waren, und das Motiv war daher höchstwahrscheinlich der Diebstahl dieses wertvollen, wenn auch trügerischen Dokuments. Es war ein kleines Buch in Ruths Jackentasche, das ihn für kurze Zeit zu einer Berühmtheit werden ließ. Er hatte seine Instruktionen in dieses Buch übertragen. Daraus ergab sich als Suchgebiet ein Kreis von höchstens fünf Meilen Durchmesser um Weaver's Needle; weiterhin hieß es:

Adolph Ruth versuchte sein Glück auf dem Superstition Mountains im Jahre 1931 mit einer Karte, die angeblich von Peralta stammte. Er wurde ermordet, kurz nachdem er aufgebrochen war, und sein Schädel wurde sechs Monate später gefunden. Einen Monat später machte die Entdeckung eines kleinen Notizbuches mit dem letzten Eintrag: »Veni, vidi, vici« (Ich kam, ich sah, ich siegte) Schlagzeilen.

»Die erste Schlucht auf der Südseite (Vom westlichen Ende der Bergkette) – sie fanden einen markierten Pfad, der sie nordwärts über einen hohen Bergkamm und dann abwärts in einen langen, nordwärts verlaufenden Canyon und schließlich zu einem Nebencanyon führte, der sehr tief, felsig und dicht mit Eichenbüschen bewachsen war... ungefähr 60 m gegenüber einer Höhle.«

Ein ganzes Stück weiter unten hatte er Caesars triumphierende Worte »Veni, Vidi, Vici« geschrieben. Von allen möglichen Schlußworten hätte er keines besser wählen können, das in der Öffentlichkeit mehr Enthusiasmus und Interesse geweckt hätte. Superstition machte wieder Schlagzeilen, und die Flut von Schatzsuchern verdoppelte sich.

Die Wahrscheinlichkeit, daß Ruth tatsächlich Gold gefunden hatte, ist sehr gering. Er war alt und gebrechlich und konnte an einem Tag auf diesem unwegsamen Gelände kaum sehr weit gekommen sein. Wir wissen, daß er nur ein Lager aufschlug und vermutlich während der ersten achtundvierzig Stunden seines Aufenthalts am Beg ums Leben kam. Es ist viel wahrscheinlicher, daß er die berühmten Worte in der Hoffnung niedergeschrieben hatte, sie später in den Felsen meißeln zu können, oder daß er auf die Ader mit Katzengold gestoßen war, die Ferreira im Jahre 1959 zum Mörder lassen werden sollte.

Kurz nach dem zweiten Weltkrieg schürfte ein Bergbauingenieur namens Alfred Strong Lewis in dem Gebiet der Goldfield-Mine und bemerkte verschiedene, unauffällige Spuren am Fuß eines großen Felsblocks. Er sprengte den Felsen mit Dynamit und entdeckte darunter einen alten Minenschacht. Diese Stelle lag ungefähr eine Meile von Massacre Ground entfernt, in unmittelbarer Nähe von Goldfield selbst. Die Verstrebungen im Schacht waren aus mit der Axt behauenen Eisenholz fachmännisch nach der spanischen Methode angefertigt. Lewis stieg hinunter. In einer Tiefe von 23 m fand er eine sehr ergiebige Erzader. Es konnte sich nur um Peraltas Mine handeln.

Lewis nahm sich vier Freunde als Partner und förderte in kürzester Zeit Gold im Wert von $ 42 000, ehe er zu einem weiteren, größeren und moderneren Schacht vorstieß. Man nahm an, daß es sich dabei um einen Teil von Halls Schacht handelte, der durch den Erdrutsch verschoben worden war. Es scheint daher, daß Peralta den entsprechenden Berg mit einem Felsblock markiert und den Schacht selbst mit einem weiteren Stein bedeckt hatte. Lewis und seine Partner kamen zwangsläufig zu dem Schluß, daß der Rest ihrer Ader – die große Hauptader – von den Wasserfluten davongetragen worden war. Sie könnte sich heute tief im Innern des Berges befinden, doch es ist ebenso gut möglich, daß sie so nahe an der Oberfläche liegt wie je zuvor, an einer neuen Stelle, die nur eine halbe Meile entfernt ist. Wir müssen uns daher an den zwei Schächten orientieren.

Gestohlenes Gold

Ich bin der Meinung, daß wir guten Gewissens Walz' Angaben und sogar seine ganze Geschichte ignorieren können. Es könnte sein, daß er in den Superstitions etwas Gold gefunden hat, aber man darf nicht vergessen, daß Walz aus der Vulture Gold Mine im nahegelegenen Wickenburg, Meilen von Apache Junction entfernt, entlassen worden war, weil er Gold aus der Mine gestohlen hatte. Die Häuser der verdächtigen Bergarbeiter wurden gründlich untersucht, und Erz im Wert von $ 175 000 wurde wiedergefunden. In der Blockhütte von Walz fand sich jedoch nicht eine einzige Unce. Er konnte nicht angeklagt werden, aber er wurde entlassen, und wir wissen von der Abneigung, die die inhaftierten Bergarbeiter gegen ihn hegten. Falls die zeitgenössische Legende, daß Ken-tee große Mengen von Gold für ihn aus der Mine geschafft hat zutrifft, so hatte er zu der Zeit, als er sich nahe beim Superstition niederließ, bereits einen bedeutenden Schatz auf die Seite gebracht. In diesem Fall wäre die Abneigung, die jene gegen ihn hegten, die für seine Habgier büßen mußten, durchaus gerechtfertigt. Hätte er über einen solchen Schatz verfügt, so wäre es ihm kaum möglich gewesen, ihn zur Münzstätte zu schaffen, ohne eine Erklärung abzugeben. Man hätte ihn zweifellos gehenkt, wenn er dies ver-

sucht hätte. Könnte es nicht sein, daß Walz mit seinen gelegentlichen Abstechern nach Superstition Mountain die volkstümliche Legende benutzte, um seine unrechtmäßig erworbenen Güter »reinzuwaschen«? Dies sind nur Indizien, aber sie würden viele den »alten Holländer« umgebenden Geheimnisse erklären – die Leichtigkeit, mit der er Verfolger abschüttelte, die Tatsache, daß seine Expeditionen zur Beschaffung neuer Mittel so sporadisch waren, die verwirrenden und ungenauen Instruktionen, die er bei seinem Tode hinterließ, die Schnelligkeit, mit der er von seinen »Schürf«-Ausflügen mit hochwertigem Gold zurückkehrte, und der triviale, aber eigenartige Umstand, daß er von seiner letzten Expedition zum Berg mit einer solch geringen Menge Gold zurückkam.

WEITERE SCHRITTE

An dieser Stelle wäre es absurd, den verschiedenen Hinweisen, von denen viele aus dubiosen Quellen stammen, viel Bedeutung beizumessen, und dasselbe gilt für alle Schatzkarten. Es besteht wenig Hoffnung, daß noch weitere Packsättel auftauchen, und Schatzsuchern wird empfohlen, sich auf Halls verlorene Hauptader zu konzentrieren. Die Verwendung von elektronischer Ausrüstung ist äußerst empfehlenswert. Details hierzu können am Ende des Berichts über Guadalupe de Tayopa nachgelesen werden.

Der Sucher sollte sich vor Augen halten, daß Superstition bei all seiner Popularität immer noch feindselig und gefährlich ist. Man stolpert eher über eine Klapperschlange oder einen brüchigen Klippenrand als über einen Goldklumpen, und an einem Sommertag, wenn die Temperatur nie unter 38° C fällt, ist die Austrocknung des Körpers der größte Feind, während bei Nacht, besonders im Winter, Temperaturen unter Null keine Seltenheit sind.

Der Kirchenschatz von Pisco

Unter den Soldaten der peruanischen Armee, die im Krieg von 1859–1860 gegen Chile kämpften, befand sich ein Quartett von abstoßenden Schurken – ein Engländer, ein Ire, ein Spanier und ein Amerikaner –, die sich wahrscheinlich nur wegen der Aussicht auf reiche Beute zur Armee gemeldet hatten. Die Realität übertraf ihre wildesten Träume, da einer von ihnen von einem abtrünnigen Priester (angeblich von einem gewissen Vater Matteo) über einen riesigen Schatz informiert wurde, der in der Krypta der Kirche von Pisco, einer Stadt an der peruanischen Küste, aufbewahrt wurde. Dieser Schatz wurde Tag und Nacht bewacht, aber die vier beschlossen auf der Stelle, ihn zu stehlen, und entwickelten einen raffinierten Plan. Nachdem sie sich selbst aus der Armee entlassen hatten, d. h. desertiert waren, ließen sie sich nach Panama als Besatzungsmitglieder eines kleinen Schoners anheuern, der sie nach Pisco bringen sollte.

Sie hatten die Absicht, das Vertrauen der Priester zu gewinnen, die den Schatz bewachten. Zwei von ihnen – Diego Alvarez, der finstere Spanier, der sie anführte, und der Ire Killorain – waren Katholiken und wurden bald zu regelmäßigen Kirchgängern. Nachdem sie sich auf diese Weise eingeschmeichelt hatten, erzählten sie den Priestern von einem Gerücht, das sie angeblich gehört hatten. Sie sagten, der abtrünnige Priester sei mit einigen Anhängern auf dem Weg dorthin, um den Schatz zu stehlen.

Die Zeiten waren unruhig, und dadurch, daß sie den Priester beim Namen nannten und um die Existenz des Schatzes wußten, der selbst in Pisco ein streng gehütetes Geheimnis war, überzeugten sie die Priester und versetzten sie in Panik. Nun vollbrachten die Verschwörer ihr Meisterstück: Warum sollte man den Schatz nicht zeitweilig in einer Schwesterkirche unterbringen, bis die Gefahr vorüber war? Die Priester stimmten dankbar zu. Der Schatz sollte, von mehreren Priestern begleitet, auf ein nach Callao auslaufendes Schiff gebracht werden. Die Söldner waren so freundlich, sich als Wachen anzubieten.

Und so verließ wenige Wochen nach ihrer Ankunft in Pisco ein kleines Schiff namens *Bosun Bird* an einem Herbstmorgen die Stadt, beladen mit dem Schatz und begleitet von den aus tiefem Herzen kommenden Segenswünschen der Priester. Auf hoher See wurden die wenigen Priester, der Kapitän und der Rest der Mannschaft umgebracht, und die vier Männer sahen sich als unangefochtene Besitzer ihrer Beute. Und was für eine Beute!
Die Inventarliste lautet folgendermaßen:

14 Goldbarren
 7 große goldene, mit Juwelen besetzte Kerzenständer
38 lange Diamanthalsbänder
eine Menge juwelenbesetzter Ringe
eine Menge juwelenbesetzter Armbänder
eine Menge juwelenbesetzter Kruzifixe
1 Kiste ungeschliffene Steine (wahrscheinlich Rubine)
1 Kiste spanische Dublonen
verschiedene andere Juwelen und Schmuckstücke.

Aber was sollten sie tun, um den Verdacht von sich abzuwenden? Der einfallsreiche Alvarez schlug vor, den Schatz an einem abgelegenen Ort zu verstecken und dann zu einer Stelle zu segeln, wo sie den Schoner versenken und sich als Schiffbrüchige ausgeben konnten. Als Versteck für den Schatz wählte man die Südsee-Inseln und für den »Schiffbruch« die Küste Australiens. Im Dezember 1859 erreichten sie Tahiti und füllten ihre Vorräte auf. Sie kreuzten zwischen den Inseln umher und wählten schließlich ein einsames kleines Korallenatoll in der Tuamotu-Gruppe (auch Paumoutu genannt) als ihr Schatzversteck. Der Schatz wurde unter großen Schwierigkeiten an Land gebracht, denn es gab keinen Hafen, und sie mußten alles, die gesamten 16 Tonnen, in einem kleinen Boot transportieren.

Aus offensichtlichen Gründen kann man daher annehmen, daß sich das Versteck nahe am Wasser befindet.

Nach mehreren Wochen harter Arbeit war die Tat endlich vollbracht. Als Alvarez eine Karte anfertigte, erkannte er plötzlich, daß er den Namen des Atolls nicht kannte, obwohl er über mehrere Wochen hinweg mit den Eingeborenen in Verbindung gestanden hatte.

Sie setzten auf das nahegelegene Katiu über, aber nichts verlief so, wie sie es erwartet hatten. Man nannte ihnen den Namen einer Insel, doch offensichtlich den falschen: Pinaki. Dieser Irrtum mag vielleicht darauf zurückzuführen sein, daß die Eingeborenen nicht zwischen »P« und »T« unterschieden. Alvarez, der glaubte, in Besitz der benötigten Information zu sein, erschoß eiskalt seinen Informanten. Die Geschichte von diesem Mord war während der 30er Jahre auf den Inseln weit verbreitet.

Nach diesem häßlichen Zwischenfall mußten die Diebe schnellstens verschwinden. Im Februar 1860 versenkten sie ihr Schiff in der Nähe von Cooktown, Australien, und an Land angelangt, erzählten sie ihre Schiffsbruchgeschichte. Es fiel ihnen nicht schwer, ihre Zuhörer zu überzeugen. Sie hatten ein wenig Gold aus dem Schatz mitgebracht und führten eine Weile ein sorgenfreies Leben. Doch der letzte Teil ihres Planes bestand darin, zurückzukehren und den Rest des Schatzes zu bergen, nachdem sie sich von ihrem Verbrechen »reingewaschen« hatten. Ihre eigenen Mittel waren jedoch nicht ausreichend, um eine Expedition auszustatten, und sie konnten niemanden finden, der ihnen abnahm, daß sie in den Besitz einer Schatzkarte gelangt waren.

Sie beschlossen, ihre Mittel in den Palmer-Goldfeldern aufzubessern. Bei einem Zusammenstoß mit Eingeborenen wurden Alvarez und der Engländer aus der Gruppe, Luke Barrett, getötet. Bald danach gerieten Killorain und der Amerikaner Brown in einen Streit, der mit einem Toten endete. Beide wurden dafür zu zwanzig Jahren Gefängnis verurteilt: Brown starb, während er seine Strafe absaß.

Ungefähr um 1900 scheint man den ersten Versuch unternommen zu haben, den Schatz zu bergen: Ein Mann, den die Eingeborenen von Nukatavake »Luta« nannten, kam und verbrachte einen Monat auf Pinaki, vermutlich durch die ursprüngliche falsche Angabe des ermordeten Eingeborenen irrtümlicherweise zu diesem Atoll geführt. Er suchte, fand aber nichts. Vielleicht ist er verantwortlich für die eigenartigen Zeichen auf einem Korallenblock nahe der Atollmitte.

Ungefähr zu dieser Zeit tauchte auf Tahiti ein Mann auf, der angab, ein Nachkomme von Brown zu sein. Angeblich ist er zweimal gekommen, das erste Mal zusammen mit einigen Kameraden in einem Boot, das dazu ausgerüstet war, den Schatz zu bergen. Trinkgelage auf Tahiti setztem seinem ersten Versuch ein Ende, und der zweite, sechs Jahre später, endete, als er unter einem Pseudonym ankam, sofort erkannt wurde und wütend mit denselben Schiff, mit dem er gekommen war, die Insel verließ.

Im Mai 1912 nahm der ehemalige Goldschürfer Charles Howe in einer regnerischen Nacht einen Landstreicher in sein Haus in der Nähe von Sydney auf, den er später als »den schrecklichsten Gnom, der je einem Bilderbuch entsprungen ist« beschrieb. Er war gut zu dem Mann und erhielt seine zweifelhafte Belohnung vier Monate später, als er an das Krankenbett des Mannes in einem Krankenhaus in Sydney gerufen wurde. Der im

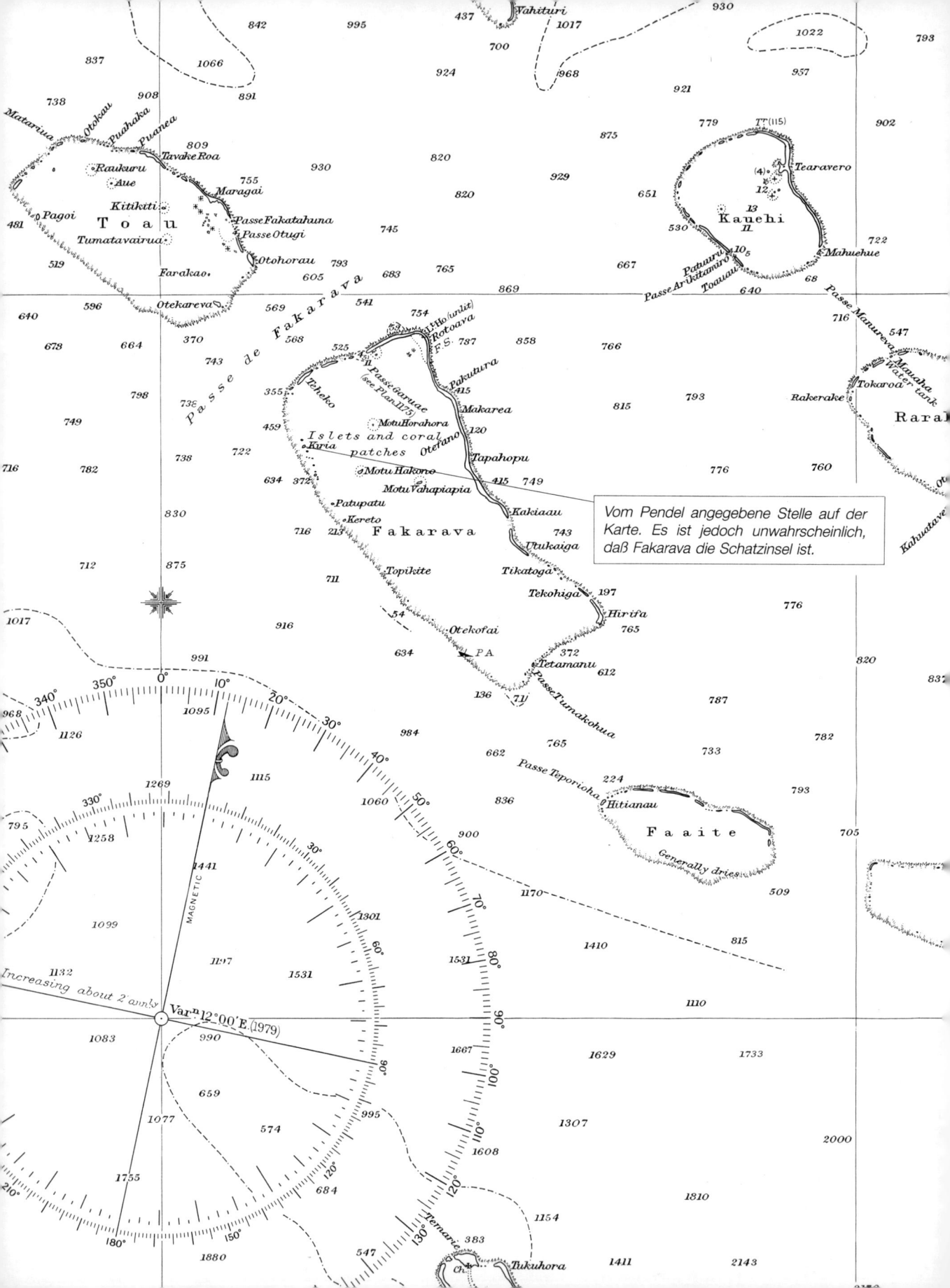

Vom Pendel angegebene Stelle auf der Karte. Es ist jedoch unwahrscheinlich, daß Fakarava die Schatzinsel ist.

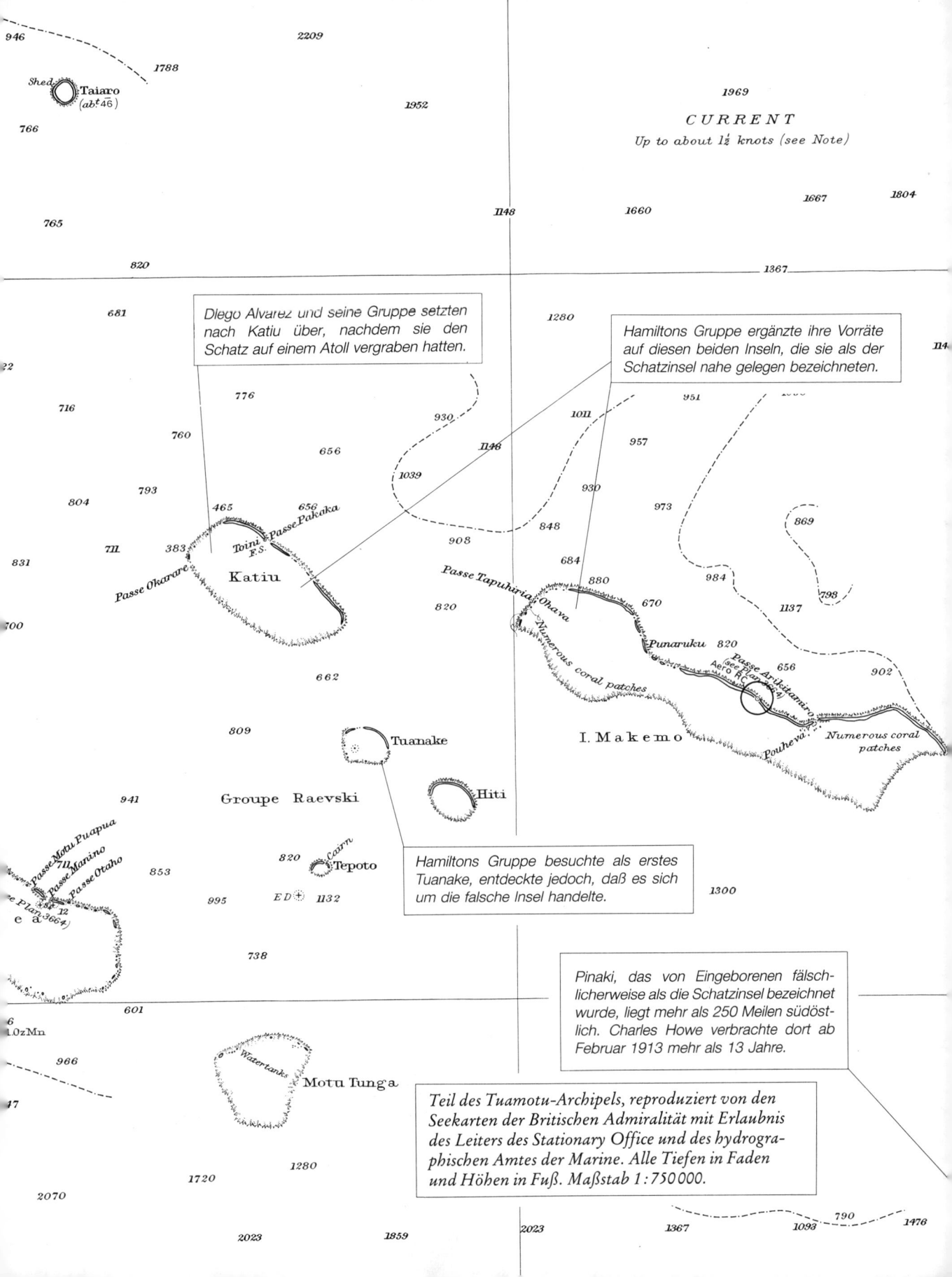

Diego Alvarez und seine Gruppe setzten nach Katiu über, nachdem sie den Schatz auf einem Atoll vergraben hatten.

Hamiltons Gruppe ergänzte ihre Vorräte auf diesen beiden Inseln, die sie als der Schatzinsel nahe gelegen bezeichneten.

Hamiltons Gruppe besuchte als erstes Tuanake, entdeckte jedoch, daß es sich um die falsche Insel handelte.

Pinaki, das von Eingeborenen fälschlicherweise als die Schatzinsel bezeichnet wurde, liegt mehr als 250 Meilen südöstlich. Charles Howe verbrachte dort ab Februar 1913 mehr als 13 Jahre.

Teil des Tuamotu-Archipels, reproduziert von den Seekarten der Britischen Admiralität mit Erlaubnis des Leiters des Stationary Office und des hydrographischen Amtes der Marine. Alle Tiefen in Faden und Höhen in Fuß. Maßstab 1:750000.

Sterben liegende Mann behauptete, Killorain, der letzte Überlebende des Quartetts, zu sein. Killorain gab ihm die von Alvarez erstellte Karte und ließ sich von ihm das Versprechen geben, nach dem Schatz zu suchen: Er selbst, sagte Killorain, habe seit dem Jahre 1860 die meiste Zeit in Gefängnissen verbracht und sei nie mehr in der Lage gewesen, die nötigen Mittel aufzutreiben, um zur Insel zurückzukehren. Howe gab sein Wort und verließ den alten Mann mit der Absicht, am nächsten Tag wiederzukommen; Killorain starb drei Stunden danach.

Howe machte sich daran, der Geschichte nachzugehen, und stellte fest, daß in Pisco wirklich ein Diebstahl stattgefunden hatte und im Februar des Jahres 1860 in der Nähe von Cooktown tatsächlich vier Matrosen an Land gekommen waren, die mit einem Schiff namens Bosun Bird Schiffbruch erlitten hatten. Gänzlich überzeugt, verkaufte er ein kleines Stück Land – seinen ganzen Besitz – und buchte eine Passage nach Tahiti.

Er kam einige Monate nach Killorains Tod auf Tahiti an und beendete seine unglückliche Reise nach Pinaki im Februar des Jahres 1913, wo er sich, in völliger Isolation lebend, eine Hütte im Stil der Eingeborenen errichtete. Er unterhielt zu den Eingeborenen nur den nötigsten Kontakt und erkundete die Insel systematisch auf der Suche nach dem Schatz.

Sieben Jahre nach seiner Ankunft kam der Schriftsteller Charles Nordhoff, der mit seinem Schoner knapp eine Meile vor der Küste in einer Flaute lag, an Land und besuchte ihn. Howe, der vor seiner Hütte Fisch zubereitete, begrüßte ihn, obwohl, in Nordhoffs Worten, »ein paar der kältesten blauen Augen in die ich jemals schaute, mich an seiner Ehrlichkeit zweifeln ließen.« In der Tat erwies sich Howe als sehr freundlich gesinnt und gesprächig; vielleicht hungerte er mehr, als er zugeben wollte, nach netter Gesellschaft. Aber obwohl er offen über sein Leben sprach, erwähnte er mit keinem Wort den Grund seines Aufenthalts auf der Insel. Am dritten Morgen der Flaute machte Nordhoff eine erstaunliche Entdeckung, als er den Strand der Insellagune entlangging – eine Reihe von Gräben auf etwas höher gelegenem Grund. »Ich begutachtete die Gräben in seiner Begleitung. Es waren drei, jeweils mindestens 400 m lang und 90 bis 120 cm tief. Sie verliefen parallel und lagen ungefähr vier Schritte auseinander. Sie wurden von fünfzehn bis zwanzig kleineren Gräben im rechten Winkel durchzogen.« Howe erzählte Nordhoff die Geschichte über den Schatz, von der er angenommen hatte, daß sie ihm bereits bekannt war.

In dieser Nacht kam Wind auf, und Nordhoff hatte keine andere Wahl, als abzusegeln. Beim Abschied fragte er seinen Gastgeber, wann er beabsichtige, die Insel zu verlassen. Howe antwortete ihm, daß er so lange bleiben würde, bis er das gefunden hätte, nach dem er suche.

Armer Howe! Bei all seiner Entschlossenheit war Pinaki einfach die falsche Insel. Ungefähr sechs Jahre nach Nordhoffs Besuch fuhr er nach Tahiti und erhoffte von den Eingeborenen eine Erklärung. In kürzester Zeit erfuhr er den Namen des verlassenen Atolls, das die Bosun Bird der Legende nach in Wirklichkeit aufgesucht hatte.

Howe war in Windeseile auf dem Atoll. Dort fand er alle auf der Karte eingezeichneten Markierungen vor. Da war das Korallenriff auf der Ostseite, zur linken des Riffs die Einfahrt, in die Lagune, der birnenförmige Tümpel mit den sieben Korallenblöcken in der Nähe, die in gleichen Abständen lagen: In diesem Tümpel sollte angeblich der Großteil des Schatzes liegen.

Howe erwartete, zwei Kisten zu finden, die separat versteckt worden waren. Nachdem er drei Tage lang sorgfältig den Sand untersucht hatte, stieß er mit seiner Eisenstange gegen Holz und brachte die Kisten mit den Juwelen – eine wunderbare Ansammlung von Diamanthalsketten, Haufen ungeschliffener Rubine, juwelenbesetzten Kerzenständern und vielen anderen wertvollen Stücke – zutage.

Seine lange Suche war beendet. Nach weiteren drei Tagen hatte er die Kisten mit den Dublonen entdeckt. Er packte den Inhalt beider Kisten in Koprasäcke und vergrub sie.

Howes letzte Aufgabe bestand darin, den birnenförmigen Tümpel nach den Goldbarren abzusuchen. Mit einer langen Stange fischte er aus dem

John Hamilton, der Taucher in der Gruppe der sechs Männer, die sich im Januar 1934 auf den Weg zum Tuamotu-Archipel machten. Sie fanden problemlos das richtige Atoll, doch ihre Schwierigkeiten sollten erst beginnen. Begegnungen mit einem Tintenfisch und einer riesigen Muräne kosteten Hamilton beinahe das Leben.

Obwohl der Name des Atolls, wo der Pisco-Schatz versteckt liegt, bisher geheimgehalten wurde, existieren diese Photos des birnenförmigen Tümpels. Die zwei hölzernen Arme des Tauchkastens auf der Abbildung rechts befinden sich angeblich genau über dem Schatz.

Der aus Wellblech errichtete Tauchkasten wurde von Hamiltons Gruppe konstruiert, um zu verhindern, daß Sand in das von ihnen gegrabene Loch am Grund des birnenförmigen Tümpels, der angeblich den Großteil des Pisco-Schatzes enthielt, zurückströmen konnte. Leider drang der Sand von unten durch, und das Versagen des Kastens bedeutete das Ende ihres Versuchs.

Tümpel ein kleines Stück von vermodertem Eichenholz, was für ihn den Beweis darstellte, daß die Goldbarren tatsächlich dort lagen.

Howe's Arbeit war nun getan. Er würde nach Tahiti zurückkehren und vorgeben, daß seine jahrelange Suche ergebnislos gewesen sei. Dann wollte er eine Passage nach Australien buchen, dort das notwendige Geld auftreiben, um ein Schiff zu chartern, und heimlich zurückkehren, um den Schatz zu bergen.

Vier Jahre nach seiner Rückkehr fand er endlich Leute, die bereit waren, ihr Geld für ein derartiges Unterfangen zu riskieren, und aufgrund weiterer Verzögerungen wartete ein inzwischen sehr frustierter Howe im Jahre 1932 immer noch darauf, daß endlich etwas geschehen möge. Howe beschloß, die Zeit ein wenig zu nutzen, um im Busch nach Gold zu schürfen, und verließ Sydney mit der festen Absicht, mit seinen Geldgebern in Kontakt zu bleiben. Nach drei Briefen von ihm herrschte Schweigen. Von Howe wurde trotz intensiver Versuche, den Kontakt mit ihm wieder herzustellen, nie wieder etwas gehört oder gesehen.

Im Januar 1934 erreichte die Expedition, als deren Führer er vorgesehen war, Tahiti. Die Gruppe bestand aus sechs Männern, einschließlich des Tauchers, George Hamilton, dessen Buch über die Expedition wir unser Wissen verdanken. Sie hatten von den Behörden die Erlaubnis erhalten, auf den Tuamotus nach dem Schatz zu suchen, hatten jedoch keine Ahnung, wo sie bei ihrer Suche ansetzen sollten. Sie hatten von Howe verschiedene Hinweise erhalten und waren inzwischen auch im Besitz von Alvarez' Karte, die sie unter den persönlichen Papieren von Howe entdeckt hatten. Doch das Wichtigste, den Namen bzw. nach Howes Versicherungen den falschen Namen kannten sie nicht.

Nachdem sie bereits auf mehreren Atollen gewesen waren, kamen sie schließlich zu einem, das alle von Howe beschriebenen Wahrzeichen aufwies, und Hamilton traf auf der benachbarten Insel einen gesprächigen Eingeborenen, der Howes frühere Anwesenheit auf der Insel bestätigte. Sie hatten von Howe auch einige Angaben erhal-

ten, die zum Schatz führen sollten. Dabei war das Riff die Ausgangsbasis – 25,5 m Ost zu Nord und 23 m Nord zu Ost. Sie hoben an der entsprechenden Stelle eine Grube von ungefähr 3,6 × 1,2 m aus, fanden jedoch nichts.

Ein wenig entmutigt, richteten sie ihre Aufmerksamkeit auf den Tümpel, der ungefähr 3,6 m tief war und dessen Grund mit festem Sand und zerbrochenen Korallen übersät war. Hamilton tauchte und hatte nach einiger Zeit den gesamten Grund bis auf einen Korallenblock untersucht.

Anschließend begann er im Sand zu bohren. Beim sechsten Versuch und in einer Tiefe von 1,8 m stieß sein Bohrer auf etwas, das weder Fels noch Sand war. Bei aller Freude mußte er jedoch erkennen, das Graben auf die übliche Art unmöglich war, da sich das Loch zu schnell wieder mit Sand füllte.

Sie kamen überein, einen Tauchkasten aus Wellblech zu errichten, um somit zu verhindern, daß während ihrer Grabungen Sand in das Loch zurückströmte. Dieser wurde schnell gebaut, und Hamilton war unter Wasser, um ihn in der richtigen Position zu verankern, als er plötzlich einen scharfen Ruck an seinem Knöchel spürte. Er drehte sich um und sah sich einem riesigen Tintenfisch gegenüber. Er stach mit seinem Messer auf den ihn umklammernden Fangarm ein und konnte sich losreißen. Er tauchte in einer Wolke aus Blut und Tinte auf.

Nach diesem Vorfall achtete Hamilton auf die Strömungen im Tümpel (er wurde von der Lagune gespeist) und tauchte meistens in Begleitung eines Eingeborenen namens Vigo. Vigo war es auch, der, als sie beide unter Wasser waren, die größte Muräne entdeckte, die Hamilton jemals erblickt hatte: Muränen sind furchtlos und brutal und greifen jeden Mann ohne Zögern an. Sie sind – oder waren zumindest damals – für den Tod vieler Perlentaucher verantwortlich. Die beiden flohen an die Oberfläche und waren gerade noch einmal davongekommen.

Es dauerte eine gewisse Zeit, bis sie erkannten, daß der Tauchkasten nicht funktionierte. Von unten strömte noch immer Sand herein. Sie sahen, daß sie vernünftige Ausrüstung brauchten, und

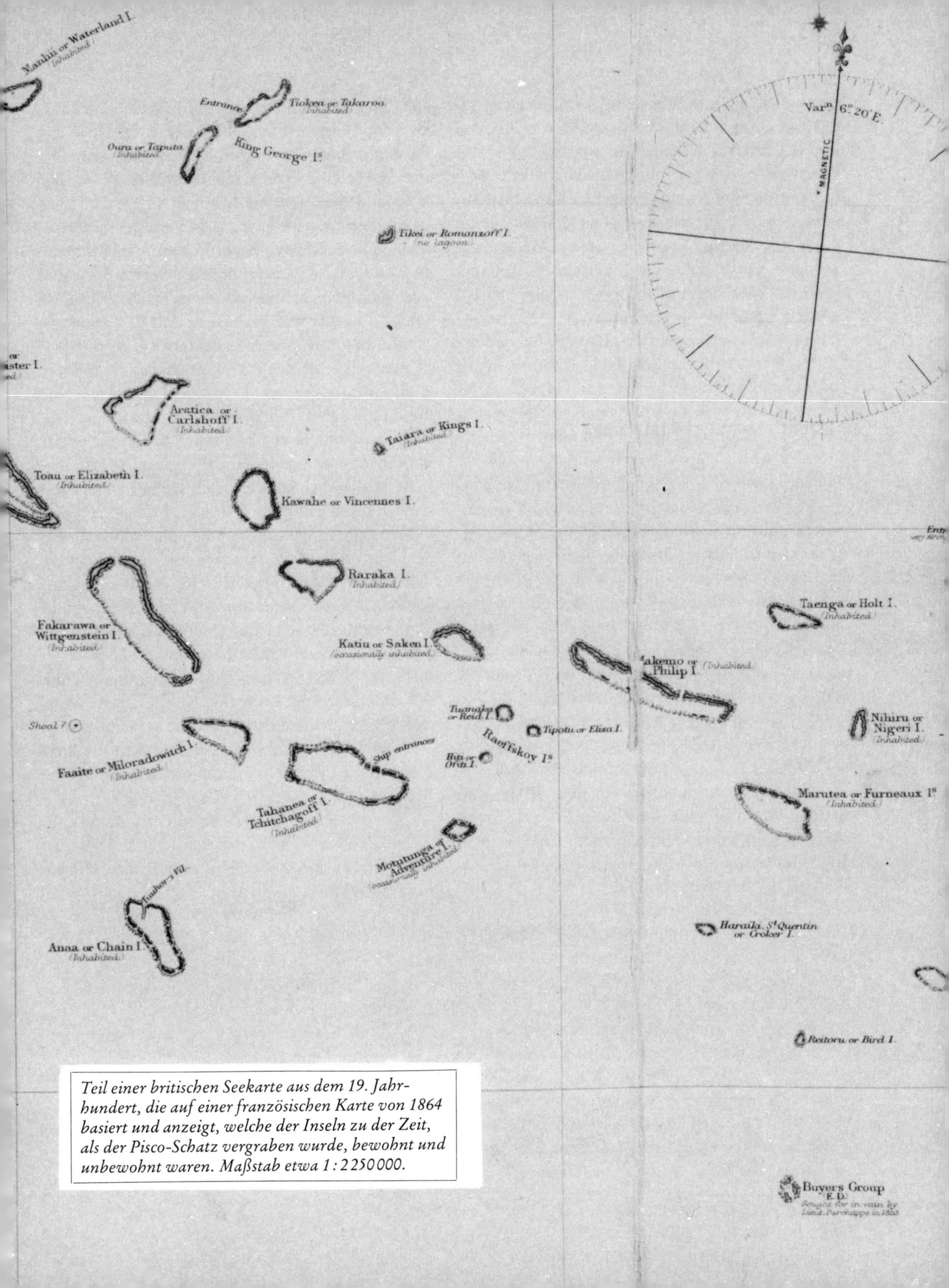

Nanhii or Waterland I.
(Inhabited)

Entrance — Tiokea or Takaroa
(Inhabited)

Oura or Taputa
(Inhabited)

King George Is.

Tikei or Romanzoff I.
(no lagoon)

or
ster I.
ed

Aratica or
Carlshoff I.
(Inhabited)

Taiara or Kings I.
(Inhabited)

Toau or Elizabeth I.
(Inhabited)

Kawahe or Vincennes I.

Raraka I.
(Inhabited)

Taenga or Holt I.
(Inhabited)

Fakarawa or
Wittgenstein I.
(Inhabited)

Katiu or Saken I.
(occasionally inhabited)

Makemo or
Philip I. *(Inhabited)*

Shoal ?

Tuanaki or
Reid I.

Tipotu or Eliza I.

Nihiru or
Nigeri I.
(Inhabited)

Faaite or Miloradowitch I.
(Inhabited)

Stop entrances

Hiti or
Oriti I.

Raeffskoy Is.

Tahanea or
Tchitchagoff I.
(Inhabited)

Marutea or Furneaux Is.
(Inhabited)

Motutunga or
Adventure I.
(occasionally inhabited)

Tuahoi Vil.

Anaa or Chain I.
(Inhabited)

Haraiki, St Quentin
or Croker I.

Reitoru or Bird I.

Var.ⁿ 6° 20′ E.

MAGNETIC

Entr
ery na

Teil einer britischen Seekarte aus dem 19. Jahrhundert, die auf einer französischen Karte von 1864
basiert und anzeigt, welche der Inseln zu der Zeit,
als der Pisco-Schatz vergraben wurde, bewohnt und
unbewohnt waren. Maßstab etwa 1 : 2 250 000.

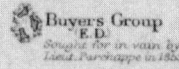

Buyer's Group
F.D.
Sought for in vain by
Lieut. Parchappe in 1853

beschlossen, nach Tahiti zurückzukehren, um dort auf weitere Geldanweisungen aus London zu warten, da ihre Geldmittel ziemlich erschöpft waren.

Ohne es zu wissen, hatten sie ihre letzten Reserven eingesetzt. Die Londoner Geldgeber waren in eine kostspielige Klage verwickelt, von der das Syndikat letztendlich, nachdem der Schaden bereits angerichtet war, entlastet wurde. Die Expedition mußte aus Geldmangel abgebrochen werden.

WEITERE SCHRITTE

Pinaki wurde regelmäßig erforscht. Pinaki ist jedoch ebensowenig das Schatzatoll wie Tuanake, das Hamiltons Gruppe zuerst besucht hatte. Alvarez und seine Komplizen kannten den Namen nie, Howe hat ihn schließlich erfahren, jedoch niemanden erzählt, und Hamiltons Gruppe hat ihn nie enthüllt. Kürzlich wurde die Insel als Fakarava identifiziert, doch das ist und war auch zu Alvarez' Zeit eine große, bewohnte Insel. Die richtige Insel muß ein kleines Atoll sein, daß zu dieser Zeit unbewohnt war, und in der Nähe von Katiu und Makemo liegt, wo Hamiltons Gruppe ihre Vorräte ergänzte. Das Studium der illustrierten französischen Karte, die ungefähr zu der Zeit erstellt wurde, als man den Schatz vergrub, bietet eine Auswahl unter mehreren Inseln an. Die richtige Insel wird die folgenden Wahrzeichen aufweisen:

1. Ein Korallenriff an der Ostseite
2. Eine Einfahrt zur Linken des Riffs
3. Einen birnenförmigen Tümpel mit sieben in der Nähe gelegenen Korallenblöcken ungefähr drei Meilen von der Laguneneinfahrt entfernt.

Außerdem wissen wir, daß an dem Riff eine gewaltige Brandung herrscht, was allerdings für Atolle typisch ist, und daß ein Schoner nicht in die Lagune einfahren oder dort ankern kann. Nach Tuanake war das Schatzatoll das dritte, das Hamiltons Gruppe aufsuchte. Ein ernsthafter Schatzsucher wird es schnell finden. Hamiltons Gruppe, die denselben Nachteil hatte wie wir, benötigte einen Tag.

Der Inhalt der beiden von Howe entdeckten Kisten, den er anschließend wieder vergrub, liegt aller Wahrscheinlichkeit nach in einer Tiefe von nur wenigen Fuß. Für eine solche Suche ist selbst das einfachste Modell eines Metalldetektors geeignet, da der Schatz zusammengepackt ist oder, falls die Säcke vermodert sind, in einem relativ kleinen Gebiet verstreut liegt. Es ist unwahrscheinlich, daß es in der Umgebung andere Objekte gibt, die die Suche beeinflussen könten.

Die Goldbarren in dem birnenförmigen Tümpel dürften einige Probleme bereiten, und erfordern einen gewissen Aufwand an Bauarbeiten.

Weitere Informationen sind in Nordhoffs Buch Faery Lands of the South Seas (Märchenwelt der Südsee) und George Hamiltons Treasure of the Tuamotus (Schatz der Tuamotus) zu finden. Es sollte erwähnt werden, daß man sich in bezug auf alle Einzelheiten auf keines der beiden Bücher völlig verlassen kann.

Dem Abenteuer auf der Spur

Ein Hauch von »Schatz-insel« auf jeder Seite – mit durchaus realem Hintergrund. Noch heute können versteckte Schätze überall geborgen werden. Der Autor verrät, was man dazu wissen muß.

266 Seiten, 86 Abb., brosch., **29,–** Best.-Nr. 50048

Dieses Buch enthält den Zahlencode zu einer Schatzkarte, den noch niemand entschlüsseln konnte. Machen Sie sich auf die Schatzsuche! Aber Vorsicht: Schon viele sind daran gescheitert.

176 Seiten, 56 Abb., brosch., **29,–** Best.-Nr. 50068

Ein Platz im Rucksack sollte für das praktische Handbuch von Volker Lapp reserviert bleiben. Aufgebaut wie eine Karte steht auf jeder Seite, wie man sich in einer Notsituation hilft. Schnell und einfach.

196 Seiten, 104 Abb., brosch., **19,80** Best.-Nr. 50070

Was vor ihm kein Mensch wagte: Allein und zu Fuß durchquerte Achill Moser die Wüste Gobi. Nicht weniger spektakulär: die anschließende Floßfahrt auf dem Jangtsekiang. China für Individualisten, mit einem umfassenden Ratgeberteil für eigene Touren ins Reich der Mitte.

160 Seiten, 80 Abb., davon 24 in Farbe, Großformat, geb., **44,–** Best.-Nr. 50059

Der mitreißende Bericht eines modernen Abenteurers, der mit seiner Gefährtin wie Robinson Crusoe auf einer einsamen Insel in der Torres-Straße leben wollte – und dabei fast ums Leben kam.

264 Seiten, 14 Farb-Abb. und mehrere Karten, brosch., **39,–** Best.-Nr. 50067

Der fesselnde Bericht über einen Inseltraum, der fast zum Alptraum wurde. Aus der Inselidylle wurde ein erbitterter Überlebenskampf gegen fünf Zyklone, die über das Südsee-Eiland hinwegfegten.

192 Seiten, 34 Farbfotos, gebunden, **39,–** Best.-Nr. 50084

Das Handbuch für einen individuellen Abenteuer-Urlaub – von der Auswahl des richtigen Transportmittels bis zu Kontaktadressen in Detuschland und der ganzen Welt.

323 Seiten, 84 Abb., 34 Zeichnungen, brosch., **24,–** Best.-Nr. 50000

Erfahrene Expeditionsleiter schreiben über Konzeption, Ausrüstung, Logistik und Führung – eine unschätzbare Hilfe für Vorbereitung und Durchführung eigener Expeditionen.

224 Seiten, 91 Abb., davon 28 in Farbe, brosch., **29,–** Best.-Nr. 50005

Änderungen vorbehalten

Der Verlag für Abenteuer
Postfach 10 37 43 · 7000 Stuttgart 10